바꾸어라, 정치

바꾸어라, 정치

시민의 힘으로 만든
카르메나의 정치혁명

마누엘라 카르메나 지음 | 유아가다·유영석 옮김

푸른
지식

변화의 시장, 카르메나의 정치혁명

마누엘라 카르메나가 중학교 4학년 아니면 고등학교 1학년 무렵이었다. "어느 날 집에서 저녁 식사를 하다가 말다툼이 벌어진 적이 있다. 언니와 동생은 그 자리에 없었다. 내가 기억하는 것은 아주 지적인 데다가, 가족 행사가 있으면 항상 발 벗고 나서는 이모가 했던 말이다. '늘 가난한 사람이 있었고, 앞으로도 있을 것이다.' 그렇게 단정적으로 말했다. 나는 이모에게 이의를 제기했고, 말다툼까지 벌였다. 왜 세상이 변할 수 없다는 거죠? 변화의 원동력이 되는 커다란 질문이 그때부터 내 안에서 꿈틀거리기 시작했다. 왜, 도대체 왜 안 된다는 거지?"

카르메나는 1944년 2월 9일 스페인에서 태어나 마드리드에서 법학 석사를 받고 노동 사건 전문 변호사, 판사를 거쳐 선출직 마드리드 법원장을 역임했다. 2010년 판사직에서 은퇴한 후 바스코 지방정부 고문으로 일했다. 2015년 좌파연합 아오라 마드리드Ahora Madrid의 후보로 마드리드 시장선거에 출마했고, 2015년 6월 13일 스페인 사회노동당Partido Socialista Obrero España과의 연정을 통해 시장 자리에 올랐다.

카르메나는 '변화의 시장'으로 불린다. 현재 그는 지하철로 출퇴근하고 시장의 특권이라 할 수 있는 오페라하우스와 투우장 무료입장권을 포기했다. 시 재정 자립을 위해 시립 공공은행 설립과 도심 재개발, 도시 미화 사업도 벌이고 있다. 그의 정치적 성공을 기대한다.

감히 이 책을 추천하는 이유는 크게 세 가지다.

첫째, 우리와 비교해볼 만한 모델로서의 가치다. 스페인은 우리만큼이나 마초이즘machoism이 강한 나라다. 이런 나라에서 어떻게 여성이 선출직 법원장이 되고, 시장이 될 수 있었을까? 그것도 스페인의 수도인 마드리드에서. 그는 1986년에 마드리드 법원장이 되었다. 그 시절 마드리드를 관할하는 법관은 200명 가까이 됐고, 거기서 일하는 법원공무원은 8천명 이상이었다. 그 경험은 대단히 소중했다. "법원장으로 재직했던 4년의 세월은 정치의 본질을 이해하고 스스로를 되돌아보는 값진 시간이었다. 그때의 경험이 정치인의 자질과 태도가 뭔지 천착해보는 소중한 계기가 되었다."

한국 사회에는 좀 더 다양한 정치적 모델이 필요하다. 정계 진출의 경로 또한 다양화되어야 한다. 서울 등 주요 지방자치단체에 여성 단체장의 진출이 재촉되어야 한다. 다양하되 좀 더 진보적인 여러 지방자치단체장의 성공 모델이 한국에 소개되어야 한다. 마드리드의 지방자치모델은 이제 갓 일 년이 넘었지만 한국사회의 지방자치와 반드시 비교되어야 한다. 물론 이 책은 그의 시장 당선 이전으로 한정된다는 약점이 있다. 그럼에도 과거를 바탕으로 현재와 미래를 예측할 수 있는 육성이 생생하다.

둘째, 그는 여성이고, 고희를 넘긴 노인이다. 그렇다면 할머니라는 단어가 적절한 선택일 수 있다. 이런 할머니가 한 평생 어떤 열정과 비전으로 법조인으로서, 정치인으로서의 삶을 살아왔을까? 어떻게 항상 가난하고 소외된 사람들과 함께하는 소수파가 될 수 있었을까? "나는 변화를 주도하는 데 여성이 훨씬 탁월하다고 늘 생각해왔다. 얼마 전까지만 해도 남성의 독무대였던 직업 세계에 여성이 늘어나는 것만 봐도 변화의 가능성은 점점 커지고 있다. 80년대 초만 해도 전문직 여성이 되려면 삶의 궤도를 바꿔야 했다. 이제는 여성이 전문직에 종사할 기회가 많다. 남성만의 리그였던 직종까지 여성이 진입하기 시작했다. 그러나 내 세대 여성에게는 전문가가 되는 고유의 모델이 없었다. 따라서 당시 여성이 전문가의 길을 가기 위해서는 상당한 개척 정신이 필요했다. 우리는 개혁을 열망하여 변화의 필요성을 항상 갈구했다." 그는 한국 사회의 '민주사회를 위한 변호사 모임'과 비슷한 '민주주의를 위한 진보적 법조인 모임'을 만들었다. 변호사가 되어서는 노동상담소를 열었다. 그가 이끈 노동상담소는 프랑코 독재 정권을 무너뜨리는 데 중요한 역할을 했다. 소수파이면서도 늘 모두를 위한 보편적 정의를 추구했다. 민주주의의 강력한 신봉자였다. 스스로 유리천장을 깨뜨린 전사였다.

　셋째, 상상력이다. 과거의 위인보다는 당대를 살아가는 현생 인류의 삶과 상상력이 훨씬 더한 영감을 불러일으킨다. 이미 모든 것을 내려놓고 은퇴한 그가 "도전하라, 노년에도"를 외치며 스스로의 삶에 과감한 상상력을 불어넣는다. "상상력은 모든 창조의 바탕이다. 일을 하는 데 상상력은 필수불가결한 요소다. … 상상력은 사물을 다른 형식으로, 다른 기능으로 보는 것이다. 입법과 사법 분야에는 과연 얼마나 많은 상상력이 필요할까? … 정치인, 법률가, 공공 업무 담당자는 상상력이 풍부해야 하고, 이렇듯 자유로운 상상의 소유자가 주요 보직을 차지해야 한다. 모든 사람의 삶을 향상시키는 새로운 해결책을 지속적으로 만들어내기 위해 모든 상상력을 쏟아 붓자. 고통과 억압이 줄어든 삶을 만들고 관료주의 체제의 잔재를 극복해야 한다." 그는 과격한 상상력을 통해 노년의 삶을 송두리째 바꿨다. 상상력과 창의력으로 공공과 시민의 영역을 바꾸겠다는 것이다. 그 상상력의 뿌리와 근거가 이 책에 있다.

이 책을 읽는 내내 그와 나 사이의 유사점을 찾고 있었다. 20여 년이라는 시간과 이베리아 반도와 한반도라는 공간적 차이를 뛰어넘을 수 있었다.

그는 과거에 변호사였고 이제는 정치인이 되었다. 반대로 나는 정치인이었다가 이제는 변호사로 되돌아왔다. 그는 스스로 "나는 정치에 어울리지 않는다."고 했지만 지금은 변화를 주도하는 여성 시장이다. 나는 스스로 "정치에 어울리지 않아"하며 되돌아왔다. 그럼에도 공통점은 존재했다. 특권을 타파해야 한다는 생각, 시민에 대한 거짓 없는 믿음, 사회적 약자에 대한 확고한 존중, 변화의 가능성과 상상력을 갈망하는 뜨거운 열정, 이런 것들이었다. 마누엘라 카르메나의 정치혁명은 이제 시작이다.

최재천 전 국회의원 · 변호사

차 례

제1장
내려놓아라, 특권

사회 변혁을 꿈꾸는 젊은 혁명가   12

법조인의 자질과 역할을 고민하다   16

특권을 과시하고 남용하는 정치인들   18

내가 공무용 차량을 거부한 이유   22

정치인은 정당이 아니라 시민을 대표한다   30

제2장
바꾸어라, 사법부

열정과 꿈으로 똘똘 뭉친 변호사   62

판사의 길로 들어서다   89

사법부의 뿌리 깊은 부패와 맞짱 뜨다   104

새로운 변화의 가능성을 증명하다   130

법에도 상상력이 필요하다   153

제3장
모아라, 시민의 힘

변화의 진정한 의미 170

타인과의 공감이 세상을 바꾼다 185

폭력의 사슬을 끊는 정의감 199

사회를 변화시키는 호기심의 힘 210

호기심은 교육을 통해 길러진다 215

변화에는 끈기가 필요하다 222

제4장
여성이여, 혁명하라

여성에겐 세상을 바꿀 능력이 있다 238

반드시 사라져야 할 성폭력 257

제5장
도전하라, 노년에도

나는 은퇴를 번복해야 했다 272

제 1 장

내려놓아라,
특권

사회 변혁을 꿈꾸는 젊은 혁명가

나는 늘 사회 현실의 변화를 열렬히 원했고, 사회 개혁가라고 당당하게 자부해왔다. 그러나 이른바 정치판에 몸담은 적은 한 번도 없다. 시의 원, 국회의원, 장관, 행정부Administración Pública의 고위 공직을 맡거나 정당 지도자가 되거나 당 지도부에서 일한 적이 없다.

이 말은 내가 변변한 정치 경력을 꿰차지 못했다는 의미가 아니다. 오히려 대학 시절에는 정치와 연계된 활동을 상당히 많이 했다. 1960년 대 후반 프란시스코 프랑코Francisco Franco 독재 정권 시절의 대학은 시민 들의 정치 활동을 촉발시키는 매개체였다. 그 시절은 정치적 소명 의식 이나 지도 능력을 발견하거나 발휘할 만한 기회가 많았다.

대학생들은 사회 엘리트로 인정받았고, 대학별로 대표를 뽑아 지도 부를 구성했다. 학생운동 지도자들은 민주주의를 배우고 실천하며 독 재 체제에 저항하는 세력으로 성장해갔다.

나에게 정치란 다른 사람들, 즉 일반 대중의 이익과 현실적인 걱정거 리에 응답하는 것이다. 나의 모든 경력은 프랑코 독재 시대의 대학에서 시작됐다.

1960년대에 나는 스페인민주학생연합la Federación de Estudiantes Demócratas de España, FUDE에 가입해 활동했다. 공산당Partido Comunista 계열의 비합법 단체였다.

이 스페인민주학생연합이 성장해서 공산당 산하 학생 조직이 결성됐다. 당시에는 그 조직을 당el Partido이라고 불렀다.

공산당을 약자로 쓰면 개인용 컴퓨터(스페인어로 공산당은 Partido Comunista이고 컴퓨터는 영어로 Personal Computer이다. 약자로 나타내면 둘 다 PC라서 혼란의 여지가 있다.—옮긴이)와 헷갈릴 때도 있었다. 당 학생 조직은 아주 특별한 조직으로 나중에 전설적인 명성을 얻게 되었다. 사실 가입 초기에는 어려움이 많았다. 나는 그들의 지나치게 전투적인 분위기에 적응하기 힘들었다. 하지만 학내 공산당 조직에 가입한 동료들은 대체로 최고의 학생들이었다. 그들은 지적인 데다가 유대감이 강했고, 스페인에 민주주의를 정착시키고 사회 정의를 실현하자는 목표로 헌신적으로 일했다. 교회 관련 조직도 있었지만 당 학생 조직이 훨씬 더 긴밀하게 작업했다. 자유를 갈망하는 청년들은 자연스레 교회와 멀어졌다. 프랑코 독재를 끝장내고, 정의 사회를 만들려면 당 학생 조직과 함께해야 한다는 의무감이 들 정도였다. 그 당시에 나도 그런 의무감이 충만했다. 조직원들은 공산주의자라기보다 좌파 반反프랑코주의자에 가까웠다. 우리는 공산주의 혁명보다 민주주의 쟁취와 노동 계급의 권리 확보에 더 관심이 많았다.

군사독재의 종식과 공산당 탈당

1978년 민주주의 헌법이 승인되자, 나는 예전에 공산당에 입당하면서 공산주의에 따르겠다고 다짐했던 약속으로부터 다소 자유로워진 것 같았다. 사실 나는 공산주의자였던 적이 없다. 단지 공산당 소속일 뿐이었다. 내가 당원이라는 걸 자랑스러워했지만 전 세계적으로 번진 공산당의 전체주의적 정체성을 받아들이지는 않았다. 그 당시는 물론 지금도 나는 공산당이 스페인의 민주주의를 정착시키는 데 중요한 역할을 했다고 생각한다. 그러나 내 개인 생활이나 사고방식은, 무조건 당과 혼연일체가 되어 살아가는 것과는 상당히 거리가 있었다.

그래서 나는 정당에 가입할 수 없다는 사법부 요구 사항을 따랐다. 결국 나는 별 문제 없이 공산당을 탈당했다.

나는 마르크스주의에 빠져본 적도 없다. 몇 년 전에 언니 아나는 내가 대학 시절에 끄적였던 글을 자기 집에서 발견하고는 보내줬다. 그 글을 보니 나는 마르크스주의를 받아들이지 않았던 게 확실했다. 어떤 내용은 꽤 설득력이 있었지만 어떤 것들은 아니었다. 마르크스주의로 남들과 토론하고 싶은 생각도 없었다. 그의 사상에도 물론 중요한 내용이 있고, 그저 그런 것도 혼재되어 있지만 전반적으로 특출한 것은 없다고 여겼다. 그보다 더욱 중요한 것은 사람들의 자유가 박탈되고, 출판물이나 공연물이 검열을 당하고, 고문, 구속, 추방이 일상화된 현실이었다. 당시 우리는 가난, 문맹, 불평등을 종식시키기 위해서 모두 함께 일해야만 했다.

나는 정치에 어울리지 않는다

1982년 사회당el Partido Social이 선거에서 처음 이겼을 때, 페페 바리오누에보가 전화를 걸어왔다. 나는 그를 잘 알고 있었다. 프랑코 독재 시절에 노무 조사관으로 일한 사람인데, 건설 현장이 안전 수칙을 반드시 준수할 것을 요구하는 투쟁을 이끌었던 인물이다. 나에게 내무부 사무총장secretaria general técnica 자리를 제안하려고 전화했다는 것이다. 나는 사회당이 승리해서 기쁘다고 인사를 건넨 다음 그의 제안을 정중하게 거절했다. 내가 하고 싶었던 판사직을 선택해 사법부에서 일한 지 이제 겨우 일년 남짓 됐으니 당분간 다른 일에는 관심이 없었다.

행여 장관 자리라도 제안했으면 승낙을 했으려나? 하지만 나는 정치적인 직위를 맡는다는 게 전혀 내키지 않았다.

친구 후안 알베르토 벨로크에게 이 일을 말했더니 이런 질문이 돌아왔다. "세상에! 그런 기회를 걷어차다니……. 왜 그랬어?" 나는 페페 바리오누에와 전화 통화할 때보다 훨씬 자세하게 그 이유를 설명했다. "나는 법원 일이 정말 마음에 들어. 게다가 정치 일은 나하고 안 맞아." 친구는 곧바로 응수했다. "나한테 그런 제안이 들어왔다면 덥석 물었을 텐데. 사실 난 내무부 장관 되는 게 꿈이거든." 몇 년 후 그는 그토록 바라던 내무부 장관이 되었다. 우리는 친한 친구였지만 가는 길이 달랐다.

법조인의 자질과 역할을 고민하다

나는 1986년에 마드리드 법원장decana de los Jzgados de Madrid이 되었다. 모든 이들의 예상을 벗어난 결과였다. 선거를 통해 선출되는 자리라 자부심을 가질 만했다. 사법부 기능에 대한 우려를 불식시키려고, 여러 중재안을 선거 공약으로 내세운 게 통했던 것 같다. 동료들 사이에 내가 법원장 직분을 잘 수행할 거라는 믿음이 번져나갔다. 사실, 선거하기 전에는 내가 그 자리에서 무슨 일을 할 수 있을는지 다들 미심쩍어하는 그런 상황이었다.

법원장 업무는 모두들 정치적인 자리라고 생각하지만 사실 그렇게 정치적인 일도 아니다. 넓은 의미에서 법원의 업무를 대표하고 관리하는 일이었다. 내 입장에서는 진정한 선의의 정치를 내 의지대로 구현해볼 만한 실험적인 자리이기도 했다.

정치인이란 무엇보다도 시민들의 이익을 대변하는 사람이다. 대중의 이해관계를 관리하고 통제하고 평가하는 일을 업으로 삼는 사람이다.

지금은 법원장의 역할이 많이 축소됐지만, 1993년 당시 법원장의 직무는 사법부에 필요한 것을 제안하고 이익을 대변하는 역할이었다. 그 시절 마드리드를 관할하는 법원 판사는 200명 가까이 됐고, 거기서 일하는 공무원은 8천명 이상이었다. 내가 법원장으로 재직했던 4년의 세월은 정치의 본질을 이해하고 스스로를 되돌아보는 값진 시간이었다. 그때의 경험이 정치인의 자질과 태도가 뭔지 천착해보는 소중한 계기가 되었다.

특권을 과시하고 남용하는 정치인들

권력을 가진다는 것은 어떤 의미일까? 내 경우에는, 높은 지위에 있으니 나 자신이 새로운 사회적 단계로 들어섰다는 느낌을 받았다. 그것은 평범하지 않은 특별한 집단의 구성원이 된다는 뜻이다.

널찍한 사무실, 관용차, 다른 사람이 건네는 아부성 멘트 같은 사소한 것들도 내가 평범한 사람들과 구별되는 특별한 지위로 올라갔다는 것을 깨닫게 해줬다.

사실 판사들은 최소한의 정치적 책임도 지지 않으면서 그저 판사라는 이유만으로 권력 집단에 들어간다. 판사가 된다는 건 다른 사람의 자유, 가족, 일, 주택, 경제에 영향력을 발휘할 권력의 칼자루를 쥐는 것이다. 만약 정치 계층에 들어가고 싶다면, 그 지위의 영향력이 어느 정도인지 먼저 생각해보는 게 필요하다.

정치인의 특권 의식

정치인의 고립은 권력을 쥔 특권층에 편입됨으로써 발생하는 현상이다. 재계 인사들은 제 손아귀에 있는 대중매체를 활용하여 권세를 넓혀간다. 따라서 정치권력이 경제권력만 못 하다는 말은 꽤 설득력 있게 들린다. 하지만 두 권력의 차이에도 불구하고 정치권력이 지닌 광범위한 영향력을 무시할 수는 없다.

　　정치권력은 다른 권력도 쉽게 차지할 수 있게 하는 열쇠다. 그래서 정치권력을 쥔 사람은 평범한 사람은 엄두도 못 내는 경제권력을 상당히 손쉽게 획득한다. 은행의 심부름꾼이 은행장까지 오르는 이례적인 경우도 있지만, 대개 평범한 개인이 경제권력을 얻기란 무척 어렵다. 물론, 모두들 알다시피 일반인도 권모술수에 능하면 정당의 후보자 명단에 들어갈 수 있다. 그런데 나는 정치권력을 움켜쥔 사람이 어째서 자기가 특별한 존재인 양 시민과 거리를 두며 고립을 자초하는지 그 이유를 모르겠다. 그런 식의 거리 두기와 특권 의식은 처음에는 스스로 원했던 게 아닐 수도 있다. 그러나 애초에 원하지 않았다 해도, 정치인들은 금세 그 상태에 안주한다. 그래야 그들의 생활이 편안해진다. 그럼으로써 정치 계층이 누리는 불공평한 혜택을 지적하는 사회적 비난을 피할 수 있다.

　　나는 일부러 정치 계층이라는 용어를 사용한다. 소수 특권층을 잘 나타내는 개념이기 때문이다. 한편, 오늘날 경제권력은 자본을 마음대로 통제할 수 있는 위치에 있기 때문에 자본의 주인이라는 용어를 굳이 잘 쓰지 않는다.

"여기서는 부자들이 정치인입니다"

2011년 유럽연합의 업무차 콩고에 있을 때 알게 된 사실이다. 제3세계 국가의 시민들은 정치인과 부자를 같은 부류로 간주했다. 어느 날 나는 프로젝트를 수행하는 운전기사에게 콩고에서는 어떤 사람이 부자인지 물어봤다. 그는 주저 없이 말했다. "여기서는 부자들이 정치인입니다."

다국적 기업의 대규모 거래가 경제의 주축을 이루는 사회 구조 속에서는 정치인의 역할이 결정적이다. 그들은 국가 권력자들의 일이 수월하게 진행되도록 해주는 핵심 세력이다. 게다가 개발도상국의 입법부는 아주 특별한 공통점이 있다는 사실에 주목해야 한다.

정치인들은 자국의 천연자원을 각별히 보호한다. 콩고에는 강대국들이 진출하여 금, 다이아몬드, 콜타르 같은 천연자원을 개발하고 있는데, 콩고 정치인들은 다국적 기업에 규제를 가해 협상 테이블로 끌어들이고 그 과정에서 쏠쏠하게 이익을 챙긴다. 대신 다국적 기업들은 자원의 개발과 남용이라는 반대급부를 얻는다.

이런 나라의 정치인들은 사리사욕을 채우기 위해 규정을 만들고 그 허점도 철저히 이용한다.

이것이 개발도상국 정치 계층에서만 볼 수 있는 특별한 속성이라고 생각할지도 모르겠다. 그러나 민주주의가 발달한 나라에서도 특권을 누리는 정치 계층은 이런 몰염치한 행동을 마다하지 않는다. 정치인들이 일삼는 축재蓄財의 비밀이 여기에 있다. 불법적인 부의 원천이다.

정치인들은 자신이 지닌 권력의 이점을 정확히 꿰차고 있으며 호시탐탐 그 힘을 사용하려고 한다. 잘나가는 사업가가 새 자동차, 호화 보트, 별장을 구입해 거들먹거리듯이, 정치인들은 자신이 권력자라는 사실을 부각시키고 특권을 과시하려는 모습을 보이려 한다.

내가 공무용 차량을 거부한 이유

나에게 정치 활동 비슷한 경험이 있다면 사법부총평의회El Consejo General del Poder Judicial(스페인 사법 기관 중 하나. 판사 및 대법관의 독립성이 국가의 다른 권력기관에 휘둘리지 않고 잘 보장되는지 여부를 살피는 기관─옮긴이) 대변인 업무가 유일하다. 4년간 마드리드 법원장을 지낸 후였는데, 그때 나에겐 사법부의 발전에 내가 기여할 만한 일이 많을 거라는 확신과 환상이 있었다.

그러나 사법부총평의회 대변인으로 지낸 5년은 관료들이 현실과 동떨어진 관행과 타성에 얼마나 찌들어 있는지 절감하던 기간이었다.

관료 사회에 비판적이고 급진적인 태도를 취하는 게 올바른 일인지 확신할 수는 없었지만 그렇다고 회피할 수도 없었다. 나는 타성에 젖은 이들에게 결코 동조할 수 없었다. 급기야 동료들과 거리를 두었다. 그래서 총평의회 일이 어렵게 꼬였을지도 모른다. 내가 존경하는 다른 대변인들은 나보다 일을 훨씬 잘하고 더 나은 결과를 얻었을 것이다.

그러나 나는 모든 불합리한 문제에 이의를 제기해야 한다고 생각했다. 그 첫 번째가 공무용 차량 문제였다. 법원장으로 재직할 때 관용차가 배정됐지만 나는 결코 그 차를 사용한 적이 없었다. 나는 아예 다른 공무원들에게 나 대신 그 차를 사용하라고 지시했다.

사법부총평의회 대변인이 되었을 때도 마찬가지였다. 처음 정치 계층에 들어온 사람이 집단의 관행을 따르지 않는 게 쉬운 일은 아니었다. 오히려 내 처신에 문제를 제기하며 나를 아니꼽게 여기는 사람들이 생겼고, 심지어 왕따시키려는 분위기도 있었다.

나는 공무용 차량을 이용하지 않겠다고 통보했다. 즉시 선배 대변인들과 위원장이 나를 불렀다. 그들은 평소의 관행대로 따르라고 충고했다. 심지어 공식적으로 지원되는 차량을 거부하면 그 차량의 운전기사에게도 좋지 않을 거라고 말했다. 나는 절대 굴복하지 않았다. 내게 공무용 차량은 교묘한 당근이자 정치 계층의 특권 의식을 보여주는 표시였다. 공무용 차량은 정치인들이 누리는 특혜이며, 동시에 이런 식의 안락한 생활은 결국 정치인과 시민의 소통을 막는 시발점이다. 게다가 공용차의 운전기사들은 배정된 차량을 운전하는 것과 상관없이 일자리를 보장받는다. 나는 설사 공용차 이용을 거부하는 것이 어느 누구에게 해를 끼친다고 할지언정 정치적 특권을 누리는 사람들이 하는 짓거리를 정당화하는 데 이용당하기는 싫었다.

실제 세상을 직접 느끼는 나에 비해 하루 종일 공용차를 타고 다니는 동료들이 세상을 마주하는 방식은 확연히 달랐다. 어느 날 다른 대변인들과 함께 있을 때, 동료 하나가 물었다. "마누엘라, 당신은 거리를 돌아다니니까 알겠죠. 오늘 날씨가 어떤가요?" 그들은 공용차를 타고 자기 집 주차장과 총평의회의 주차장 사이를 왕복한다. 그러니 날씨가 더운지, 추운지, 바람이 부는지, 하늘이 맑은지 알 리가 없었다. 그들은

'고립'을 자초하는 사람들이었다.

　나는 계속 지하철을 이용했다. 집에서 한 번만 타면 근무지에 도착할 수 있었다. 가끔 차가 필요하면 내 차를 타고 다녔다. 그런다고 모든 문제가 풀리는 건 아니었다. 내 차를 세울 주차 공간이 없었다. 공무원용으로 지정된 주차 공간을 사용하면 일반 공무원들에게 폐를 끼치게 될 터였다. 결국 언제나 마찬가지다. 권력의 특권은 어떤 상황에서도 이토록 강고하다.

　두 번째 문제는, 대변인에게 제공되는 서류 가방이었다. 검은색 가죽으로 만든 큼직한 가방인데, 겉에 총평의회 로고가 찍혀 있었다. 나는 그 가방이 마음에 안 들었다. 너무 무겁고 불편하기까지 했다. 사법부의 서류들은 무게가 꽤 많이 나간다. 나는 서류 가방 대신 총평의회에 비치된 회색 비닐 봉투를 즐겨 사용했다. 지하철을 타고 다닐 때는 그게 훨씬 편리했다. 내 비서 헬레스는 총평의회 로고가 안 보이게 뒤집어 사용하라고 권했다. 그 당시는 테러 단체 ETA가 판사들을 테러 대상으로 지목하던 험난한 시기였기 때문이다. 서류 가방은 총평의회가 여러 부처의 것을 본떠 만든 권력의 상징물이었다. 여자들은 대부분 자기 가방을 들고 다니는데, 거기에 서류 가방까지 있으면 아주 불편했다. 물론, 집에서 직장까지 공용차를 타고 다니는 사람들은 그런 불편함을 알 턱이 없다.

　남녀의 문화 차이가 얼마나 나는지 알고 싶으면 권력 집단의 옷 입는 방식을 살펴보면 된다. 프랑스의 판사 에바 졸리가 유명한 정치 스캔들 사건을 조사할 때 사진에 찍힌 모습이 기억난다. 그녀는 바퀴 달린 서류 가방에 문서를 넣어 가지고 다녔다. 이에 뒤질세라 스페인 언론 매체에서도 여성 판사들이 사건 관련 서류들을 바퀴 달린 서류 가방에 넣어 운반하는 모습을 쏟아냈다. 마드리드 법원에서는 바퀴 달린 서류 가방이 유니폼이나 다름없었다.

세 번째는 비행기 문제였다. 경제 위기 탓에 지금은 사라졌지만, 그 당시 정치인이나 고위 관료는 비행기 탈 때 항상 일등석을 이용했다. 나는 이코노미석으로 여행을 했는데, 주변에서는 내가 참 희한하다는 반응을 보였다. 출입국 수속을 밟을 때 내 동료들은 대개 귀빈실로 갔다. 하지만 나는 그곳이 별로였다. 귀빈실에서 있으면 지루할뿐더러 마음도 무거워졌다. 신문과 음료수가 공짜라는 점 빼고는 장점이랄 것도 없다. 공항 매장을 이용하는 게 차라리 속 편했다. 까짓것, 신문이야 2유로면 살 수 있다. 음료수는 별로 좋아하지도 않고 귀빈실이든 공항의 카페테리아든 수준은 거기서 거기다.

2000년 무렵에 테러 단체 ETA는 판사와 검사를 많이 살해했다. 1997년 2월 11월에 대법관 라파엘 마르티네스 엠페라도르를 암살했고, 2000년 10월 10일에는 안달루시아의 고위 검사 루이스 포르테로를 암살했다.

끔찍한 암살이었고, 이해할 수 없는 일이었다. 테러 조직이 타깃으로 정한 사람은 무조건 죽을 수밖에 없었다. 하지만, 희생자가 누구든 간에 테러는 잔인한 행위일 뿐이다. 정치와 거리가 먼 사람들이 희생될 때는 더더욱 납득이 안 된다. 라파엘 마르티네스나 루이스 포르테로는 훌륭한 전문가였고 온화하면서도 언변이 좋은 사람들이었다.

이런 암살이 전달하려는 메시지는 분명하다. 공직자들이 단순히 공적 기관에 종사하는 사람이라는 이유만으로도 테러의 대상이 될 수 있다는 것을 의미했다.

당시 내무부 장관이던 마르셀리노 마요르 오레하Marcelino Mayor Oreja는 대변인 몇 명을 불렀다. 우리들 이름도 ETA의 명단에 올라가 있었던 것 같았다. 총평의회의 하비에르 델가도Javier Delgado 위원장은 내가 경호원 없이는 움직일 수 없도록 조치를 취했다.

나를 경호할 전담 경찰이 배정됐다. 나는 경호원에게 계속 지하철을 타고 다니자고 제안했다. 총평의회의 대변인이 지하철을 타고 다닌다고는 ETA도 생각하지 않을 테고, 눈에 잘 띄는 공용차를 타고 다니는 것보다 훨씬 도망치기 쉬울 거라고 주장했다. "아니요. 그렇지는 않을 겁니다. 마누엘라 여사님. 지하철에서 내가 경찰이라는 걸 사람들이 알아보면 어쩌려고요." 나는 그를 다독이며 말했다. "내가 판사라는 걸 알아보는 사람도 있을 겁니다. 내가 판결을 내려 구속시켰던 사람과 마주친 적도 있어요. 그러나 아무 일도 일어나지 않았죠."

사실 가끔가다 내가 구속 판결을 내린 사람들을 만나는 경우도 있었다. 한 번은 내가 진행한 재판에서 패소했다는 어느 부인은 이렇게 말했다. "비록 우리가 졌지만, 판사님은 일을 아주 잘했다고 생각해요. 우리가 하는 말을 귀담아들었고 존중해줬거든요."

진지하고 집요한 설득에 못 이겨 경호원은 나와 함께 지하철을 타고 다녔다. 하지만 그가 너무 긴장하고 힘들어서 총평의회 대변인 잔여 임기 몇 달 동안은 공용차를 이용해야 했다.

정치인과 시민 사이에 가로놓인 또 다른 장벽이 있다. 시민들이 정치인과 직접 통화하거나 정치인에게 연락 가능한 전자우편을 사용할 수 없다는 점이다. 시민들을 대변한다는 정치인과 개인적으로, 전화로, 이메일로 소통이 안 된다. 어떤 방식이로든 시민의 대표자와 이야기를 나

눌 수가 없다. 혹시 운 좋게도 그 정치인과 만날 기회가 있다 해도 반드시 중간에 누군가가 끼어들어 대화를 중개한다.

나 역시 어쩔 수 없었다. 내 주변에는 정치권에서 활동하는 지인들이 많았다. 그들 중에 전화를 직접 받는 사람도 있었고 그렇지 않은 사람도 있었다. 접근 가능성이 많고 적음은 그 사람이 가진 사상하고는 별 상관관계가 없는 것 같다.

흔히들 좌파 혹은 진보 성향의 정치인에게 거는 기대가 있다. 진보 정치인이라면 소수의 권력자에 대항하고 다수의 불평등을 위해 싸우며, 시민과의 대화에도 적극적으로 나서리라 여긴다. 하지만 꼭 그런 것도 아니다. 적어도 내 경험으로는 그렇지 않았다. 사법부의 동료나 친구들이 정부의 요직을 맡은 후에 전화 연락이나 이메일이 가능했던 사람은 아주 드물었기 때문이다. 그러나 이례적으로 아주 특별한 경험을 한 적도 있다. 유엔의 불법체포조사위원회las Detenciones Arbitrarias의 위원으로 지명됐을 때, 나는 당시 외무부 장관 아나 팔라시오Ana Palacio와 바로 전화 통화가 이뤄졌다. 인권감시위원회Human Rights Watch 회장 조애나 웨슬러Joanna Whesler가 나를 조사 위원으로 지명했다. 그녀는 우리 정부가 나의 입후보에 동의해야 후보 등록을 할 수 있다고 말해줬다. 그래서 나는 아나 팔라시오에게 전화를 걸었고 그녀는 즉시 전화를 받았다. 이런 식으로 돌아가야 정상적인 모습 아닐까?

정치인들을 시민사회에서 고립시키는 경직된 구조는 전부 사라져야 할 암적 존재다. 정치인들은 누구보다도 사회 현실을 잘 알아야 한다. 그리고 사회 현실을 알려면 시민들의 말을 직접 들어야 한다. 정치인과 통화할 수 없다며 비서진이 늘어놓는 이유를 들어보면 매번 기가 막히

다. 대부분 장관이, 시장이, 국회의원이 너무 할 일이 많아서 전화를 받을 수 없단다.

그 따위 성의 없는 대답에 화가 치솟지 않는 사람은 성인군자밖에 없을 것이다. 가끔은 정치인들이 자기 업무가 시민들과 직접 관련된 일이라는 것을 망각하고 있다는 생각이 든다.

몇 년 전 그와 비슷한 일을 겪었다. 바스코 대법원 사무실에서 토뇨 게라 판사가 급성 심근경색으로 사망했다. 그는 빌바오Bilbao 지역의 법원장이었다. 그 당시 세비야Sevilla 시장이던 소이도는 세비야의 법원장을 역임했다. 발렌시아, 세비야, 빌바오, 바르셀로나, 마드리드, 말라가의 법원장들은 모두 1990년대 초에 재직했고 서로 긴밀하게 협력했다.

우리는 많은 프로젝트를 함께했고 토뇨 게라는 모든 사람들이 좋아하는 사람이었다. 그 당시의 사법부의 사무장director general이었던 루이스 쿠에토가 토뇨 게라에게 받은 인상 역시 우리와 비슷했다. 그는 어린아이 같은 천진한 모습에 엄숙한 목소리와 태도를 가진 차분한 성격으로 어느 누구와도 비교할 수 없는 훌륭한 인물이었다.

나는 세비야 시장에게 전화했지만 통화가 안 됐다. 비서는 시장이 너무 바빠서 전화를 받을 수 없다고 말하고는 고인의 집 주소를 물었다. 아마 형식적인 조문의 뜻이라도 보내려는 취지였을 것이다. 정치인은 대체 왜 그 모양일까? 몇 마디 대화를 나누고 인간적인 모습을 보이는 그런 간단한 일조차 피하려고 하니 고립을 자초하는 게 아니고 뭐란 말인가? 모든 전화에 답변할 수 없다는 정치인도 있겠지만 천만의 말씀이다. 일반 시민들이 하는 전화는 모른 체해도, 정치 경제적으로 영향력 있는 사람들의 전화는 즉시 연결된다. 시민들과 대화하는 효과적인 방법을 찾아내는 게 어려운 일은 아니다. 오늘날 우리 주변에 있는 기술력과 상상력의 가능성을 무시하지 말자.

중요한 것은, 밀접한 관계, 대화, 소통, 기대감을 견지하려는 태도에 있다. 나는 법원장 시절에 정치를 하려면 시민과 맺어나가는 일상적인 관계가 무척 중요하다고 여기며 지냈다. 대중의 항의를 직접 접하고, 비판을 수용하고, 시위의 이유에 관심을 기울이는 것만큼 중요한 게 또 있을까! 비서나 보좌관들을 통해서 모든 일을 하려고 하면 안 된다. 오히려 그들은 현장의 목소리에 차단막을 치는 사람들이다. 정치인이라면 시위대와 직접 만나 토론을 하고 의견의 접점을 찾아나가는 자세가 필요하다. 시민과 직접 접촉하지 않으려는 공직자가 무슨 일인들 제대로 하겠는가.

정치인은 정당이 아니라 시민을 대표한다

민주사회에서 의견 충돌은 언제나 있다. 스페인에는 독재 시대의 기억이 아직 남아 있어서 의견 충돌이 너무 잦다고 문제를 제기하는 사람도 있다.

의견 충돌은 정치 체제와는 아무 관계도 없다. 의견 충돌이 벌어지는 게 시민의 기본권을 억압하는 체제 또는 그것에 대항하는 정치 형태와는 하등의 상관이 없다는 뜻이다.

우리 세대는 아주 강력한 정치 행동을 펴나갔고 그것은 오늘날의 정치와는 아주 다른 양상이었다. 그 당시에 우리의 과제는 프랑코 독재 체제의 종식이었고, 자유를 쟁취하는 것이 최고의 목표였다.

오늘날의 민주주의에서 정당 설립, 당원 모집, 선거 명부 작성, 선거 일정 공표와 투표권자에게 공약을 알리는 것 등등은 누구나 할 수 있을 만큼 쉬운 일이다. 정치는 이제 절대적으로 그 위상이 추락한 상태다.

2011년 5.15 민주화운동el movimiento 15M(2011년 5월 15일 스페인에서 일어난 전국적인 민주화 운동—옮긴이) 이후 전통적인 정치인들은 계속해서 당원들에게 공약을 발표해왔다. 좌파 우파를 막론하고 전통을 고수하는 정치인들이 당원 및 지지자들에게 전통적인 정치 구조 안으로 들어오라고 독려하는 내용이었다. 마치 다른 형태의 정치는 일고의 가치도 없다는 것을 보여주는 것 같았다.

민주주의에서 정치란 과연 무엇일까? 물론 사회의 자기 통제 능력으로 요약되는 민주주의 자체에 의문을 제기하기는 힘들다. 민주주의는 일정한 절차에 따라 사회나 국민 혹은 국가가 스스로를 통제해나가는 과정이다.

민주주의가 싹트고 정착하기까지 인류가 지불한 대가가 얼마나 컸는지 늘 염두에 두고 있어야 한다. 유엔이 민주주의 날을 지정한 것도 다 그런 이유 때문이다. 민주주의가 심각하게 박해받았던 19세기를 생각해보자. 나는 마리아나 피네다Mariana Pineda의 자서전에서 페르난도 7세 시절에 작성된 교황 레온 12세의 회칙回勅을 읽어봤다. 그것은 하느님에 의해 임명된 왕들은 시민들을 지배할 권리를 가지고 있으며, 확립된 정부 형태를 임의로 바꿀 수 있다고 생각하는 사람들은 파문당하리라는 내용이었다.

터무니없는 그 회칙은 오랫동안 인류를 지배했다. 수많은 사람들이 그것에 저항하며 민주주의를 꿈꿔왔고, 민주주의가 미래를 발전을 위한 초석이라는 생각을 지키려다 죽음을 맞았다.

투표권을 얻기 위해서 역사적으로 얼마나 많은 투쟁이 있었던가! 시민은 투표를 하지 않는 행동에 얼마나 많은 무지와 편견과 무능력이 작용하고 있는지 생각해봐야 한다. 민주주의가 가장 발달했다는 미국에서도 대통령 선거(정확히 말해 대통령 선거인단을 뽑는 선거—옮긴이) 투표율은 겨우 50퍼센트밖에 안 된다. 그것이 하나의 전통이 돼버렸다. 칠레 같은 경우, 투표가 시민의 의무 사항이었던 시절이 있었다. 민주주의로 복귀하는 과정이 순탄치 않았기 때문이다. 칠레 사람들은 의무 투표가 아우구스토 피노체트Augusto Pinochet 독재 정권을 무너뜨리는 데 기여했다고 믿는다. 칠레는 목적을 달성한 이후 의무 투표 제도를 폐지했다.

국민들이 스스로를 다스릴 권리로서 지금은 당연하게 여기는 민주주의적 가치들이 자리 잡기까지에는 엄청난 노력과 희생이 뒤따랐다. 민주주의와 자기 통제가 그렇게 대단한 업적인데 도대체 우리는 왜 그것을 그렇게 형편없이 이용하고 있는가?

정치인은 누구인가? 민주주의에서 정치인의 본질은 무엇인가? 민주주의에서 정치인의 활동은 정확하게 어느 위치에 있는 것인가? 정치인은 어떤 모습이어야 하는가? 정치인은 어떤 것들을 알아야 하는가?

운전 못 하는 운전사를 원하는 사람은 아무도 없다. 의사가 아닌 사람에게 맹장 수술을 시키지는 않을 것이다. 정치인의 일이라는 게 정말 있을까? 21세기에 접어든 이 시기에 아직도 이런 질문이 나온다. 그 질문에 답을 하는 것도 쉬운 일은 아니다. 정치 계층은 이제 그 위신이 땅에 떨어지는 상황에 들어서고 있다.

정치인은 본질적으로 실행자다. 즉 유권자들은 공공 업무와 관련한 결정을 내리고 그것을 실행에 옮기라고 정치인을 뽑아준 것이다.

정치인은 무엇을 대표하는가

우리가 대의 민주주의라고 정의하는 정치 모델에는 어두운 측면이 꽤 있다.

대의 민주주의란 일반인들이 직접 하기 힘든 일, 예컨대 공공 업무를 추진할 때 관련 결정을 내리고 결정 사항을 실행에 옮길 만한 사람을 선거를 통해 대표자로 선택하는 것이다. 즉 자신을 대신할 사람을 선택하는 중요한 문제다. 시민은 대표자를 신뢰하고, 그에게 자기 권리를 위임한다.

그러나 오늘날 이런 권한 위임이 시민사회에서 충분한 합의를 거친 정당한 과정이라고 말할 수 있는가?

우선 권한 위임이라는 말에는 권한을 위임하는 쪽이 위임받는 자에 비해 상대적으로 무능력하다는 전제가 있음을 명심해야 한다.

법은 능력이 전반적으로 부족하다고 인정되는 사람의 권리를 제한하고, 좀 더 능력 있는 사람이 그들을 대신할 것을 강제한다. 어린아이나 정신질환을 가진 사람에게 적용되는 조항이다. 그러나 생물학적으로 덜 성숙한 존재나 정신 기능이 퇴화된 사람에게만 적용되는 것은 아니다. 예를 들어, 법정에서는 소송 당사자에게 자기를 대표할 만한 수임자를 지명하라고 요구한다. 그것이 예전부터 존재해오던 법률 대리인이라는 개념이다.

정치인이 시민에게 부여받는 정치적 대표권이라는 것은 시민들의 어떤 부족한 부분을 보완해주는 의미로써 무제한의 대표권이다. 사람들이 하려는 모든 것을 대표자가 할 수 있도록 권한을 위임한다. 당연히 시민은 대표자가 할 일, 그리고 그 일을 하는 이유를 설명하라고 요구할 수 있다. 그러나 경험으로 보건대, 대표자가 아무리 공동선을 위해 활동한다고 해도 아주 막강한 권력을 움켜쥐고 있는 셈이다.

어떤 사람이 누군가에게 전반적인 권한을 위임한다는 것은 위임 당사자를 망칠 수도 있는 위험한 일이다. 극단적으로 말해, 위임받은 전 재산을 마음대로 처분할 수도 있다는 뜻이다. 불행하게도, 실제로 사달이 나는 경우가 적지 않다.

시민이 정치인에게 위임한 전반적인 권리는 그 사람들을 파괴하는 부메랑으로 돌아올 수도 있다. 가끔씩 정치인은 국민을 몰락의 길로 이끌고 가기도 한다.

정당은 선거 기간에 특정한 프로그램들을 만들고 공약을 발표한다. 그러나 선거 이후 우리가 위임한 권력에 제한을 가할 수 있는 어떤 장치, 어떤 시스템도 존재하지 않는다.

정치인은 우리의 무엇을 대표하고 있는 것인가? 우리는 왜, 무엇을 위해서 정치인을 신뢰하는가?

이상과 이익관계 사이에서

나는 요즘 존 메이너드 케인스John Maynard Keynes의 자서전을 읽고 있다. 케인스는 1920년대를 회상하면서 정치란 이상이 아니라 실천이라고 했다.

어쩌면 그래야 하는지도 모르겠다. 하지만 오늘날 대의 민주주의에서 시민들은 각자의 이상이 실현되길 꿈꾸며 투표에 임한다. 이상은 감정과 신념을 기반으로 이뤄지는 도덕적 평가의 집합체라고 할 수 있다.

선거 때, 가톨릭 신자 또는 교회의 전통 교리에 익숙한 사람은 좌파 정당에 반대하려고 투표장에 간다. 그들의 도덕관념에서 보면 좌파는 나쁜 것이고 사회에 해로운 것이다. 마찬가지로 가톨릭 신자들이 동성간의 결혼을 지지하는 정당에 반대투표를 하는 것은 그들의 도덕관념을 지키려는 목적을 지닌 이상理想을 위한 투표다. 그들이 이런 정당에 반대표를 던지는 행위는 동성의 사람들로 구성되는 가족, 그 사악한 집단에 맞서 싸우는 십자군 원정과 같은 일이다.

나는 기본적으로 좌파 인사이다. 오늘날 좌파가 된다는 것은 인류 사회에서 사회적, 경제적 평등에 대한 믿음과 자유권의 행사를 수호 하겠다는 의미다. 그렇게 보면 좌파 인사 역시 이상을 위해 투표한다. 이를테면 이민자의 권리를 제한하려는 우파에 반대표를 던지는 식이다.

민주사회에서 다양한 이상이 어떤 역할을 하는지 구체적으로 설명하느라 좌파와 우파의 차이점을 자세히 제시했다. 그러나 사실 선거 때마다 반복되는 일 혹은 역사적인 사건들을 생각해보면 그런 식으로 이념의 정체성을 세세히 규명하는 것이 큰 의미는 없다. 사람들에겐 세부 내용으로 들어가지 않아도 좌파와 우파를 구별하는 기준이 이미 있다.

사람들은 스페인은 가난한 자와 부자의 전쟁, 즉 좌파와 우파 사이의 처참했던 내전의 소용돌이를 겪었다는 사실을 가끔 망각한다. 그러나 스페인은 이를 벗어난 지 얼마 되지 않았다.

내가 착각한 것이 아니라면, 전개 양상이 다소 다르기는 해도, 미국에서도 민주당과 공화당 사이에서 같은 일이 일어났고, 영국의 노동당과 보수당 사이에서도 마찬가지였다. 모든 유럽 국가들은 각 나라마다 자체적으로 좌파와 우파 세력이 있다.

정치적 대표자와 이상적 대표자에 대해서 다시 한 번 생각해보자. 나는 스스로를 이상주의자의 범주에 넣지만, 이상주의에는 인간의 발전을 추동시키는 긍정적 이상주의도 있고 인류의 고통과 퇴행으로 점철된 부정적인 이상주의도 있다. 한편, 막연하고 추상적이기만 한 이상주의는 조작이 쉽고 아주 위험해질 가능성도 크다.

이상주의에 치우치면 아주 끔찍한 일도 벌어진다. 지난 20세기에 어떤 나라에서는 아리안 민족의 우월성을 유지하려고 다른 유전 인자를 가진 사람들을 집단적으로 학살하는 정책에 사람들이 열광적으로 찬성표를 던지는 끔찍한 상황이 벌어졌다.

이런 경우 대의 민주주의의 정당성은 심각하게 침해받는다. 관념적인 이상만 좇아 대표자를 선택하는 것은 다른 이상을 가진 사람들을 반대하고 자신들의 이상만 찬성하는 허가증을 내주는 셈이다.

게다가 많은 대안 중에서 가장 이상적인 방법이라고 제시된 해결책이라고 해서 대중의 문제를 해결하는 올바른 방법이라는 보장도 없다.

이런 식으로 이상을 좇아 대표가 선출되면 대의 민주주의는 대중을 그릇된 길로 인도하는 체제가 될 수도 있다.

물론 이렇게 거대한 이상을 좇아 투표하는 것이 일반적인 모습은 아니다. 시민들은 각자의 경제적 이득이나 자기에게 이로울 만한 복지정책을 중요한 기준으로 삼아 투표하기도 한다. 그러나 이익을 좇는 투표 역시 감정이나 직관에 치우치는 경우가 있다. 왜냐하면 선거 때 정당이 제공하는 자료만 봐서는 신임 정부가 시민들이 바라는 방향과 보조를 맞춰 움직일는지 분명히 알기가 쉬운 일이 아니기 때문이다.

2011년 총선은 이런 측면이 두드러지게 나타난 선거였다. 이상적으로는 좌파에 속하는 사람들이 많았다. 하지만 그들 중 많은 사람이 사회 이익이라는 측면을 더 중시했다. 즉 기업인을 중심으로 하는 우파 정당이 경제 위기에 빠져 있는 스페인의 위기 상황을 타개하는 데 더 유리하리라고 생각했던 것이다.

이런 투표 양상은 거대한 이상이 아니라 실질적인 이익을 중시한 결과처럼 보이지만, 사실 그렇지 않다. 우파 정당을 고전적인 회사의 개념과 동일시한 채 그쪽에 몰표를 던지는 것 역시 이상을 따르는 투표나 마찬가지였다. 이상을 바라보는 관점이 달라졌을 뿐이다.

결국, 이론적으로는 정당이 그 정당을 지지하는 유권자들의 이익을 대변한다고 할지라도, 그 이익을 구현할 대표자가 선출되는 과정은 훨씬 복잡한 문제다. 선출된 대표자들이 대중의 구체적인 이익, 즉 사회 전반의 이익을 대변한다는 게 말처럼 쉬운 일은 아니다. 우리가 일반적인 이익이라고 말은 하지만, 그 개념을 사용하는 순간부터 이미 이상이나 이념 같은 광범위한 영역으로 들어서는 것이다. 이익은 굉장히 다양하고 서로 상충되는 것도 많아서 그것을 바라보는 시각은 천차만별이다. 사실상 투표 결과 이면에 있는 이익관계는 명확하게 분석하기 어렵다. 다수의 이익을 위해 소수의 이익이 가려지는 경우 또한 심각한 문제다. 예를 들어 위생 관련 제품을 생산하는 민간 기업이 시장 점유율을 높이려고 대중 위생과 관련된 정책을 효율적으로 추진하는 정당을 지원할 수 있다. 그 기업은 유연하고 효율적인 위생 정책을 위해서는 민영화가 필요하다는 것을 알고 그것을 이용하는 것이다.

이런 모든 면을 보건대, 의회 민주주의라는 개념에 충실하려면 국회의원의 시민을 대표하는 역할은 공공 업무의 실행자에게 부여하는 방향으로 바꿔야 한다. 다양한 공공 업무 프로젝트와 그 실행자들이 선거의 대상이 되고 거기서 선택받은 사람이 정치인이 돼야 마땅하지 않을까!

훌륭한 정치인의 조건

이렇게 새로운 민주주의와 그것을 반영한 선거 제도를 도입하면, 시민에게는 대중 프로젝트를 수행하는 능력이 뛰어난 사람 중에서 정치인에게 투표할 수 있는 기회가 생길 것이다. 사회 문제를 잘 이해하고 거기에 걸맞게 훌륭한 진단과 처방을 제시하는 사람이 정치인이 돼야 한다. 나아가, 그들은 당연히 사회의 다양한 분야에 식견을 갖추고 있어야 한다.

요즘 선거는 후보자의 이념을 중요시하므로 정당에서 후보자를 공천할 때 공공 업무에 관한 지식이나 실행 능력은 그리 고려하지 않는다. 그보다는 소속 정당에 대한 충성도가 중요한 기준이다. 대중적인 인지도 역시 후보자 공천의 한 가지 요소가 될 수도 있으나 반드시 필요한 것은 아니다. 이런 기준들은 모두 후보자가 공공 업무를 수행하는 능력과는 아무 상관관계가 없다.

나는 정치 활동을 두드러지게 한 적이 없다. 그래서 뭔가 내세울 만한 게 없다. 나는 그저 사법부총평의회의 구성에 참여했고, 구성원 중 한 명이었다. 하지만 그때의 경험이 정치에 변화가 필요하다는 내 생각의 첫 단추를 열어주는 계기가 됐던 것 같다.

정당에 대한 충성도가 능력이나 지식보다 더 중요한가

1996년에 당시 사회당 대표secretario general 호아킨 알무니아가 국회 집무실로 나를 불렀다. 그는 내가 사법부총평의회 대변인으로 지명된 게 로사 아길라르가 이끄는 좌파연합Izquierda Unida과 사회당 간의 합의에 따른 것이라고 말해줬다. 그가 아주 친절한 사람이어서 나는 내 포부를 당당히 밝히는 것으로 화답했다. 그러나 그가 나를 잘 모를뿐더러 사법부에 대해서도 문외한이라는 생각이 들기까지 그다지 많은 시간이 걸리지 않았다. 내가 법원장으로 재직할 때 구상했던 프로젝트를 열심히 설명하고 있는데, 호아킨이 법원장이 뭐냐고 질문하자 나는 그만 할 말을 잃었다. 내 영혼이 바닥으로 곤두박질치는 것 같았다. 그는 나에 대해서 아무것도 몰랐고, 지금까지 사법부에서 해온 일도 전혀 몰랐다. 내가 보기에는, 주변 사람들이 그에게 나의 좋은 면만 전해준 듯했다. 민주주의 판사 연합의 동료들과 호아킨에게 추천을 약속했던 사회당 지도부에 있는 내 친구가 나를 지명해서 만남이 성사됐을 뿐이었다.

호아킨은 당이 나를 직접 임명한 것이 아니기 때문에 사회당과 국민당이 합의한 내용을 따를 필요는 없다고 말했다. 사법부총평의회 위원장은 헌법 법원의 판사인 하비에르 델가도로 결정했다고 말해줬다.

마드리드 법원장으로 수행했던 내 업무가 사법부총평의회에서 하려고 했던 일들과 아무 상관이 없다는 것을 확인하니 마음이 아주 착잡했다. 그가 그다음부터 무슨 말을 했는지 정확히 기억나지는 않지만, 아마 하비에르 델가도가 위원장으로는 최고 적임자라고 말했던 것 같다.

거리로 나와 다소 흥분되고 지친 마음으로 팰리스 호텔 지하 매장으로 갔다. 나는 대변인에 임명된 기념으로 소매가 짧은 푸른색 정장을 샀다.

옷을 입어보면서 지금까지 내가 살아온 길을 떠올렸다. 내가 염두에 두었던 위원장 후보는 당시 대법원장이던 클레멘트 아우헤르였다. 그는 진보주의자이고 지적이었으며 실무에 아주 능숙한 인물이었다.

하비에르 델가도는 그 당시 헌법 법원의 판사였다. 나는 그에게 전화를 걸어 사법부총평의회 위원장 후보로 지명됐다는 사실을 알려줬고 이야기 좀 나누고 싶다고 말했다. 하비에르가 흔쾌히 승낙해 우리는 바로 만나기로 했다. 헌법 법원 사무실에 도착했을 때, 그는 총평의회의 대변인으로 지명된 국민당Partido Popular(스페인의 보수주의, 기독교 민주주의 정당—옮긴이)의 엔리케 아르날도라는 청년과 함께 있었다. 내 전화에 하비에르가 당황했고 그 사실을 엔리케에게 알렸을 거라고 짐작했다. 국민당의 열성 당원인 엔리케는 합의된 내용에서 벗어나는 일이 생길까 걱정돼서 이 자리에 동석하기를 원했던 것 같았다. 나 때문에 불편한 일이라도 생기지 않을까 걱정했나보다. 나는 호아킨과 나눈 이야기를 허심탄회하게 말해줬다. 하비에르는 긍정도 부정도 하지 않았다. 나는 그에게 사법부총평의회의 활동에 어떤 계획을 갖고 있느냐고 물었다. 정당 간의 합의와는 별도로 그가 위원장이 되는 것에 대한 내 입장을 정리하기 위해서라도 그의 생각을 알아야 했다.

하비에르는 나를 기억하고 있었다. 그는 판사 경력 초기부터 판사협회에서의 활동에 이르기까지 나를 높이 평가했다. 그는 간단명료하게 자기 계획을 설명했다. 그는 판사의 독립성이 헌법에 명시적으로 보장돼 있긴 하지만, 사법부총평의회는 판사들이 더욱 능률적으로 움직일 수 있어야 한다고 말했다. 그러기 위해서는 우선 사법부의 현실을 백서로 만드는 작업이 필요하다고 했다. 그 이후에 총평의회가 어떤 정책과 조치를 펴나갈지 결정해야 한다는 의미였다.

나는 그의 답변이 마음에 들었다. 그가 총평의회 운영 계획을 가지고 있다는 것도 알게 됐다. 하지만, 내 생각엔 백서 발간이 꼭 필요하지는 않았다. 지나친 자신감일 수도 있겠지만, 나는 사법부의 제반 문제점을 누구보다 잘 안다고 생각했고 그에게 그렇게 말했다. 나는 백서를 만드느라 시간을 낭비할까봐 걱정했다. 물론 백서의 유용성도 충분히 알고 있었다. 백서에는 판사들의 최고 기관을 필두로 해서 잘못된 점이 낱낱이 적시될 것이다.

이튿날 총평의회의 부위원장 후보로 지명된 루이스 로페스 게라가 내게 전화를 했다. 그는 헌법을 전공한 교수였다. 나와는 개인적 친분이 없었지만 그의 명성은 이미 자자했다. 우리는 법원 근처의 카페에서 만나 과일 주스를 마시며 이야기를 나눴다. 그가 내게 물었다. "마누엘라, 당신은 정말 사법부에 어떤 변화가 생길 거라고 믿나요?"

찬물을 끼얹는 듯한 질문이었다. 어떻게 된 게, 사회당에서 사법부 총평의회 부위원장으로 지명된 사람이 실행 계획도 없을 뿐만 아니라 이렇게 회의적인 태도를 보일 수 있을까? 내 의견과 경험을 그에게 소상히 말해줬다. 사법부가 확실하게 이룰 만한 변화와 적은 비용을 들이고도 변화의 질과 효율성을 높일 수 있는 방법을 설명했다. 다행히 부위원장 내정자는 수용 능력이 아주 뛰어난 사람이었다. 사법부에 대해서 많이 알지는 못해도 사법부의 기능을 알고 싶어 하는 지적 호기심이 강했다. 나중에 사법부총평의회에서 함께한 5년의 세월 동안에도 그랬다. 그의 연설문에는 사법부를 이해하려는 왕성한 지적 호기심이 곳곳에 배어 있었다. 하지만 잘 알지 못하는 업무를 실행하는 자리에 앉은 사람들이 늘 그렇듯이, 모든 일은 그를 수행하는 사람들 손에서 마무리됐다. 루이스 로페스 게라는 아주 지적이고 상식이 풍부한 사람이었다. 나는 그와 이야기를 많이 나눴고 내가 구상하는 계획을 알려줬다. 그러나 그는 사회당 인사들의 의견을 더 중시했다. 내 의견은 보수적인 인사들의 의견과 상충되었기에 그다지 미더워하지 않았다.

그와 처음 만났던 장면으로 다시 돌아가자. 나는 루이스에게 솔직하게 말했다. 나는 다수당끼리 맺은 합의에 동의하지 않는다고, 그리고 하비에르 델가도가 위원장으로서 그가 펼칠 계획이 마음에 들었기에 그에게 찬성표를 던지겠지만, 당신에게는 표를 주지 않겠다고……. 나는 그의 지적 능력과 분석 능력을 인정하지만 부위원장 감은 결코 아니라고 생각했다. 그는 총평의회와 거리가 먼 인물이었다. 게다가 총평의회의 성비율 균형을 맞추려면 여성 부위원장이 필요하겠다는 생각까지 들어 엘리사 베이가 후보로 추천되기를 바랐다. 엘리사는 판사였고, 결국 사회당은 그녀도 지명했다. 나는 그녀를 잘 알고 있었다. 그녀는 사법부에서 풍부한 경험을 쌓았고 참신한 비전이 있는 진보주의자였다.

마침내 총평의회의 첫 회의가 열렸다. 위원장과 부위원장을 뽑는 자리였다. 투표를 시작하기 전에 발언권을 신청했다. 나는 정당 간의 합의 사항에 전혀 찬성하지 않으며, 사법부총평의회의 대변인으로서 완전히 독자적으로 행동할 필요가 있다는 취지의 발언을 했다. 나는 하비에르 델가도와 나눴던 이야기를 거론하면서 그가 사법부총평의회의 위원장으로 적격해 보인다고 설명했다. 하비에르가 정당에서 지명한 사람이어서가 아니라 그가 추진하려는 프로젝트에 부쩍 관심이 생겼기 때문이라는 것을 분명히 밝혔다. 나는 하비에르 같은 사람이 개혁 업무를 이끌어가는 게 옳다고 거듭 말했다. 부위원장으로는 엘리사 베이가를 추천한다는 말도 했다.

내 발언이 끝나자, 회의 참석자들 사이에서 후보자 지명 뒤에 숨겨진

정치 협상의 존재를 강하게 부정하는 발언이 몇 번이나 나왔는지 기억도 못 하겠다. 몇몇은 그런 일은 의심조차 해서도 안 되는 일이라며 잔뜩 열을 내며 말했다.

라몬 사에스와 나는 이 일을 외부에 알리지 않기로 했고, 예상대로 엘리사는 후보 자격을 받아들이려 하지 않았다. 대신 우리는 부위원장 후보 루이스에게 찬성표를 주지 않기로 약속했다. 엘리사가 입후보를 받아들이지 않았기에 라몬은 나를 부위원장 후보로 지명했다. 후보 지명을 수락했지만 투표 결과 나는 겨우 두 표만을 얻었다. 라몬의 표와 나 자신의 표였다. 투표할 때 내 옆에 있던 루이스가 다가와 속삭였다. "당신에게 반대표를 던지게 돼서 정말 유감이네요."

며칠 후에 총평의회가 활동을 개시했을 때, 마르가리타 레투에르토가 나를 만나러 왔다. 마르가리타는 국민당 몫의 대변인으로 지명됐다. 우리는 개인적 친분은 없었지만 공통점이 있었다. 총평의회 업무를 시작하면서 그녀가 나와 함께 있고 싶어 한다는 걸 느꼈다. 내가 어떤 프로젝트를 제안하면 그녀도 거기에 합류했다. 지식이나 경험이 전혀 없는 프로젝트라도 기꺼이 참여했다. 마르가리타는 이렇게 말했다. "마누엘라, 내가 사법부 일에 문외한이라는 걸 알지만, 배우려고 하는 마음은 누구보다 강해요."

나는 다시 한 번 실망했다. 사법부총평의회의 대변인 중 상당수가 사법부와 관련된 일을 아무것도 모른다면, 도대체 어떻게 일을 할 수 있겠는가? 마르가리타에게 뭐라고 했는지 가물가물하지만, 한 가지는 분명히 기억난다. 정치 활동을 하려면 미리 배우고 뛰어들어야 한다는 것!

정치를 바꿔야 한다는 생각은 내가 살아온 과정을 통해 만들어진 것이다. 돌이켜보건대, 총평의회에서 했던 일은 소소한 경험에 불과했고, 내가 그동안 해온 일 중에서 비교적 정치적 성격을 띤 유일한 일이었다.

정치인은 기본적으로 정당에 가입하고 충성을 바쳐야 후보자로 지명도 받고 나중에 정치적 임무도 부여받는다. 공공 업무를 수행할 능력과 지식은 후보자로 선택되는 것하고는 정작 아무 관계가 없다. 독자적인 사고방식의 소유자는 정당에 별로 이득이 안 된다. 사회당의 한 간부에게 능력이 뛰어난 사람을 어느 자리에 임명하라고 추천하니, 놀랍게도 대뜸 이런 대답이 뒤따랐다. "나는 능력 있는 사람이 아니라 당의 지시를 잘 따르는 사람을 원합니다."

담당 업무에 대한 지식이 전혀 없는 사람이 그런 중대한 자리에 임명된다는 사실이 그저 기가 막힐 노릇이다. 나는 장관들이 아무런 부끄럼 없이 업무를 수행하는 것이 도저히 이해가 안 된다. 나는 정치계에서 활동하는 친구나 동료들하고 이 문제를 가지고 자주 언쟁을 벌였다.

그들은 내가 틀렸단다. 장관들은 자기 서류 가방 안에 들어 있는 게 뭔지 굳이 일일이 알 필요가 없다. 그래서 장관을 보좌하는 사람들이 사무실에 넘쳐나는 것이다. 나는 그 말을 수긍해본 적이 없다. 이런 관습 탓에 정치인은 당의 결정에 의존하게 되고 보좌관의 포로 신세가 된다. 보좌관은 정당의 위계질서에 굴복한 사람이다. 보좌관은 행여 장관이 업무에 개입할까봐 두려워하고, 장관은 모든 새로운 것, 익숙지 않은 것에 두려움이 있다. 보좌관이 자료를 작성해 건네주면,그때서야 장관도 움직이기 시작한다. 보좌관은 우리가 알지도 못하고 임명하지도 않은 그림자 속의 인물이다.

진짜 민주주의를 위한 새로운 상상력

정치를 다른 방식으로 하는 게 가능할까?

물론 가능하다. 어떤 면에서 보면 대의정치는 막바지에 다다른 것 같다. 그걸 알아야 한다. 사람들은 계속 민주주의에 신뢰를 잃어가고 있으며, 정치 계층에 회의를 품고 있다.

소설이나 영화에서 매번 터져 나오는 정치 계층에 대한 불신은 이제 이골이 날 만큼 현실에서도 넘쳐난다. 스페인뿐만 아니라 세계 어디나 마찬가지다.

민주주의는 모든 인간이 참여하는 정치 체제라는 점에서 가장 이치에 맞고 지금으로서는 더 나은 대안이 없는 방식이다. 그러나 아주 오랜 시간 동안 많은 사람이 필수 권리를 빼앗긴 채 살아왔다. 정치인이 자기 권력만을 행사하려고 시민들의 권리를 침해해왔기 때문이다. 그런 권리 침해는 언제나 시민들의 의사에 반하여 이루어졌다.

민주주의는 분명히 인류의 미래를 위한 체제다. 9월 15일은 유엔이 2007년에 지정한 세계 민주주의의 날이다. 전 세계의 정부 격인 유엔이 민주주의를 공고히 하는 방법을 어떻게 설명하는지 한번 살펴보자. 세계 민주주의의 날 기념 연설에서 반기문 유엔 사무총장은 이렇게 말했다. "세계 민주주의의 날을 맞이하여 나는 모든 지도자들이 시민의 목소리를 듣고 존중해줄 것을 권장합니다. 직접 답변을 하거나 혹은 대리인을 통해서 시민의 질문에 적절하게 답변할 것을 권장합니다. 모두를 위한 더 나은 세상을 만들기 위해 전 세계 시민 여러분이 원하는 것을 주장하라고 권장합니다. 또한 자신의 목소리를 적극적으로 내서 자기 운명에 대한 통제권을 가지라고 권장합니다."

우리에게는 스스로 생각하고, 시도하고, 평가해야 할 일이 많다. 민주주의는 커다란 변화 과정을 겪어야 한다. 그러나 사회의 모든 변화 과정이 그렇듯이 정착되려면 시간이 많이 필요하다. 우리가 조그만 변화라도 실천으로 이끈다면 대의 민주주의는 조금씩이나마 계속 나아질 것이다.

관보를 위키피디아처럼!

좀 더 확실히 개선해야 할 일이 있다. 바로 대의정치의 소임을 맡게 될 후보자가 업무 수행 능력을 보여주고 정치 활동의 터전인 지역구 사정을 빠삭하게 잘 아는 것이다.

사회가 점점 복잡해지는 양상을 띠면서 대두되는 문제가 있다. 정치인들이 어떻게 하면 자기 분야의 전문가가 되고 사회 곳곳의 다양한 목소리를 들을 수 있을지 하는 문제이다.

오래전부터 내 머릿속을 맴돌던 아이디어가 하나 있는데, 가능한 한 많은 사람에게 전달해 실현하고 마음이 굴뚝같다. 관보el Boletín Oficial del Estado는 사실 대단한 것이다. 사진도 없고 한 번에 읽는 것이 불가능할 정도로 내용이 빽빽한 이 회색 종이에 많은 '권력'이 실려 있다. 사법부에서 근무할 때 판사들은 이 관보를 매일 받아 봤다. 지금은 인터넷으로도 전자관보를 열람할 수 있다.

관보는 권력을 많이 담고 있다. 거기에는 통과된 법안이 게재되고 그때부터 발효돼 사람들은 그 법안을 따라야 한다. 하지만 그 내용을 이해하기도 녹록지 않다. 사실상 정치의 힘은 관보에서 나온다.

관보에는 수많은 자료와 수시로 바뀌는 규정이 실리는데, 그것들은 모두 권력을 집행하기 위한 자료다. 그러나 누가 얼마나 그 내용을 이해하겠는가? 관보가 의례적이고 이해하기 힘든 말로 쓰였다 해도 그 내용을 이해해 활용하는 사람은 분명히 있다. 그러나 무슨 내용인지 제대로 이해하는 사람은 소수에 불과하다.

나는 오래전부터 이런 생각을 해왔다. '관보를 위키피디아처럼, 예를 들어 위키관보로 사용하면 아주 재미있지 않을까? 누구든 매일 자신의 일이나 관련 업무에 관해서 몇 줄의 글을 거기에 쓸 수 있다면 얼마나 좋을까!' 저마다 자기 판단을 기준으로 옳은 것과 그렇지 않은 것을 주장할 수 있고 그 이유도 설명할 수 있을 것이다.

다행스럽게도 이제는 인터넷을 통해 시민 참여의 길이 열려 있다. 시비오 재단Fundacion Civio(스페인의 NGO. 더 강한 민주주의를 표방하는 비정부 조직이다. 시비오는 전 국민이 공공 데이터에 좀 더 자유롭게 접근하게 해준다. 진정한 민주주의는 강력한 민주적 책임감을 지닌 활동적인 시민들로 이뤄진 사회라고 믿고 있다.―옮긴이)이 전개하는 활동을 보고 얼마나 기뻤는지 모른다. 정부가 추진하기로 의결한 정책에 대해서 시민들이 올리는 여러 의견은 국무회의에서 내리는 수많은 결정들의 모순점을 여지없이 까발려준다.

평소에 누가 관보를 읽겠는가? 지금은 극소수만 읽지만, 만약 시민에게 관보의 내용을 해석해주고 알려준다면 훨씬 더 많은 사람들이 관보에 관심을 갖고 그 내용을 이해하려고 할 것이다.

정치인이 대중의 이해관계가 걸린 업무를 수행할 때, 보나 마나 그 업무의 세부 내용을 잘 모를 것이다. 그럴 바에야 아예 시민사회가 자체적으로 각 분야의 이론과 실무 지식을 준비해놓으면 어떨까? 그래서 어떤 일을 실행에 옮기려 할 때 누구나 해당 지식을 이용할 수 있도록 말이다.

시민사회에 귀 기울이지 않는 정당은 무용지물이다

정당은 정치를 역동적으로 이끄는 조직이다. 그런 역동성을 바탕으로, 각 정당의 당원들은 미래의 사회 지도자가 될 만한 후보자를 선정해야 한다.

지금 현실은 전혀 그렇지 않다. 아쉽게도 모두들 알다시피 시민들이 겪는 문제와 정치인 사이의 연결 고리가 없다.

나는 1980년에 사법부에 들어온 후 한 번도 정당에 가입한 적이 없어서 실제로 정당이 어떻게 돌아가는지 잘 모른다. 하지만 흥미를 가진 분야라서 기회 있을 때마다 정당의 내적 기능이 뭔지 알아보려고 노력했다.

몇 년 전에 아르구에예스Argüelles 지역에 있는 사회당 소속의 한 단체가 사법부 관련 내용을 주제로 토론회를 개최한다며 나를 초대했다. 이 단체는 약 쉰 명 정도가 들어갈 만한 아담하고 아늑한 홀에 쾌적한 분위기를 만들어줬다. 사람들은 삼삼오오 담소를 나눈 다음 근처에 있는 바로 이동해 간단한 음료를 마셨다. 거기서 나는 그 단체가 주로 하는 일이 뭐냐고 물었다. 단체 관계자들은 내 질문에 다소 당황하는 듯했다. 그들이 기본적으로 하는 일은 모여서 정치 또는 시사 문제를 가지고 대화를 나누고 당 지도부에서 채택한 결정 사항을 토론에 부치고 선거를 준비하는 것이었다.

다시 말해, 마드리드의 아르구에예스 지역에만 특화시킨 구체적인 활동 계획 같은 건 전혀 없었다. 내가 보기에, 그 단체는 정당에서 토론을 목적으로 만들어놓은 토론 클럽, 딱 그 정도였다.

언젠가 사회당 당원인 한 친구가 여성 노동자의 날el Día de la Mujer Trabajadora 행사 기획 아이디어가 있으면 좀 추천해달라고 부탁했다. 나는 그녀에게 몇 가지 의견을 제시했다. 그중에는 파업 중인 여성운동 단체와 함께 하는 행진도 있었다. 나는 지금쯤이면 파업 중인 여성에게 대안을 제시해야 할 거라고 말했다. "파업이 사람들에게 끼치는 영향, 특히 여성들에게 끼치는 영향을 생각해보자고. 직장에 복귀할 가능성이 별로 없는 이 순간에 그들이 느낄 불안감을 고려해야 하지 않을까. 파업이 여성에게 어떤 부정적인 영향을 줄지 생각해봐. 즉 사회관계가 단절되고 고립된 상태에 머무르게 되면 얼마나 막막하겠어. 그들이 협상의 중심에 서야 해. 그래야 힘이 날 테고 파업을 마무리하기 위한 출구 전략도 모색할 수 있겠지." 친구는 좋은 의견이라고 생각했던 것 같다. 하지만 왠지는 모르지만 그 계획은 실행되지 않았다. 그런 일이야말로 정당 차원에서 할 만한 일이 아니었을까? 상부 조직에 적극적으로 제안해야 하는 일이 아니었을까?

정당 활동이 시민사회와 연계되지 못하는 이유가 도대체 뭘까? 정당은 왜 정치 활동을 위해서 시민사회를 조직하지 않을까? 나는 이를 토의나 토론이 아니라 실천하는 방법을 논하고 싶다.

시민의 정치 활동의 중심이 되려면 시민사회가 체계적으로 조직화돼야 한다. 모여서 문제를 분석하고 해결하기 위해 일해야 한다.

솔직히 말해, 나는 공허하게 전개되는 정당 활동이 이해가 안 된다.

메르세데스 가이소는 교도소 소장으로 두 번의 임기를 지냈다. 그녀는 풍부한 지식과 진솔한 태도를 지닌 사람으로 교도소에서 아주 흥미로운 일을 진행했다. 그녀가 교도소에 도입한 '존중의 모듈módulos de respeto'의 놀라운 장점에 이의를 제기할 사람은 없을 것이다. 존중의 모듈을 제대로 아는 사람은 별로 없겠지만 교도 행정 부문에서는 세계적으로 알려지고 높이 평가 받는다. 메르세데스는 아주 흥미로운 관점으로 『형벌과 사람Penas y personas』이라는 저서를 집필했다. 그녀는 교도소 소장으로 재직할 때 죄수들이 보낸 모든 편지에 일일이 답장하는 것으로 행동 전략을 구체화했다.

자신이 관리하는 모든 사람의 편지에 답장하는 태도는 시민을 존중한다는 걸 보여주는 아주 훌륭한 모습이었다. 비록 죄수라고 해도 그들을 존중하는 모습은 우리 사회에서 보기 드물었다.

그러나 메르세데스가 그만둔 뒤 국민당의 교도소 정책은 기조가 확 바뀌었다. 교도소 정책에 중요한 변화의 계기를 마련했던 사회당이 진보적인 방법으로 성취한 모든 것을 다시 검토하는 조직이나 위원회 같은 것을 만들 능력이 있다고 생각하는 게 합리적이지 않을까? 역주행, 즉 사회적으로 퇴보나 다름없는 현재 국민당의 정책을 멈추게 하려고 모든 조치를 취하는 게 합리적인 생각 아닐까?

이미 시작됐거나 현재 중단된 진보 정책을 지속해나가려면 정당은 체계적으로 준비를 해야 한다.

안타깝지만 그런 식으로 일이 진행되지는 않는다. 메르세데스의 경우도 예외가 아니었다. 책임감 있는 정치인이 그 자리에서 물러났을 때, 그 사람이 해왔던 일에 대한 평가 작업도 없고 그 일이 계속 진행되지도 않았다. 이런 걸 보면, 아무리 훌륭한 정치 활동이라고 해도 그것은 그저 정치가 개개인의 단순하고 고립된 행동에 불과하다. 그것은 정치 생명에 연계되어 평가되지도 않는다.

시민사회는 민주주의를 지키는 주체다

독재 시대에 공산당 소속 변호사들이 일하던 방식을 비판하는 글이 과연 얼마나 가치가 있는지 모르겠다.

내 이야기를 들으면 많이들 놀랄 것이다. 프랑코 시대 후반기의 일상적인 삶은 별로 알려지지 않았다. 반反프랑코주의의 사회적 흐름이라고 할 만한 내용이 영화나 텔레비전 드라마로 극화되었을 뿐이다. 내가 그렇게 살았기에 장담하지만, 1970년대 마드리드에 공산당 소속 변호사가 100명 이상이었고 그들이 공산당에 가입하는 것은 불법이었다.

공산당 소속 변호사들은 공통의 목표를 가지고 있었다. 프랑코 독재를 끝장내고 민주주의를 회복하는 것이 무엇보다도 중요했다. 우리가 했던 일 역시 직업 현장에서 그 목적을 구현하는 방식의 일환이었다.

우리는 변호사 학교Colegio de Abogados에 넓은 강의실을 마련하고, 매주 토요일 아침마다 모여 여러 가지 주제를 가지고 누구나 참여할 수 있는 공개 토론을 열었다. 법률의 해석, 정부가 늘 취하는 억압적인 조치들이 주요 토론 주제였다. 토론을 하면서 우리는 법적 대응부터 고발, 투쟁에 이르기까지 다양한 행동 지침을 정했다. 치안 법정Tribuna de Orden Público(프랑코 독재 2기인 1963년에 설치되어 1977년에 폐지된 정치 탄압 기구—옮긴이)에서 변호인단을 구성하는 일도 거기에 포함됐다. 우리가 하는 일의 효율성을 높이고 영향력을 키우기 위해 연구와 고민을 거듭했다. 우리는 변호사 학교의 조직들을 동원해 투쟁했다. 군사정부Junta de Gobierno와 협상도 했고, 서명운동은 물론 매체를 통해 선전 활동을 해나갔다.

당 소속 변호사들은 전문 분야별로 매달 15일에 모임을 가졌다. 그 모임에서 개별적으로 혹은 조직적으로 진행되는 현안들을 함께 검토했다. 활동을 평가하고 좀 더 나은 실천을 꾀하는 모임이었다. 그 모임을 모태로 해서 반反프랑코주의 활동을 하는 변호사들의 실천 모임이 구성됐고, 노동 변호사abogado laboraista라고 불리는 계열이 만들어졌다. 사람들은 새로운 시민운동 단체를 지지했고, 법조계의 실천적 인사들은 민주화운동에 크게 기여했다.

예를 들어 우리는 치안 법정의 폐쇄를 주장하며 다른 변호사들에게 도움을 요청했고, 평소에도 치안 법정의 문제점을 비판했다. 표현의 자유를 확보하기 위해, 정치적인 입장이 다르다는 이유로 재판을 받고 구속되는 것을 막기 위해 줄기차게 노력했다.

나는 이제 정당의 정책을 정치 활동의 핵심으로 받아들인다. 그리고 정당의 정책이 사회를 발전시키기 위한 행동의 표현이라고 이해한다. 우리가 노동자를 지원하는 사무실을 열기로 결정한 것은 노동자의 권리를 확보하기 위한 것이었다. 독재 시절에는 노동자들이 자기 권리를 보호할 법적 도움을 받을 수 없었기 때문이다. 노동자들은 프랑코 독재 정권이 직접 통제하는 노동조합협회의 변호사들을 전혀 믿지 않았다.

우리는 그 당시 보장되지 않았던 노동자들의 권리를 충족시킬 방법을 찾고 있었다. 그 시절 많은 노동자들이 마땅히 가져야 할 정의가 실현되기를 바랐다. 민주주의의 회복 또한 당연히 추구해야 할 정치적 책무였다.

민주주의를 회복하는 데 가장 효율적으로 투쟁을 해나갈 것 같은 공산당 소속이었지만 다른 걸 떠나 우리는 좌파의 반프랑코주의자들이었다. 우리는 다수였다. 1977년 당이 합법화되었을 때, 전문가 당원은 마드리드에만 5천명이 넘었다.

1978년 헌법이 공포되고 스페인에 민주주의가 시작되자 공산당은 부문별 전문가 조직을 더 이상 유지하지 않겠다고 결정했다. 그러나 정작 그 조직들은 정치 활동을 확산시켜 프랑코 독재를 종식시킨 주역들이었다.

그 당시 당의 위계질서를 깨뜨렸다고 변호사 조직이 비난받았던 것이 기억에 생생하다. 당 조직은 우리를 말만 번지르르한 달변가일 뿐이며 당의 본질을 잘 이해하지 못하는 사람들이라고 지적했다. 그 두 가지는 사실이다. 대부분의 변호사들은 직업 특성상 토론에 아주 능했고, 독재를 끝장내고 사회 정의를 실현할 힘을 극대화하기 위해 똘똘 뭉쳐 있었다. 당이 전문가 조직을 해체하고 각 지역별 조직에 합류하라고 명령했을 때, 대다수 전문가들은 자기 갈 길을 찾아 떠났다. 강력한 행동을 추동할 잠재력이 사라져버린 것이다.

이제 지난 과거를 돌이켜보면, 공산당이든 사회당이든 스페인이 다른 나라의 민주주의 시스템을 따라가야 한다는 생각 자체가 완전히 잘못이었다. 나는 대다수가 그런 주장이 착각이었다고 생각하리라 믿는다. 나는 과거의 유산일 뿐인 정치 구조의 철폐를 반대하는 이유를 잘 모르겠다.

지금까지 설명한 내용이 공산당과 관련된 것이었다면, 사회당은 더욱 심각했다. 독재 시절 마드리드에서 최소한 우리 변호사 조직이 했던 만큼 역할을 하는 사회당 조직이 있었는지 의문이다. 사회당 내부에는 당원들끼리 긴밀하게 결속된 네트워크가 없었던 게 분명하다. 우리 활동의 중심에는 수많은 중간 규모의 조직, 즉 순수 시민 단체들이 있었다. 그들은 정치적 타협의 여지가 훨씬 더 적었다. 그중에서도 두드러진 조직이 마드리드 지역단체연합AA VV이었다.

지역단체연합은 독재를 종식시키는 데 중요한 역할을 했고, 진정한 시민 단체의 본보기 노릇을 했다. 그들 중 상당수는 주택 문제를 해결하기 위해 투쟁을 벌였다. 그 당시에는 주택 문제가 가장 시급한 과제였다. 오늘날 찬사를 보낼 만한 훌륭한 지역들이 어떻게 형성되었는지 생각해보라. 1960년대에 그 지역 대부분은 확장된 빈민가 모습이었다.

현재의 오르카시타스Orcasitas 지역을 거닐다가 잠시 멈춰 거리 이름을 들여다보자. 진정한 순수 시민 단체 연합 조직이 대다수 스페인 사람들의 삶이 나아지기를 얼마나 원했는지, 그리고 그들이 얼마나 확신을 갖고 정치 활동에 뛰어들었는지 알 수 있다.

사회당이 권력을 잡았을 때 시민 단체 조직을 축소시킨 것은 도저히 이해할 수 없는 조치였다. 사회당 지도부는 정치 지도자에게 보내는 충성심이 거짓일지도 모른다며 연합 조직의 활동을 제약했다. 아이러니하게도 사회당은 민주주의를 지키기 위해 그런 조치를 취했다고 주장했다. 오늘날 우리는 사회당이 그때 얼마나 큰 착각에 빠졌는지 알고도 남는다.

진정한 정치적 민주주의를 확보하려면 시민사회의 주도로 민주주의를 방어하고 공고하게 하려는 노력이 지속적으로 필요하다.

공산당과 가톨릭교회의 진보 인사들은 다양한 조직을 구축해가면서 오늘날 이른바 시민사회 조직이라는 것을 만들었다. 진보 단체와 정당은 계속해서 시민사회를 육성해나갔다.

그런 경험이 민주 사회의 활성화를 위해 필요했던 요소라고 평가할 수 있을까?

두 가지 이유에서 당연히 그렇다. 첫째, 프랑코 시대의 몰락 과정을 분석해보면, 변화가 위로부터 추동된 것이 아니었다. 둘째, 왕조의 지지를 받은 아돌포 수아레스 곤잘레스Adolfo Suárez González 총리가 공식화한 정치 변화는 비록 프랑코 시대의 제도가 공식적으로는 완벽해 보였지만 사실상 그뤼예르 치즈(스위스 치즈)처럼 구멍이 숭숭 뚫려 있었다는 걸 보여준다. 그 구멍들은 프랑코 독재를 반대하는 시민사회가 만든 것이다.

보아라, 시민의 힘이 얼마나 강한지!

사람들은 때때로 눈앞에 있는 것을 보지 못한다. 정당으로부터 무시당할 때도 단체나 협회는 굴하지 않았다. 이제는 사라진 수많은 조직 덕택에 많은 것이 바뀌었다. 민주주의가 직면한 암울한 문제에 빛을 비췄고, 대중들의 의견에 영향을 끼쳤고, 당국의 태도를 변화시켜 결국 사람들의 삶이 나아졌다.

마약을 반대하는 어머니 모임을 예로 들어 말해보자.

마약 반대 어머니회la asociación Madres Contra al Droga는 갈리시아Galicia에서 결성됐다. 마약 중독으로 교도소에 가거나 마약에서 벗어나지 못하는 아이의 가족들이 펼쳐나간 자발적인 운동이었다. 갈리시아의 마약 반대 어머니회는 대단한 일을 해냈다. 그들은 분명한 목표가 있었다. 하나는 갈리시아 해변에서 마약상을 뿌리 뽑는 것이고, 다른 하나는 마약에 중독된 아이들의 치료였다. 발타사르 가르손Baltasar Garzón 판사는 마약상들이 날뛰는 걸 막는 데 법이 기여해야 한다는 어머니회의 주장을 처음으로 수용하며, 당시 엄청난 논란을 불러일으킨 조치를 취했다. 발타사르가 직접 갈리시아 지역을 돌며 독단적으로 수사를 지휘해서 그 지역의 마약상들을 재판에 넘긴 것이다.

사람들은 사법부의 행동이 사회에 어떤 영향을 끼쳤는지 평가하는 데 익숙하지 않다. 그러나 그런 평가 작업은 반드시 해야 한다. 그 당시 그 일과 관련된 사람들은 갈리시아의 마약 범죄를 뿌리 뽑는 데 결정적 역할을 했다. 덕분에 갈리시아는 또 다른 시칠리아Sicilia가 되는 걸 모면했다.

내가 교정 법원의 판사였을 때, 마드리드 마약 반대 어머니회 사람들을 잘 알고 있었다. 그들은 마드리드 남부 교구의 지원을 받는 종교 단체지만 사회 현실을 개선해나가는 데도 적극적인 단체였다. 마약 반대 어머니회는 초기에 영향력도 지원도 미미했지만 활동의 중심을 명확히 잡아나가며 시민사회 조직의 능력을 만방에 떨쳤다. 소규모 단체 하나가 사회를 전반적으로 바꿔나갈 수 있다는 것을 보여줬다.

어머니회는 생물학적인 어머니들로만 구성된 단체가 아니었다. 다른 사람들의 아이들을 도와주려는 자원봉사자들도 있었다. 어머니회의 요구 사항은 분명했다. 마드리드에 있는 모든 마약 거래상을 고발하고, 마약에 의존하던 아이가 마약에서 벗어나도록 도움을 주자는 것이었다. 요구 사항을 관철시키려고 그들은 치료법을 찾았으며, 마드리드의 법원 판사들을 줄기차게 만나 지역의 실상을 알리는 데 주력했다.

현실은 재앙이나 다름없었다. 스페인에 민주주의가 다시 도래했다는 의미인 자유의 표현이 마약 중독의 확산을 불러왔다. 국가는 수수방관했다. 정치인은 뭘 해야 할지 몰랐고 문제를 그대로 방치했다. 오늘날도 사회 문제가 발생하면 으레 그렇듯이 그들이 했던 유일한 일은 처벌 강화를 요구하는 연설을 했을 뿐이다. 즉 전체 마약상을 대상으로 형사 처분을 강화하자는 내용이었다.

헤로인 중독이 노동자 계층에만 영향을 끼치는 것은 아니지만, 결국 그들 중 다수가 교도소 신세를 진다. 그러나 중산층과 상류층 아이들도 마약 중독자가 되어 도둑질을 일삼는다. 마약을 거래하는 사람들은 기본적으로 중산층과 노동자 계층의 아이들이다.

이런 현상은 사회적으로 복잡한 양상을 만들어냈다. 우선 그동안 마약 중독에 대해 알려진 것이 별로 없었다. 마약 중독은 갑작스럽게 터진 매우 심각한 문제였지만 아직 사회적 논의의 대상이 되지는 않았다. 아마 지독한 경험을 한 가족들은 처음에는 쉬쉬하며 입 다물려고 했을 것이다. 아이들의 잘못이 아니라는 생각은 전혀 하지 않고 무조건 아이들을 격리시켰다. 다른 한편, 정부에 항의가 빗발치고 사회적 관심을 불러 모은 것은 범죄의 증가였다. 특히 무장 은행 강도 사건이 빈번하게 일어났다.

내 기억엔, 1980년대 스페인의 가장 큰 걱정거리가 치안 문제였다. 1981년에 빌바오에서 예심 판사로 근무할 때, 법원 앞에 있는 소규모 식료품 가게는 다음과 같은 글을 유리창에 붙여놓았다. "강도를 열 번 당했습니다. 내가 무엇을 할 수 있습니까?"

앞서 말했듯이 국가는 무대책으로 일관했다. 그 문제를 제대로 연구하지도 않았다. 마약 중독과 범죄율 증가의 인과관계를 분석하지 않았고, 마약 중독 때문에 불법 마약 시장이 활성화되고 결국 중독자들이 잔챙이 마약 딜러가 되는 악순환을 끊으려는 의지도 없었다.

그저 형벌을 늘렸을 뿐이다.

마약 거래를 어렵게 하자 가격이 올랐고, 처벌을 가중시키니 죄수의 숫자만 늘어났다. 게다가 1980년대 초에는 젊은이들의 목숨을 앗아가는 미지의 새로운 질병이 등장했다.

에이즈 감염의 시대가 온 것이다. 아직도 그 병의 원인이 정확히 규명되지 않았지만, 그때 수많은 마약 중독자들이 에이즈에 걸려 죽어갔다. 이런 극심한 혼돈 속에서 불가능해 보이는 일을 가능하게 했던 사람들이 바로 마약 반대 어머니회였다. 그들은 사법부부터 시작해서 의사, 그리고 사회 전반을 설득하면서 마약 중독 문제를 시급히 다뤄야 한다고 강조했다. 이제 마약 문제는 더 이상 범죄로만 국한해서 다룰 수 없었다.

마약의 폭발적 증가와 에이즈의 확산은 특히 중산층과 노동자 계층의 아이들에게 대재앙이나 다름없었다. 언젠가는 죽은 젊은이들의 숫자와 어머니회가 구한 젊은이들의 숫자를 비교 연구할 필요가 있을 것이다.

시민사회 조직으로 시작해 점점 발전해나간 어머니회는 마약 문제를 국가의 당면 현안으로 끌어올렸다. 그때부터 변화가 시작됐다. 재활에 부정적으로 작용하지 않도록 형사처분을 개선해나가는 작업이 속속 진행됐다. 초기에 당국의 무관심에도 불구하고 어머니회는 사회적 활동 공간을 넓혀나갔다. 그들은 공적 보조금 혜택을 받게 될 것이다. 어머니회의 재정 대부분은 자체 모금한 것이었다. 주말에 디스코텍에서 청소부로 일했던 사라가 기억난다. 그녀는 청소 일을 해서 받은 돈을 그녀가 돕고 있던 청년들이 수감된 각 지역의 교도소를 방문하는 데 썼다.

몇 년 후에 또 다른 모임이 결성됐다. 정치인이 처리할 능력도 관심도 가지지 않은 사안을 처리하는 시민 단체의 신속성과 조직 능력이 여실히 드러났다. 시민 불복종 가족 협의회가 생긴 것이다.

하나의 단체가 만들어지는 과정을 짚어보는 건 아주 흥미로운 일이다. 어떻게 해서 1980년대 말에 양심적 병역기피 운동이 강력하게 발전하기 시작했을까?

그 당시에 양심적 병역기피는 지금과는 비교도 안 될 만큼 사회적 반향이 컸다. 양심적 병역기피는 엄연히 존재해왔고, 마약 반대 어머니회처럼 세상을 떠들썩하게 하며 모습을 드러냈다.

많은 청년들이 병역을 거부했다. 그에 따르는 정치적 조치야 뻔했다. 형량을 늘리는 것 말고 뭐가 있겠는가! 상당히 많은 청년들이 자신들의 도덕적 신념을 따라 병역 의무를 이행하지 않고 기꺼이 감옥행을 택했다. 시민사회는 다시 조직을 만들었다. 시위와 항의가 잇따랐다. 기관들이 반응하기 시작했다. 일부 판사들이 전쟁의 폭력성에 반대하며 병역을 거부하는 청년들이 교도소에 가지 않아도 되는 방법을 찾으려고 새로운 판례를 만들어냈다. 거짓말처럼 들리겠지만 시민사회에서 출발한 이 단체도 그들의 요구 사항을 얻어냈다. 1996년 국민당 정부는 의무병역제를 폐지했다.

나는 이 두 단체가 펼친 활동을 시민 단체가 사회와 적절하게 결합된 모범 사례로 알리고 싶다. 시민사회가 보여주는 진정한 정치의 모습일 뿐 아니라 시민들의 능력을 확실히 보여주는 본보기가 될 것이다. 마약 반대 어머니회와 양심적 병역기피 운동은 사회 문제를 해결하는 데 성공했다.

　시민사회 활동과 관련해서 연구해볼 만한 사례들은 무궁무진하다. 여성 운동, 피해자 운동, 저당권에 영향을 받은 사람들의 모임 등이 오늘날 우리가 볼 수 있는 것들이다. 모두 사회에 영향력을 발휘하며 법을 바꾸고 대중 정치에 변화를 일으켰다. 결국 사람들이 연대해 벌이는 활동이 사회 문제를 해결해나간다는 것을 다시 한 번 확인했다.

제 2 장

바꾸어라, 사법부

열정과 꿈으로 똘똘 뭉친 변호사

나는 항상 시골에서 살고 싶어 했다. 일을 하는 동안에도 농지법Derecho Agrario에 관심을 가질 정도였다. 학생 시절에 에두아르도는 농지법 관련 서적을 내게 선물하기도 했다. 언젠가 나한테 시청 비서관 시험을 보라고 조언한 사람이 있었다. 직무 특성상 시골 생활과 법률 업무를 병행할 수 있다는 점이 마음에 들었으나 검토할 엄두도 못 낼 만큼 시간이 없었다.

노동위원회Comisiones Obreras는 비합법 단체인데도 조직이 계속 커지고 있었다. 그 당시 한창 결성되던 노동조합은 활동을 뒷받침할 이론과 법률 지원 두 가지 다 필요했다. 힘겨운 노동조합 투쟁에 돌입한 소수의 노동자들뿐만 아니라 모든 노동자들에게 법률 변호 서비스가 필요했다. 프랑코 시대의 어용 노동조합으로만 할 수 있는 일이 아니었다. 공산당 소속 법대 학생들에게 지원 요청이 들어왔다. 일단 도움을 주는 것이 가장 우선해야 할 과제였다.

노동자의 권리 보호를 위해 팔을 걷어붙이다

우리는 노동상담소를 열었다. 노동상담소는 나중에 프랑코 독재의 종말을 가속화하는 데 중요한 구심점 역할을 했다. 거의 맨땅에 헤딩하는 심정으로 달려들었지만, 달리 생각하면 새로운 법률 전문 업무를 시작할 수 있다는 점에서 아주 흥미로운 시도였다.

이미 설명한 대로 당시의 노동상담소는 계급 문제를 풀어나갈 대안으로 떠올랐다. 그 당시에 갓 만들어진 노동위원회는 독재 치하에서는 어쩔 수 없이 불법 단체일 수밖에 없었다. 그러나 공장과 작업장에서 상당한 지지를 받기 시작했다. 노동자들이 자신의 권리를 요구하려면 법률적 조언이 필요했다. 국가와 한통속인 기업의 억압에 맞서 싸우며 도움을 제공할 변호사가 딱 제격이었다.

프랑코 독재는 계급 개념을 없애는 데 집착하면서 산업별 노동조합 sindicato vertical이라는 기형아를 만들어냈다. 노동자와 고용주가 함께 가입하는 노동조합이었다. 노동조합이라는 개념 자체가 무색해져버렸다. 그래서 우리 노동상담소는 노동자들의 변호와 관련된 일만 하고 고용주나 기업의 의뢰는 전혀 받지 않았다.

마드리드에서 문을 연 첫 번째 사무실은 라크루스la Cruz 16번지에 있었다. 사무실 앞에는 우리보다 연배가 높은 변호사들의 사무실도 많았다. 우리 사무실은 1965년과 1966년에 법대를 졸업한 젊은 청년이 주축이었다. 헤수스 가르시아 바렐라, 크리스티나 알메이다, 마리아 테레사, 가르시아 로드리게스 그리고 나였다. 후안 호세 델 아길라와 호세 마리아 엘리살데가 우리와 함께했다. 헤수스와 호세 마리아는 병역 문제가 걸려 있었기에 여자들이 일을 많이 맡아야 했다.

프랑코 체제는 대학생들을 예비 장교로 양성하는 특별 과정을 만들었다. 상류층이나 식자층이 자발적으로 병역에 참여하도록 유도하려는 제도였다. 장교 양성 과정은 대학교 여름방학 동안 진행됐다. 1960년대에 그 제도는 대학교에서 점차 자리를 잡아나갔다. 특히 반프랑코주의 성향의 학생들이 그 과정에 참여할 것을 강요받았다. 만약 거부하면 졸업 후에 복무 기간이 훨씬 긴 일반 병역을 마쳐야 했다. 헤수스와 호세 마리아가 그 경우에 해당됐다. 특히 호세 마리아는 아프리카로 배치되었기에 더 힘들어했다.

라크루스 거리에서 마리아 루이사 수아레스와 페페 히메네스 데 파르가 이 두 사람이 우리의 선생 노릇을 했다. 그들은 연장자였고, 반프랑코주의 저항운동에 이골이 난 사람들이었다. 그럼에도 변화 과정에 있는 모든 사회 조직이 그랬듯이 우리는 1960년대 말의 거대한 불안감에 짓눌려 살아가면서도 맡은 일을 수행해야 했다.

열정으로 충만했던 시절

1971년에 라크루스 거리에서 시작한 이래 크리스티나 알메이다와 나는 27년 동안 에스파뇰레토Españoleto와 아토차Atocha에서 노동상담소를 운영했다. 노동상담소는 나중에 협회institución로 바뀌었다. 도중에 잠시 바르셀로나에 사무실을 열었던 기간을 빼고 대부분의 시간을 이곳에서 보냈다.

우리는 상담소에서도 젊은 축에 속했다. 우리는 경험이 별로 많지 않았기에 매일같이 뭘 어떻게 해야 할지 고민하며 지냈다. 모든 것이 생소해서 어려움도 많았지만, 그 당시 우리의 활동은 항상 생기가 넘쳤고 열정으로 들끓었다.

우리는 아토차 거리에 상담소 사무실을 내려고 49번지 낡은 건물의 한 층을 빌렸다. 몇 년 후에 오래된 건물의 한 층을 널찍하게 사용하는 것이 유행하기도 했다. 우리는 그 건물이 마음에 들었다. 교통의 중심지에 있어서 우리가 의도했던 사무실을 꾸미기에 마침 맞았다. 얼마쯤 지나자 그 건물은 우리가 활동하기에 비좁아져 근처에 다른 건물을 하나 더 빌려야 했다. 이번에는 그렇게 예쁘지는 않았지만 건물이 크고 커다란 홀이 있어 대기실로 사용하기에 적당했다. 나중에 다시 이야기하겠지만, 다섯 명의 동료들이 암살당한 곳이 바로 두 번째 장소인 아토차 55번지 건물이었다.

노동 문제를 해결하는 새로운 방식을 내놓다

아토차 49번지에 있는 상담소 사무실은 천장에 꽃과 천사가 조각되어 있고 내부가 아주 깊은 궁전 같았다. 안쪽에 간사들이 모이는 장소, 부엌, 서재를 마련했는데, 나중에는 거의 신성한 장소로 바뀌었다. 사무실에는 직원들의 아이들을 위한 방까지 있었다. 일이 아주 늦어질 경우에는 거기서 아이들을 돌보기도 했다.

지금이야 가사와 일의 병행을 쉽게 이야기하지만, 당시만 해도 우리의 방식은 굉장히 선구적이었다. 통제할 수 없을 만큼 변화의 속도가 빨라지는 시기에는, 고민하고 분석해야 할 새로운 일과 관행이 많이 생겨난다. 그것들은 앞으로 15년 내지 20년 동안 지속되는 일이 될 수도 있다.

선구자나 발명가는 실패와 시행착오를 수없이 겪는다. 아이들 방은 별로 효과가 없었다. 간사 중의 한 명인 티나의 아들 세르히오와 내 딸 에바만 가끔씩 드나들었을 뿐이다. 하루는 아이들이 놀다가 홀과 복도로 나왔는데, 고객들이 우리를 기다리고 있었다. 누군가가 아이들에게 1페세타씩 줬다. 벌써부터 장삿속이 싹터서 그런지 모르겠지만 나중에는 아이들이 현관 입구에 서서 들어오는 고객에게 1페세타씩 달라고 요구했다.

간식은 좋은 아이디어였다. 일을 하다가 잠시 쉬면서 커피를 마시고 토스트를 먹는 휴식 시간은 팀의 단합에 도움이 되었다. 그러나 가끔은 간식이 안 좋은 인상을 주기도 했다. 고객들이 오랜 시간을 기다리고 있을 때, 부엌에서 치즈 냄새를 풍기면, 이런 탄식 소리가 새어 나왔다. "우리는 안 주고 변호사들끼리만 간식을 먹나 봐." 다소 언짢은 노동자들도 있었겠지만, 그래도 대부분 대수롭지 않게 넘어갔다. 그들은 우리가 격무에 시달리는 것을 잘 알고 있었고, 간식 같은 사소한 일은 그냥 넘어 갔다.

상담소가 널리 알려지면서 찾아오는 사람도 엄청 늘어났다. 상담소가 북적이니 업무량이 대폭 늘어날 수밖에 없었다. 허구한 날 밤 10시가 넘어서야 일이 끝났다. 상담을 마친 후에는 곧바로 다음 날 재판을 준비하는 데 에너지를 쏟았다.

우리는 성공했다. 노동 문제를 다루는 새로운 방식을 끊임없이 열성적으로 고민하고 시도했다. 고객이 돈을 받지 못하면 우리도 안 받았다. 오로지 결과에 따라 돈을 받는다는 원칙을 지켰다. 우리의 운영 방침은 노동자들이 마음 편히 법률 서비스를 받을 수 있는 획기적인 방법이었다.

모두가 동등하게 목소리를 내는 공간

어쩌다가 그렇게 됐는지 모르겠지만, 처음 상담소 사무실을 계약할 때 신분증이 필요했고 사무실 명의가 내 이름으로 돼 있었다. 하지만 우리는 뭐든지 함께 일하는 사람 모두가 모여서 공동으로 만들고 결정했다.

변호사들과 행정 직원들, 아침에 사무실을 청소하는 로사까지 포함해 우리 사이에는 어떠한 차별도 없었다. 로사는 오후에는 몸치장을 하고 밀려드는 고객들을 상대로 번호표를 나누어주는 업무를 담당했다. 우리는 똑같은 돈을 받았고, 의사결정의 권한도 동등했다. 그렇게 하자고 누가 제안했던 것도 아니다. 그냥 처음부터 당연하다는 듯이 그렇게 했다.

노동자들의 권리를 보호하고 그들을 도와주는 것이 상담소의 기본 역할이라는 점에서 모두 생각이 같았다. 우리는 모두가 사실상 공산당 당원이라고 생각했다. 우리는 법률 서비스를 제공하는 업무에 만족했고, 노동자들의 권리 획득 가능성을 높이는 일을 사랑했다.

노동상담소 개설 초기 별로 준비도 안 된 상태에서 활동가들이 일을 시작했지만, 우리는 대를 이어 활동해나갈 준비를 갖추었다. 누구나 초기에는 거쳐야 할 통과의례 같은 과정이려니 생각했고, 내 기억에 활동가들은 다른 사람들이 받는 돈의 절반 수준만 받았다.

노동상담소를 성공적으로 운영하다

아토차 노동상담소는 1972년 다섯 명으로 출발했다. 이후 차츰 규모가 커졌지만 초창기 모습을 그대로 유지하고 있었다. 사무실을 드나드는 사람이 다소 바뀌기는 했어도, 1979년에는 스무 명까지 늘었다.

지금 평가해보면, 스무 명이나 되는 인원이 똑같은 급여를 받으면서 민주적인 방식으로 활동한다는 것은 놀라운 일이었다.

노동상담소는 법률 지원이 절실한 노동자들을 대상으로 사회운동을 전개하는 조직이었다. 예전에는 없었던 기능이었다. 어떤 형식이 됐든 변호사가 참여하는 새로운 조직 결성이 가능하다는 것을 보여줬다. 요즘에도 충분히 통할 만한 방식일 것 같다.

그렇게 운영되는 노동상담소가 오래 지속될 수 있을까? 지금과 비슷한 방식으로 운영해도 상담소 유지가 가능할까?

나는 '예스'라고 믿고 싶다. 아무튼 노동자들의 권리 확보를 위해 활동하던 그 시간이, 열정으로 들끓던 우리의 활동이 아주 즐겁고 재미있었다.

의미 있는 일을 하면 행복해진다

아토차 노동상담소에서 1977년 1월 23일을 맞이하리라고는 상상도 못했다(1977년 1월 23일은 노동상담소 변호사들이 총격 테러를 당해 다섯 명이 숨지고 세 명이 중태에 빠지는 사건이 일어난 날이다. 나중에 좀 더 자세한 내용이 나온다.— 옮긴이). 그 전까지 우리는 정말 행복했다. 일하는 게 즐거웠다. 비록 업

일은 여성에게도 중요하다

재혼한 지 얼마 안 되는 한 친구가 내게 부탁했다. 아내가 집을 벗어나 일을 할 수 있도록 격려해달라는 것이다. 그때만 해도 집 밖에서 일하는 여자는 자기 삶의 핵심에서 벗어나 있는 여자라고 여겼다. 나는 계속 일을 해온 내 경험을 그녀에게 설명하려 했다. 우리 삶의 감정적 중심이 반드시 가족 관계 범위 안에 있으라는 법은 없다. 그것은 인생 전반에 걸쳐 있다. 즉 일을 한다는 것은 우리 삶을 둘러싼 그물눈 같은 것이고 우리 존재를 움직이는 마그마 같은 것이다. 나는 친구의 아내에게 일을 하는 것이 행복을 보장해주는 중요한 요소이며, 따라서 취업도 행복을 추구해나가는 전략적 관점으로 계획을 세워야 한다고 조언했다. 배우자를 선택하면서 행복을 설계하듯이 일을 선택할 때도 행복의 열쇠를 고려할 필요가 있다. 물론 요즘처럼 경제가 어려워 가뜩이나 일자리 구하기도 어려운 마당에 일을 선택하라는 게 어불성설처럼 들릴 수도 있다.

하지만 취업이 어렵기 때문에 자신의 능력을 더 개별화, 특성화시켜야 한다. 나는 2013년에 빌바오 대학에서 마지막 강의를 했다. 내 강의에 이런 제목을 붙였다. '법을 전공하면서 행복해지고 인생에서 승리하기' 최근에 자격을 취득한 법조인들이 더더욱 창의성과 열정을 발휘하며 일하기를 바란다.

무량은 엄청났지만 우리 자신의 삶과 밀접히 결부된 일이었다.

우리는 자유로웠고, 일과 삶의 주인이었다. 일상생활의 고통이나 긴장감이 없지 않았지만, 가혹하게 일을 부려먹는 사장, 관료주의, 착취 같은 꼴을 안 보니 좋았다.

변호사와 행정 직원은 아침마다 법원으로 갔다. 변호사는 재판을 하러, 행정 직원은 후속 절차를 처리하러 갔다. 노동자들이 마땅히 받아야 할 돈을 받을 수 있도록 최선의 노력을 다했다.

우리는 옳은 일을 하고 있다고 확신했고, 법을 준수하는 사회를 만들기 위해 뛰어다녔다. 그러나 노동자들이 정치적으로 보호받지 못하던 그 시절에 법은 전혀 지켜지지 않는 무용지물처럼 보였다.

프랑코 독재 시절에 노동자의 권리를 다룬 법률을 검토해보면, 크게 놀랄 만한 내용은 거의 없었다. 프랑코 시대의 노동 관련법은 권한 위임, 노동조합의 구성, 단체 행동 등 고전적인 권리들을 엄격하게 금지했다. 특정한 권리를 담은 거라고 해봐야 가부장적 시각이 반영된 몇 가지 뿐이었다.

그러나 약간이나마 명시되어 있는 권리조차 제대로 지켜지지 않았다. 단 몇 가지 조항으로만 그치는 권리라 해도, 그것을 가능하게 해주는 권력을 동반하지 않으면 그 권리는 형식적인 선언에 그치거나 쓸모없는 것이 되고 만다.

1960년대가 되었을 때, 우리는 가부장적 측면이 있기는 하지만 일상적으로 전혀 지켜지지 않는 권리들을 발견했다. 그런 권리들부터 잘 지켜지도록 하는 게 우리의 법적, 전략적 목표였다.

우리는 업무를 합리적으로 처리하고 역할을 전문화하기 위해 상담소 조직을 금속과 건설 두 부문으로 나눴다. 나는 건설 부문을 맡았다.

법조인의 의무는 법과 현실의 간극을 메워나가는 것이다

건설 현장에서 사망하는 노동자의 숫자는 가히 충격적이었다. 내 머릿속에는 아직도 검은색 상복을 입은 여성들의 모습이 생생하게 아로새겨져 있다. 그들은 안전장치 하나 없는 건설 현장에서 사고로 죽은 노동자의 권리를 찾아달라고 호소하기 위해 우리 상담소를 찾아왔다.

프랑코 시대의 노동 관계법은 회사가 노동자들의 안전시설을 의무적으로 갖춰야 한다고 명시해놓았다. 그런데 그중에 특히 잘 지켜지지 않는 게 있었다. 안전을 확보하기 위해 설치하는 난간이나 철책이다. 그 당시의 건설 현장에서 난간을 설치한 작업장은 좀처럼 보기 힘들었다.

법과 현실 사이의 거리는 이처럼 너무나도 멀었다.

나는 그 현장을 마주한 이후로, 법으로 정해놓은 권리와 현실 사이의 차이를 분명하게 인식하는 것이 법률가가 갖춰야 할 필수 조건이라고 생각했다. 권리와 현실 사이의 간극을 최대한 메워나가는 것이 법조인의 의무라 여겼기 때문이다.

약자의 권리가 침해받는 현실을 직시하다

우리는 법이 지배하는 21세기 세상에 살고 있다. 오늘날 인간의 기본권은 대부분의 국가에서 보장되고 있다. 심지어 권력자와 대다수 서민 사이의 불평등이 극심한 나라에도 극빈자를 보호하는 법만큼은 쌔고 쌨다. 그러나 그런 법과 세부 조항들이 실제로 활용되지 않는 쓸모없는 것들이라는 데 문제가 있다.

내가 유엔 불법체포조사위원회에서 활동하며 여러 나라를 방문해보니, 정치인들이 하는 말 또는 법조문에 적힌 내용이 실제로 그 나라에서 벌어지는 상황과 달랐던 경우가 수두룩했다. 라트비아의 수도 리가Riga에 도착했을 때, 관계 당국은 어느 누구도 경찰서 유치장에 24시간 이상 구금될 수 없다고 설명했다. 그러나 경찰 본부에 가보니 전혀 사실이 아니었다. 유치장 안에 체포된 사람들의 개인 물품이 수두룩한 것을 보고 깜짝 놀랐다. 그들이 무척 오랜 시간 그곳에 갇혀 있었다는 증거였다.

우리 일행은 그들에게 유치장에 얼마나 있었는지 물었다. 놀랍게도 그들은 길게는 두세 달 이상 그곳에 수감됐다. 당국의 설명이 뒤따랐다. 경찰은 아주 예외적인 경우라며 대수롭지 않은 일로 여겼다. 우리는 법의 준수 여부를 조사하는 게 얼마나 중요한지 새삼 깨달았다. 법조문만으로는 그 사회가 얼마나 발전했는지 가늠할 수 없다. 법으로 인정한 권리들이 제대로 지켜지는지 확인하려면 현실을 직접 살펴봐야 한다.

약자 스스로 힘을 키워나가지 않는 한 약자의 권리는 지켜지지 않는다. 그것이 스페인에서 독재 시대에 버젓이 벌어진 일이다. 그리고 지금도 여전히 어떤 곳에서는 비슷한 일이 벌어지고 있을지도 모른다.

국민 대다수를 위한 사회적 권리가 세계 곳곳에서 그렇게 체계적인 방식으로 무시되는 이유가 뭘까? 현실을 반영하는 답이 하나 있다. 권력을 가진 사람은 그런 권리를 이론으로는 알고 있겠지만 실제로 약자를 위해 그 권리를 적용할 마음은 손톱만큼도 없다.

인권 수준을 평가하는 제대로 된 지표를 갈망하다

오래전에 노르웨이의 법사회학자 빌헬름 아우버트Vilhelm Aubert의 주도 아래 작성된 법사회학 문서를 볼 기회가 있었다. 그 문서에 따르면, 노르웨이 정부는 자국 노동자의 사회적 권리를 인정하는 법이 공포된 후에 그 법이 얼마나 지켜지는지 광범위하게 조사를 진행했다.

그 이후부터 나는 법의 평가 작업에 관심이 생겼다. 사실 그다지 큰 성과를 거둔 적은 없지만, 주변 사람들에게도 권장하기 시작했다. 즉 법이 실제로 적절하게 시행되는지 여부를 평가하자는 것이다. 특히 노동자의 사회적 권리 부문은 더욱 면밀히 조사해야 한다. 그러려면 어느 특정 법이 얼마나 적절히 시행됐는지 측정할 기준이 필요할 것이다. 어떤 법을 공포한다고 해서 그 법의 긍정적인 영향까지 보장되는 것은 아니라는 점, 그거 하나는 확실하다.

노동자의 권리가 실제로 잘 보장되고 있는지 확인하는 것은 굉장히 중요한 일이다. 이런 뜨거운 주제에 사람들이 별로 관심을 보이지 않는 걸 보면 아연해진다. 이 주제를 스페인어로 다룬 연구도 별로 없다. 법과 대학 역시 이런 연구를 거의 하지 않는다. 은퇴하기 몇 개월 전부터 나는 프로젝트를 준비하고 있었다. 현재 수준에서 더 발전 가능성이 있는 몇 가지 프로젝트였다. 그때 나는 그레고리오 페세스 바르바와 면담을 했다. 그는 평소처럼 나를 반가이 맞았다. 나는 카를로스 3세 대학 인권연구소Instituto de Derechos Humanos에서 인권 보장 수준을 나타낼 만한 지표를 연구·개발하는 게 중요할 것 같다고 제안했다. 만약 인권 문제와 관련해서 법의 위반과 불이행의 정도를 측정할 지표가 있다면, 인권을 감시하고 조사하는 데 효용성이 클 거라고 설득했다. 나는 유엔에서 감시 위원으로 일을 해봤기 때문에 이 문제의 중요성을 이미 잘 알고 있었다.

유엔과 판사 시절의 경험, 특히 보호 감찰 법원에서 겪었던 일은 비록 직관적인 수준이었지만 지표 작성 작업의 토대가 됐다. 그런데 그레고리오가 이 주제에 관심이 있는 것 같지는 않았다. 그러나 나는 인권 보장 지표에 관한 의견을 제안서로 만들어 보내겠다고 말했다. 나중에 제안서를 보냈지만 답변은 없었다. 그에게 여러 번 답변을 요청했지만 끝내 묵묵부답이었다. 결국 답변을 받지 못한 여러 제안서 중 하나가 되고 말았다.

노동자의 권리를 강하게 요구하다

사법부는 노동자의 권리가 실제로 잘 보장되고 있는지 살펴보는 데 별다른 관심이 없었다. 사회운동 단체가 주도해 약자들에 대한 권리 보장을 촉구했다. 사회운동 단체는 매일같이 불공정이 만연한 현실을 문제 삼으며 투쟁을 벌여나갔다.

장밋빛 사리(인도 여성의 전통 복장 중 하나—옮긴이)의 군대라는 뜻을 가진 조직 굴라비 간Gulabi Gan의 창립자 삼팟 파는 자신의 저서에서 조직의 목적을 다음과 같이 설명한다. 굴라비 간이 가장 중점적으로 하는 일은 주로 법이 지켜지도록 다양한 방식으로 요구하는 것, 특히 여성의 권리가 지켜지도록 요구하는 것이다.

아주 훌륭한 생각이다. 굴라비 간 같은 조직은 법률적 관점에서 쟁점이 될 만한 사안에 압력을 행사해서 시민의 권리가 실제로 보장되도록 촉구하는 활동을 벌인다. 즉, 절대 다수의 사람들이 누려야 할 권리가 잘 보장되고 있는지를 감시하고 권리 보장을 촉구하는 것이다.

신념과 열정이 빚어낸 결과

그 당시 노무 변호사들은 그들이 나아가야 할 바를 잘 이해하고 있었다. 1944년에 만들어진 근로기준법에 따르면, 노동자들은 공식 급여 대장에 기재된 금액을 받아야 했다. 그리고 급여 대장에는 노동자가 받아야 할 액수의 세부 내역이 모두 기록돼야 했다. 그것이 노동자가 받는 실수령액이고, 혹시라도 돈을 못 받았을 경우 청구할 수 있는 근거였다. 급여 대장은 해고 또는 산업재해 발생 시 보상 기준, 연금이나 복지 수당을 산정하는 기준이었다. 그러나 현실에서 급여 대장은 형식에 불과했다. 특히 건설 부문에서 더 그랬다. 대부분의 경우, 회사는 급여의 일정액을 비공식적으로 지불했다. 돈을 받았다는 서명을 남기기는 했으나 영수증은 회사가 보관하고 노동자들에게는 아무 증거도 남기지 않았다.

우리는 그 사실을 알고 있었다. 장기적으로 해결해야 할 과제였다. 우리는 노동자들의 급여 총액을 급여 대장에 기록하라고 요구했고, 은폐된 액수를 밝혀낼 방법을 찾으려고 뛰어다녔다.

마드리드의 카사 데 캄포 동물원에서는 콘크리트를 대량으로 사용하는 건설 공사가 진행 중이었다. 그 공사에는 특히 거푸집을 만드는 목수가 많이 필요했다. 건설업에서 목수들이 받는 급여 수준은 상당히 높았다. 그런데 회사는 급여 총액을 급여 대장에 기재하지 않았다. 노동자들의 말을 들어보면, 실수령액이 콘크리트 제곱미터당 얼마씩 산정되고 그 자료가 현장 사무실에 있다는 것이다. 우리가 나설 때가 되었다.

우리는 공증인을 대동하고 공사장 현장 사무실로 갔다. 공증인은 노동자들이 귀띔해준 것들을 모두 확인했다. 우리가 이겼다. 회사와 노동자들은 우리가 이기리라고는 상상도 못 했다. 우리 능력을 인정받았느냐의 여부를 떠나 노동자들의 권리 보장을 촉구하는 과정에서 거둔 대단한 승리였다. 그때부터 그곳 노동자들은 실수령액이 기재된 급여 대장을 받았다.

당시 노동위원회가 문제를 제기한 다른 사건들에서도 우리는 많이 승소했다. 우리의 신념과 열정, 그리고 집요한 활동이 빚은 결과였다. 우리는 노동자들이 법에 규정된 권리를 온전히 행사해야 한다고 줄기차게 주장했다. 하지만 독재 정부는 사법부까지 권력의 촉수를 뻗치고 있었다. 그들은 노동법에 명시된 권리 조항들이 완전히 삭제하지는 않았지만, 그 의미를 상당히 희석해버렸다. 그 과정은 고용주에게 유리한 판례를 통해 이뤄졌다.

법정 노동 시간은 하루 8시간이었다. 1944년에 제정된 근로기준법은 연장 근무를 할 경우 정규 근무시간과는 다른 비율로 수당을 산정하도록 규정해놓았다. 그 시절은 경기가 호황일 때였다. 노동자들은 연장 근무를 많이 했다. 우리 세대의 노동자들은 시간외근무를 꽤 많이 했다. 당시 노동자들은 대개 짧은 기간 돈을 빌려 쓰는 어음을 사용할 때가 많았다. 가족을 부양하고 어음 대금을 갚으려면 일거리가 많을수록 좋았다. 시간외근무는 일상적인 일이 됐다. 그러나 회사는 법에 규정된 대로 돈을 지급하지 않았다. 노동자들이 받는 돈은 대부분 음성적으로 처리됐다.

독재 시대는 끝났지만 할 일은 남아 있었다

노동위원회에서도 시간외수당 문제를 제기한 사람이 많았지만, 아무도 성공하지 못했다. 그 주장을 어렵게 만드는 판례가 있었기 때문이다. 판례에 따르면, 노동자가 회사에 시간외수당을 요구하려면 본인의 연장근무일, 근무시간 등을 낱낱이 기록하여 그간 시간외수당을 받지 못한 사실을 아주 정확하게 입증해야만 했다. 그것은 악마의 시험과 같은 일이었다.

프랑코가 죽고 난 후 과달라하라Guadalajara의 어느 농장에서 일하던 노동자가 상담소로 찾아왔다. 그는 농장에서 일한 시간외근무 내역을 날마다 상세하게 정리한 서류를 들고 왔다. 그는 약간 수줍은 표정으로 미소 지으며 말했다. "이제 프랑코가 죽었으니 내가 평생 받지 못한 시간외수당의 권리를 찾으러 왔습니다."

프랑코는 죽었지만 잘못된 판례를 바로잡으려면 시간이 많이 걸린다는 사실을 그에게 납득시키기란 참으로 어려운 일이었다. 정해진 시간 안에 요청하지 않으면 권리를 잃게 되는 법적 시효의 개념을 설명하는 것 역시 난감했다. 그는 프랑코만 죽으면 세상이 바뀔 거라는 환상을 품고 살아온 셈이었다. 사실 법적 시효라는 것은 부패 범죄를 저지른 사람에게 처벌을 면제해주는 길을 열어주는 것이다. 그 시효 때문에 3년이 지난 일은 권리를 요구할 수도 없다.

판례를 뛰어넘는 승리

친구 나초 몬테호는 나를 이렇게 기억했다. 그 당시에 나는 이십대였음에도 상담소에서 가장 나이 많은 변호사였고, 재판에 들어가기 전에 웬만하면 유사 사건의 판례를 보지 말라고 동료들에게 권했단다. 그렇다. 나는 동료들에게 판례는 없는 셈 치고 상식과 정의감으로 일을 진행하라고 요구했다.

법률가로서 할 만한 조언은 아니었다. 하지만 많은 것들이 긍정적으로 바뀌어가고 있었기에 무모할지라도 그런 식으로 행동했다. 덕분에 제법 쓸 만한 규칙이 하나 만들어졌다. 만약 우리들에게 신념을 따르는 배짱이 없었다면, 한계가 뻔한 정보만 가지고 그렇게 많은 성공을 거두지 못했을 것이다. 동료들은 내 조언을 따르면서 유리한 판결을 많이 받아냈다.

자동차 수리용 금속을 만드는 어느 회사는 작업할 때 유독성 페인트를 사용했다. 규정대로 하면 회사는 매일 반 리터의 우유를 노동자들에게 의무적으로 제공해야 했다. 작업 중 발병 가능성이 있는 심각한 규폐증(규산이 폐에 누적되어 염증이 생기는 병—옮긴이)을 예방하기 위한 조치였다. 그러나 그 사실을 알면서도 회사는 규정을 지키지 않았다. 우리가 항의에 나섰지만 회사 측이 눈도 깜빡 안 하자 동료들이 말했다. "몇 년 동안 아까워서 주지 않았던 우유를 모조리 회사한테서 받아내야겠어. 노동부에서 그런 시정 명령을 내리게 하려면 뭘 어떡해야 하지?"

결국 우리는 이겼다. 또 하나의 큰 승리였다. 지난 3년 동안 회사가 노동자들에게 줬어야 할 우유의 양을 계산하여 수당으로 정산하도록 했

다. 법적 시효가 만료되기 전에 그동안 회사의 부당 이득을 반환하라는
청구 소송을 냈고 승리를 얻어냈다.

더 많은 사람들의 동참을 이끌어내다

1970년대 마드리드에는 노동위원회와 연계된 대형 노동상담소가 세 개,
그러니까 알칼라Alcalá, 에스파뇰레토 그리고 아토차에 있었다.

　1970년대 중반에 온갖 노사분규가 폭발적으로 일어났다. 법이 바뀌
어 단체 협상의 가능성이 열렸고, 노동위원회가 산업별 노조 간부로 출
마할 여지가 생겼기 때문에 법률 상담의 수요가 크게 늘었다. 노동상담
소도 일거리도 상당히 늘었다. 개인이든 조직 활동이든 노동자의 경제적
요구를 충족시키기 위한 업무는 노동상담소의 가장 기본적인 일이었다.
한편으로는 권리 이행 청구를 준비하면서 새로운 문화를 만들고 노동조
합 신임 지도부를 대상으로 자문을 해줘야 했다.

　우리는 인원이 대폭 늘었다. 노무 변호사 학파를 구성해도 될 만큼
엄청나게 증가했다. 마드리드의 변호사들은 코루냐Coruña, 바스코Vasco,
카나리아Canaria 등지로 진출했다. 세비야, 발렌시아, 바르셀로나, 빌바
오 같은 대도시에는 이미 자체적으로 노동상담소가 설립됐다.

　마드리드의 대형 노동상담소 세 곳은 효율을 높이려고 각자 분야별
로 전문화하기로 결정했다. 아토차 상담소는 이미 언급했듯이 건설과
교통 부문을 전문적으로 담당했다.

　거대 노동조합의 시대가 도래했다. 우리는 노조 지도부와 밀접한 관
계를 맺고 있었는데, 특히 노동위원회의 노동자들과 가까웠다. 스페인의

중산층 출신 법률 전문가들이 당시의 노동운동에 기여할 만한 위상을 확보하는 게 결코 쉬운 일은 아니었다. 그래서 우리는 가능한 한 많은 노동자들과 매일 접촉했고 노동운동 지도부와 긴밀한 관계를 유지했다.

우리 변호사들과 노조 지도부는 많은 일을 함께 계획해가며 서로 의견을 나눴다. 마카리오는 지도력이 출중한 건설 노동자였다. 그는 호리호리하고 거의 탄 것처럼 새까만 피부에 주름이 많았다. 겉으로는 나이가 아주 많아 보였지만 실제로는 쉰 살쯤 되는 중년이었을 것이다.

그는 혼자 살았다. 부인과 사별했는지 독신이었는지 정확히 기억나지는 않는다. 혼자였기에 그는 자기 시간을 낼 여유가 있었다. 그는 기나긴 하루가 끝나갈 무렵마다 우리 상담소로 찾아와 이런저런 주제로 대화를 나누는 것을 좋아했다.

마카리오는 노동자 계급이 폭력을 사용해야 권력을 잡을 수 있다고 확고하게 믿었다. 그는 노무 변호사들과 달리 민주주의에 대한 기대가 없었다. 그러나 우리는 모두 열혈 유럽식 공산주의자였다. 즉 자유를 기반으로 삼는 사회주의를 신봉했다. 또한, 변호사들이 사형 제도를 반대하는 입장인 반면 마카리오는 찬성했다. 이렇게 논쟁이 거듭됐어도 우리는 서로 존중하고 영향을 주고받는 돈독한 관계를 맺었다.

마카리오는 구식 공산주의에 사로잡힌 사람이었지만 아주 영리하고, 애정이 많고, 유쾌했다. 당연히 다른 사람들을 위해 열심히 일할 준비가 돼 있었다. 그는 우리와 이야기를 나누다가 많이 놀라기도 했고, 우리가 그렇게 열과 성을 다해 변호하는 염원이 언젠가 이뤄지기를 간절히 바라는 사람이었다.

우리는 사생활에서는 자유분방함을 누리며 지냈다. 우리는 성관계나 부부 문제에 저마다 확실한 견해가 있었다. 그런 점 때문에 마카리오나 다른 사람들이 종종 깜짝 놀라곤 했다. 여성들은 자기 자신 또는 여자의 성性을 바라보는 관점을 스스럼없이 표출함으로써 사람들을 놀라게 했다. 우리는 수많은 금기 사항을 극복해야 했다. 그런 금기 사항에는 성과 관련된 단어들이 많았다.

내가 상담소에 며칠 나오지 못할 사정이 생긴 적이 있었다. 수술을 받아야 했기 때문이다. 사람들이 나에게 웬 수술이냐고 물었을 때, 질 입구에서 낭종이 발견돼 수술해야 한다고 자세히 설명해줬다. 며칠 만에 상담소에 돌아오자, 사람들이 내 편도선염 수술 경과를 물어보기에 한참 웃었다(질vagina과 편도선angina의 발음이 비슷해서 벌어진 에피소드일 거라고 추정함―옮긴이).

이렇게 계급 사이에 서로 접근하려는 노력은 정말 소중한 경험이었다. 다른 상황이었다면 그런 관계망이 만들어지기란 거의 불가능했을 것이다.

새로운 도전에 직면하다

권리 쟁취를 도와달라는 노동자들이 점점 더 많아지면서 우리는 새로운 도전에 직면했고 많은 변화가 일어났다. 우리가 단체 협상에 나서는 게 가능해졌지만 1970년대부터 노동자들의 청원이 늘어나면서 파업의 물결이 도도하게 이어졌다.

그 시절 파업은 모두 불법이었다. 노동자의 단체 행동은 인정되지 않았다. 고용주는 파업에 가담했다는 이유만으로도 노동자를 해고할 수 있다고 여겼다. 파업 때 요구 사항으로 내거는 해고자들의 복직을 대체로 받아들이기는 했지만 항상 수용했던 건 아니다. 파업 참가 노동자를 변호하고 해고의 부당성을 입증하는 일이 우리의 주된 업무가 되었다.

파업이 일상적으로 벌어지자 우리가 해오던 법률 지원 업무도 방식을 바꿀 수밖에 없었다. 지금까지는 법조문으로만 존재했던 권리를 현실화시키는 게 우리의 기본 업무였다면 이제 상황이 변했다. 이제는 권리를 해석해야 했다.

오로지 노동자를 위한 법조문 해석

우리는 노동부 위원들이 파업에 대한 법적 해석을 조금이나마 바꾸게끔 유도했고, 노동자와 고용주 사이에 파업은 떼려야 뗄 수 없는 관계라는 걸 설득하려고 노력했다. 우리는 그 시대를 그렇게 살았다. 법적 관점에서 볼 때 흥미로운 현상들이 생겨났다. 나는 그것을 '권리의 대안적 이용'이라고 부른다. 아쉽게도 대학에서는 이 문제에 별 관심이 없는 것 같다.

내 친구이자 동료인 페르펙토 안드레스 판사는 〈민주주의를 위한 판사들Jueces para la Democracia〉이란 잡지에 권리의 대안적 이용이 나온 배경을 설명하는 글을 실었다. 그 개념은 극심한 변화기의 이탈리아에서 처음 등장했다. 마르크스주의 좌파가 주장하는 바에 따르면, 권리라는 것은 노동자 계급에게 결코 유용한 것이 될 수 없다. 왜냐하면 권리는 자본주의 상부구조의 한 부분을 차지하고 있기 때문이다.

1982년 이탈리아의 법률가들이 권리는 그 자체로 모든 사람의 공존과 발전을 위한 도구가 돼야 한다고 선언했다. 즉 인간의 기본적인 권리가 오랫동안 권력의 시녀 노릇을 하던 자리에서 이제 벗어나야 한다는 주장이었다.

믿기지 않겠지만, 인습을 깨뜨리는 이런 문제 제기가 활발하게 이루어진 덕분에 파업에 참여한 노동자들의 해고 문제가 해결됐다. 가장 흥미로운 판결 중에 하나는 노동부 위원인 소리야가 알토스 오르노스 데 비스카야라는 회사의 파업에 대해 내린 것이었다. 세비야의 노무 변호사 펠리페 곤살레스가 그 사건을 맡아 변호했다.

정부의 감시와 탄압 속에서

시간이 지날수록 우리의 영향력은 더 커졌고, 당국은 우리를 불온하게 바라봤다. 그러나 우리는 거기에 어떤 위험이 도사리고 있었는지 감지하지 못했다.

프랑코의 죽음 이후에 우리는 별로 중요하지도 않은 일로 두 번 체포당한 적이 있다. 첫 번째는 5월 15일 예전 상담소가 있었던 아토차 49번지에서였다. 노동상담소 간의 업무 조정 문제를 협의 중이었다. 그런데 경찰은 그 모임을 다른 것으로 생각했던 듯하다. 우리는 보안국la Dirección General de Seguridad 유치장에서 하룻밤을 보내야 했다. 같은 일이 나초 몬테호의 집에서 파티를 하다 일어났다. 나중에 경찰 측 말을 전해 들어보니, 우리가 파티 복장으로 위장하고 다음 파업을 준비하는 걸로 생각했단다. 파티 장소에 있던 사람들이 모두 체포했다. 서른 명 중에 변호사만 있는 것도 아니었다. 경찰은 우리를 버스에 태우고 푸에르타 델 솔 Puerta del Sol에 있는 보안국으로 데려갔다. 지금은 그 자리에 마드리드 지방정부 청사Gobierno de la Comunidad de Madrid가 있다. 이미 거나해진 우리는 체포될 때 시시덕거렸다. 사실 키득댈 상황은 아니었지만 파티 복장으로 체포된 우리 꼴이 우스꽝스러웠다. 이번에는 경찰이 실수를 했다. 또 푸에르타 델 솔에서 하룻밤을 보냈는데, 그거야말로 진짜 파티였다.

1977년 1월 23일에 루이스 하비에르 베나비데스가 내게 전화를 했다. 이웃 협회asociaciones de vecinos 소속 변호사 모임을 열어야 하는데, 55번지 사무실을 빌려달라는 부탁이었다. 우리는 49번지 사무실로 옮겨 갔다. 운명의 장난이었는지……. 그 덕택에 내 목숨은 아직까지 붙어 있다.

노무 변호사들이 모여 만든 단체가 규모가 커졌기에 우리는 업무를 분리해야 했다. 세 그룹으로 나뉘었다. 하나는 이웃 협회에 소속된 변호사 모임이었고, 다른 하나는 노조 관련 일을 하는 변호사들이었다. 나머지 하나는 변호사협회 내에서 우리 직무에 대해 연구하는 모임으로, 내가 책임자였다.

동료들에게 찾아온 비극

1977년 1월 23일, 그날 나는 아토차 55번지 사무실에서 공산당 소속 변호사들과 모임 약속이 있었다. 그곳은 우리가 변호사 학교 업무를 보고 건설 노동자들에게 조언을 하던 상담소였다. 나는 거기서 근무하고 있었다.

그런데 루이스 하비에르 베나비데스가 이웃 협회 변호사 모임이 있다며 그 모임을 55번지 사무실에서 할 수 있게 우리더러 49번지 사무실

스페인 변호사들이 모두 한자리에 모이다

법률 전문가들의 연대는 프랑코 시대 말기에 중요한 역할을 했다. 그리고 이들의 연대는 대부분 마드리드 변호사 협회와 관계가 있었다. 변호사들은 스페인이 법치국가로서의 모습을 갖추길 요구했다. 그러나 형식적인 측면만 개선하려고 하는 체제의 모순을 눈여겨봐야 했다. 1970년에 국회에서 변호사 협회는 정치범의 일괄적인 사면을 요구했다. 결과는 대성공이었다. 변호사들은 얼싸안고 기뻐했다. 쉬운 일은 아니었다. 그때 우리는 여전히 프랑코 시대를 살고 있었다. 내전이 끝난 지 30년이 지났는데도 스페인에 그렇게 많은 정치범이 있다는 사실에 보수적인 변호사들 사이에서도 불평이 터져 나오기 시작했다.

1970년대에 변호사란 변호사는 모두 모였다. 좌파 변호사, 반프랑코주의 변호사, 공산당 변호사, 티에르노(Tierno)의 사회당 변호사, 기독교민주동맹의 변호사, 반프랑코주의 왕립 변호사 그리고 기타 등등의 변호사. 마드리드에는 스페인 사회당 소속 변호사가 없었다.

변호사들은 토요일 아침마다 협회에 모였다. 그 모임에서 민주주의를 되찾기 위한 전략을 세워나갔다. 우리 공산당 소속 변호사들은 미리 모여서 신중하게 상황을 분석하고 전략을 짜고 제안할 것들을 준비했다. 그 작업은 대단히 정교한 준비가 필요한 일이었다.

로 옮겨달라고 부탁했다. 나는 밤 10시에 동료들에게 갑작스레 장소가 바뀌었다고 연락해야 했다.

10시 30분에 사이렌 소리가 들렸고 55번지 사무실 앞에 경찰차가 서 있었다. 호세 마리아 모헤다노와 몇 명은 즉시 55번지 사무실에 전화를 걸었다. 아무도 전화를 안 받았기에 분명히 무슨 문제가 생긴 것 같았다. 동료들이 다시 체포되었을지도 모른다. 우리는 외투를 걸치고 밖으로 나갔다. 두 상담소 사이에 있는 마투테 공원을 건너가려고 할 때, 동네 사람이 우리를 알아보고 말했다. "빨리 도망가쇼. 당신들을 다 죽일 거요. 55번지 사무실에 있는 당신 동료들은 다들 죽었다오."

우리는 가까스로 상담소가 있는 3층에 도착했다. 계단은 피투성이였다. 잠시 후 무슨 일이 일어났는지 알았다. 동료들이 습격을 당해 다섯 명이 죽고 세 명은 중태였다. 기적적으로 알레한드로만 무사했고 다른 사람들은 모두 병원으로 실려 갔다.

뭔가 조치를 취해야 했다. 그날 밤 모임은 내 명의로 된 상담소에서 진행된 것이라 책임자는 나였다. 나는 변호사 학교의 페트롤 리오스 학장과 상의했다. 거리에서 만나기에는 애매한 시간이라 식당에서 만나기로 했다. 우리는 마리아노 카비아 공원에서 기다렸다. 학장이 도착했다. 그는 상황을 정확하게 파악하고 있었다. "동료들 장례식은 변호사 학교에서 치르겠습니다. 상여는 거기서 나갈 겁니다."

장례식은 그의 말대로 진행됐다. 우리가 무수히 지나다녔던 마드리드의 변호사 학교 홀에서 장례 행렬이 시작됐다. 장례 모습은 방송을 타고 스페인 전역으로 퍼져 나갔다.

당연히 그날의 비극적인 사건은 항상 내 가슴 한쪽에 자리 잡고 있다. 그 사건에 대해 역사적 평가를 많이 내리겠지만, 확실한 것은 그 사건이 스페인의 민주주의 확립에 결정적인 역할을 했다는 점이다. 정말 중요한 것은 내 동료이자 친구들의 죽음이 아니라 그들이 살아왔던 삶이라고 나는 늘 말해왔다. 그들은 기존의 변호사들과는 전혀 다른 모습이었다. 그들은 정말 존경받는 사람들이었다. 그들은 대다수에게 인정받았고 확보해야 할 권리를 많이 찾아낸 변호사들이었다.

그 사건 이후에 많은 일이 일어났다. 비극적인 사건을 접한 대중은 몸을 사렸다. 사람들은 혼란스런 감정에 휩싸였다. 그 사건 이후 대중의 움직임에는 여러 감정이 뒤섞여 있었다. 무엇보다 두려움이 컸다. 그런 습격 사건을 보면 생길 수밖에 없는 감정이었다. 길을 걷다 갑자기 등골이 오싹해지는, 왠지 모를 위협에 억눌리는 것 같은 느낌이었다. 거리 한복판에서 길을 걷다가 미행이라도 당하지 않을까 뒤를 두리번거리게 되는 그런 느낌 말이다.

특별한 경험도 있었다. 변호사들이 겪고 있는 상황을 우려하는 움직임이 사회 여기저기에서 크게 나타났다. 사람들은 우리를 가치 있게 생각하며 애정을 보냈다. 여러 노동자 단체가 변호사 사무실 보호에 나섰다. 헌법 개정 이전의 경찰은 믿을 수 없었다. 심지어 경찰이 그 암살 사건에 관련됐을지도 모른다는 의혹까지 제기됐다.

노동자 단체들은 거리 진입로부터 상담소 입구까지 일종의 안전 보호선을 만들었다. 노동자들의 행동에 우리는 다시 한 번 감명 받았다. 그들은 우리 일을 지지하고 보호해줬다.

우리의 안전을 위해 매일 오후 우리 상담소와 그 주변을 순찰했던 마드리드 지하철의 매표소 직원을 어떻게 잊을 수 있을까! 그녀는 정말 특별한 사람이었다. 그녀가 매표소에서 벌어지는 일들을 이야기해주는 게 재미있었다. 나는 매표소 일이 지루할 거라고 생각해왔다. 그러나 그렇지 않았다. 그녀에게 매표소 일은 타인과 소통하는 과정이었고 사람들에게 위안을 주는 서비스였다. 그녀는 승객들이 즐겁게 하루를 보내기를 바라며 몇 마디라도 기분 좋은 대화를 건넸다.

마침내 민주주의가 왔다. 그러나 변호사 업무는 새로운 시대에 100퍼센트 완벽하게 적응할 수는 없었다.

판사의 길로 들어서다

프랑코가 죽고 나서 1976년부터 세상이 변하기 시작했다. 나는 오래전부터 나에게 변화가 필요하다고 느꼈다. 시골에 살고 싶다는 생각이 계속 머릿속을 맴돌았다. 내가 직접 농업 기술자가 될 수도 있다고 생각했다. 어느 날 나는 시우닷 우니베르시타리아Ciudad Universitaria에 있는 농업 기술학교를 방문했다. 프로그램을 살펴보니, 비록 기술 수준이 중간쯤이라고 쳐도 농업공학을 공부하는 게 상당히 부담스러웠다. 나는 인문학 전공자였다. 변화의 기운이 내 주위를 맴돌았지만 나는 그냥 한 자리에서만 서성이고 있었다. 별다른 계획 없이 그냥 허송세월만 보내는 것 같았다. 어느 날 마드리드 법원에서 내 순서를 기다리다가 불현듯 생각이 떠올랐다.

'지역 판사로 일해보면 어떨까?'

그런 생각을 불러일으킨 판사의 이름은 정확히 기억나지 않는다. 자기 책상 위에 장난감 자동차를 가득 진열해놓았던 나이 지긋하고 친절한 판사였다. 모형 자동차는 그가 담당하고 있는 교통사고 소송 관계자들을 위해 놓아둔 것이다. 그는 사건 관계자들이 모형 자동차를 가지고 사고 상황을 설명하도록 했다.

지역 판사 업무에 필이 꽂혔다. 게다가 지방 법원la Audiencia Provincial은 대부분 시골에 위치했다. 눈앞에 과수원과 경작지가 어른거렸다. 내가 바라던 변화의 모습이 바로 그것이었다.

나는 판사 자격시험을 준비하려면 뭘 어떻게 해야 하는지 전혀 몰랐기에 가장 가까이 있는 사법부 판사 한 명에게 조언을 구했다. 그 사람이 후안 안토니오 리나레스였다. 그는 격려를 아끼지 않았다. 그는 내가 상급 판사 시험에도 너끈히 합격할 수 있을 테지만 일단 지역 판사 시험에만 주력하라고 조언해줬다.

그때가 1979년 가을이었다. 나는 후안 안토니오에게 예전에 경찰서 유치장에 갇혔던 경력이 문제가 될 수도 있지 않은가 물어봤다. 그는 나를 진정시키며 말했다. "마누엘라, 전혀 걱정할 필요 없어요. 시험 치는 날, 내가 함께 가서 도와줄게요."

서른다섯 살의 수험생

나는 결심했다. 서른다섯의 나이에 내 삶의 궤도를 바꿔 수험생이 되었다. 나는 나중에 판사 자격시험 시스템에 매우 비판적인 사람이 되었다. 하지만 그때는 가능한 한 빨리 판사가 되고 싶다는 생각뿐이었다. 아마 그때가 복잡한 생각이라는 걸 가장 안 하고 살았던 시기였을 것이다.

판사 자격시험은 예나 지금이나 암기 중심의 무지막지한 시험이다. 판사 후보자들은 주요 법을 암기해야 했다. 민법, 형법, 상법, 노동법,

저당법, 소송법 등은 주제 과목이라고 불렸고 학교에서 가르치는 과목들이었다. 믿기지 않겠지만, 판사 자격시험은 태곳적부터 지금까지 똑같았다고 한다. 수험생들은 일주일에 두 번 정도 현직 판사에게 구술시험 지도를 받으면서 상당히 많은 돈을 지불했다.

시험 준비를 도와주는 판사는 그 수입을 공식적으로 신고하지도 않았고 수험생에게 영수증을 발행해주지도 않았다. 진보적 입장에 선 법조계 인사들이 이 문제를 여러 번 지적했다. 이런 폐단이 없어져야 한다고 주장했지만 역부족이었다. 오히려 존중해야 할 전통으로 치부하는 것 같았다. 단 한 번도 그것을 바꾸기 위한 진지한 시도도 없었다.

훗날 나는 사법부총평의회에서 일했던 5년 동안 판사 자격시험 시스템을 개편하자고 여러 번 주장했다. 내 의견은 번번이 묵살됐다. 수백 가지나 되는 주제를 달달 외워야 한다는 건 수험생들이 약 3년가량 한눈팔지 말고 시험 준비에만 매달려야 한다는 의미였다.

그 많은 항목을 외우려면 당연히 엄청난 암기력이 필요하고 지식을 이해하는 방식을 바꿔야 했다. 기억이 머릿속에서 얼마나 큰 용량을 차지하는지는 잘 모르겠지만, 두뇌는 기억을 물리적으로 배치해야 한다. 그렇게 많은 내용을 머릿속에 욱여넣다보니 가족이나 친구들의 전화번호는 기억에서 사라져버렸다.

끝도 없는 암기의 행진 때문에 깊이 생각할 시간은 빼앗기는 것 같았다. 나는 생각을 숙성시킬 시간이 필요했으나 나중을 위해 미뤄야 했다.

나는 어릴 때부터 숙고할 시간, 다시 말해 내적 대화를 나누는 시간이 반드시 있어야 한다고 생각했다. 나는 그것이 하느님과 대화를 나누는 것이라 믿었다. 그러나 나중에는 그것이 나 자신과의 대화라는 것을 알게 됐다. 사람이 자기 자신과 주고받는 내적 대화를 언제 깨닫게 되는지는 모르겠다. 내 딸 에바는 열한 살 때 시를 지어 상을 받았다. 그 시에 다음과 같은 내용이 있었다. "만약에 내가 둘이라면, 하나는 잠을 자고 다른 하나는 '내가 무슨 생각을 하나' 하고 생각에 빠져 있겠지."

일 년 반 동안 그 많은 내용을 기를 쓰고 외우면서도 나는 머릿속에 집어넣은 것들을 심화하고 배열할 방법을 고민했다. 법률 중에는 터무니없고 시대착오적인 것도 많았다. 그러나 한편으로 나는 여태껏 법이라는 복잡한 세계 속에서 그렇게 열과 성을 다해 공부에 파고드는 시간을 가져본 적도 없었다. 노무 변호사로 일하며 쌓은 지식은 판사 자격시험을 준비하며 공부한 것의 절반도 되지 않는 것 같았다.

특히 민법을 공부하며 새로 발견한 내용에 푹 빠져들었다. 그래서 밤늦게까지 노동상담소에서 일하는 동료에게 전화해서 그 내용을 설명하고 새롭게 느낀 점을 전해주기도 했다.

1979년 11월 9일에 시험 준비를 시작했고, 드디어 1980년 12월 1일에 사법연수원에 들어갔다.

나는 상당히 짧은 시간에 그 많은 내용을 암기했다. 운도 따랐던 것 같다. 1966년부터 변호사 일을 해온 게 큰 도움이 되었다. 달달 외웠던 수많은 추상적 개념을 잘 이해했다. 일상생활과 결부되지 않은 법이란 지루한 추상적 개념이나 마찬가지다. 실생활 속에서 법을 다루는 일을 했던 경험 덕분인지 나에게는 법이 종이 위의 문자 이상의 의미로 보였다. 마치 입체 영상을 보듯 생생하게 다가왔다.

어느 정도 나이 들어 이런 시험을 준비하는 것도 대다수 수험생들과 다른 뭔가가 있었을 게다. 내 삶은 여전히 진행형이었다.

시험을 준비할 때 내게는 남편과 두 아이 그리고 집이 있었다. 수험생은 대부분 배우자도 없고 수입도 없고 자기 집도 없다. 대체로 부모와 함께 살고 있다. 마침내 시험에 합격하고 비로소 자리를 잡을 무렵에는 서른 살 즈음의 나이가 가져다주는 불안감이 밀려들기 마련이다. 그리고 아직 하지 못한 일이 많다는 느낌도 새삼스레 엄습해온다. 그런 심리 때문인지, 흥미롭게도 시험에 합격한 후에 사법연수원에서 금세 눈이 맞는 커플이 꽤 많다.

판사 자격시험 준비를 강제로 시키는 곳도 있다. 그곳에는 해군의 군사교육 담당 하사관 같은 역할을 하는 사람들이 있다. 그들은 수험생에게 쉬는 날을 일주일에 하루밖에 주지 않는다. 다 큰 어른들이 단 하루뿐인 휴일로 뭘 어쩌란 말인가! 나는 말라가Málaga 지역 신문에 어느 수험생이 기고한 글을 읽은 적이 있다. "월요일에서 일요일까지 쉬는 시간이라곤 하루 혹은 반나절뿐이다. 책상, 책, 노트 이런 것들이 한 번 보고 두 번 보고 계속 들여다봐야 하는 대상이다."

나는 15년 이상 변호사로 활동했고, 자비를 들여 시험을 준비했다. 추천을 받고 입시 전문 기관을 찾았으나 나를 받아주지 않았다. 서른다섯은 판사 자격시험을 준비하기에 너무 많은 나이란다. 난생 처음 서른다섯의 나이에서 세월의 무게를 느끼게 됐다. 나는 다른 입시 기관으로 갔다. 다행히 거기서는 나를 받아줬고 조만간 시험에 합격할 거라며 격려해줬다.

어느 정도 나이가 들었을 때가 판사라는 직업에 들어서는 데 더 유리할 거라고 자신 있게 말하지는 못하겠다. 하지만 내 경우에는 가정과 아이가 있고 다양한 경험을 통한 연륜이 있는 것이 시험 준비에 긍정적으로 작용했다.

이십대의 나이가 판사 역할을 제대로 수행하기에 부적절하다는 얘기는 아니다. 나이가 업무를 수행하는 데 결정적인 요소는 아니기 때문이다. 하지만 암기 과제를 수행하는 데는 나이가 중요한 역할을 한다고 생각한다. 암기에는 머리를 골고루 쓰는 균형 감각이 필요하고, 균형 감각은 성인에 걸맞는 성숙함을 갖춰야 제대로 발휘된다.

나는 공부를 하면서 동시에 어린아이를 키우는 것이 보통 일이 아니라는 것도 잘 안다. 시험 준비를 시작했을 때, 아들 마누엘은 겨우 두 살이었다. 사람들이 종종 아들에게 부모님이 어떤 일을 하는지 아냐고 물어봤다. 마누엘은 사람들이 아빠가 뭘 하는지 물어보면 일을 한다고 대답했고, 엄마는 뭘 하느냐고 물어보면 공부한다고 대답했다. 아들에게 내 이미지는 그렇게 비쳤고, 그것이 엄마에 대한 일반적인 이미지로 확장된 것이다.

법률만 달달 외워서는 소용없다

다른 사람과 갈등을 겪는 사건의 재판을 진행하고 법을 적용하는 판사는 어떤 사람이어야 할까?

판사가 자신의 맡은 직분을 잘 수행하기 위해 갖춰야 할 품성이 뭔지 정의를 먼저 내릴 수 있어야 한다. 그래야 이 질문에 답할 수 있다.

재판이란 갈등 상황에서 벌어지는 행위의 옳고 그름을 평가하는 작업이다. 재판은 추상적인 것이 아니라 실제 벌어진 상황을 판단하는 것이다. 다른 사람에게 해를 끼치거나 사회 전반에 피해를 준 누군가에게 책임이 있는 태도나 행동을 요구하는 것이다.

판사는 특정한 사회적 맥락에서 발생한 갈등이나 행위를 해결하는 사람이다. 따라서 판사는 뛰어난 인지 능력이 있어야 한다. 또한 다른 사람의 입장에 서는 공감 능력도 갖춰야 한다. 판사는 갈등의 내용을 정확하게 파악하고, 갈등을 겪는 당사자 각각의 조건을 이해할 수 있어야 한다.

판사는 법정에 선 사람들을 잘 이해하고 그들의 행동을 분석할 수 있어야 한다. 판사는 갈등의 본질이 뭔지 잘 파악하고 가장 효율적인 방법으로 그 문제를 해결하기 위해 법을 해석할 수 있는 지성과 명석함을 가져야 한다. 마지막으로 판사는 자신이 살고 있는 사회와 세상 돌아가는 이치를 잘 알아야 한다.

이런 것들은 판사 자격시험과는 전혀 상관이 없다. 수백 가지 주제의 법률을 달달 외우기만 하면 되는 게 판사 자격시험 아니던가!

사법연수원만으로는 안 된다

판사 자격시험을 옹호하는 쪽은 합격 후에 이수하는 연수 과정을 근거로 든다. 수험생들이 추상적인 법률과 규정을 암기하는 데 여러 해를 보내고, 시험에 합격하면 사법연수원에서 2년을 보내야 한다. 거기에서 그들은 법 전반에 걸쳐 이론을 습득하고 실무 능력을 쌓아간다.

연수 과정은 체계적으로 보이지만, 현실과는 동떨어졌다. 여러 가지 이유에서 그렇다. 사법원수원에 들어갈 때는 이미 선발 과정이 완료된 상태다. 그런데 내가 앞서 언급한 판사에게 필요한 품성은 평가 기준에서 배제되어 있다. 언젠가 컨설턴트로 일하는 내 친구가 사법연수원에서 연수생들의 성격을 알아보는 재미있는 조사를 한 적이 있다. 색깔로 사람의 성격을 알아보는 조사였다. 빨간색은 열정, 파란색은 지능, 녹색은 공감, 노란색은 소심함을 의미한다. 조사 결과를 보니 상당히 많은 연수생이 노란색에 해당됐다. 그들 대부분은 규정을 필수적으로 여기는 규칙적이고 엄격한 성격이었다. 아주 소수가 지적이었고 열정적인 사람은 거의 없었다. 공감 능력도 매우 부족했다.

다시 말해 합격자가 사법연수원에 들어갈 때는 이미 품성이 고착된 상태다. 결국 현대 사회의 판사에게 필요한 품성이 부족한 사람들이 선발됐다는 뜻이다.

사법연수원은 예비 판사를 교육하면서 필요할 때마다 설문 조사를 한다. 그 설문 조사는 예비 판사들의 사고 경향성을 보여준다. 물론 판사 자격시험에 합격한 사람들의 유형별 특징도 알 수 있다.

2012년에 실시한 설문지 내용을 살펴보자. 사법연수생의 평균 연령은 스물아홉 살이고, 그들은 시험을 평균 4년 9개월 정도 준비한다. 그들은 안정적인 직장을 선호하여 판사 시험을 준비하기로 한다. 그리고 대부분 법 공부를 좋아한다. 그러나 수백 가지 주제를 공부하는 동안 그 법이 대상으로 삼는 사회의 구성원들과 법의 관계에는 전혀 관심을 두지 않는다. 즉, 판사 자격시험을 준비하는 사람은 일상생활 속의 사건과는 단절되어 있다는 것이다.

만약 판사들이 원한다면, 설문지에 사회의 부조리함을 개선하는 판사의 역할과 관련한 질문을 포함시킬 수도 있었을 것이다. 법과 그것의 영향을 묻는 문항은 단 하나가 있었는데, '사법부의 목적은 범죄자들을 억압하는 데 있는가?'라는 질문이다. 긍정적 답변이 압도적이었다. 연수생의 80퍼센트가 판사의 직무는 범죄자 억압을 포함한다고 답변했다. 예비 법조인의 대다수를 지배하고 있는 생각인 셈이다. 이들은 범죄자의 품성을 비인간적이라고 예단하고, 재판을 받는 피고를 사회적으로 바람직하지 않은 존재로 규정하는 것이나 다름없다.

그런 문항을 만든 사법연수원 역시 흥미롭다. 판사의 책무는 범죄자에게 처벌을 내리는 것이지 희생자를 보호하는 것은 아니라고 노골적으로 말하고 있는 셈이다. 세상일이 그렇게 흘러가는 게 그다지 이상한 일도 아니다. 범죄 때문에 고통을 받은 사람들은 판사의 관심에서 그렇게 멀어져간다.

법조문이 아니라 인간을 보자

법과 현실이 단절되어 있다는 사실을 깨달을 때마다 나는 놀라곤 한다. 그런데 이 둘의 간극을 메우려는 시도에 거의 관심이 없거나 아예 외면한다는 사실이 더욱 놀라울 따름이다. 1999년에 나는 이미 사법부에서 겪은 다양한 경험을 통해 많은 변화를 겪어왔다. 사법연수원에서 홍보 활동의 일환으로 연수생들과 간담회 자리를 마련한 적이 있다.

대략 오후 4시 30분쯤 됐을까. 미래의 판사들은 엄숙한 표정으로 기다리고 있었다. 그곳은 바르셀로나의 발비드리에라Valvidriera 지역에 위치한 아주 멋진 장소였다. 넓은 유리창을 통해 햇살이 쏟아져 들어왔다. 낮잠 자기에 적당한 시간과 장소였다. 연수생들에게 인사를 하고 잠을 깨우기 위해 질문을 하나 던졌다. "자, 여러분, 상상을 해보자고요. 당신들은 판사로 발령받아 일하고 있습니다. 여러분의 사무실에 체포된 사람이 한 명 들어옵니다. 여러분의 생애 첫 번째 피고예요. 그 사람이 앞에 있다면 제일 먼저 뭘 하겠습니까?"

즉시 긴장이 감돌았다. 아무도 대답하지 않았다. 완벽한 침묵이 흘렀다. 나는 그들에게 자신감을 불어넣으려고 가운데 복도로 걸어갔다. 한 여학생이 답변했다. "저는 형사재판법 118조를 읽어 그 사람의 권리를 알려주겠습니다." 나는 그 여학생에게 물었다. "그것뿐이에요? 그 밖에 다른 건 필요 없나요? 예를 들어 그 사람에게 인사를 하고 얼굴을 쳐다보며 악수를 하는 건 어떨까요?" 나는 덧붙여 말했다. "피고는 단순히 체포된 사람이 아니고 한 사람의 시민입니다." 강의실은 침묵에 잠겼다. 어째서 전에는 아무도 학생들에게 체포된 사람이 우리와 같은 한 사람의 시민이라는 걸 알려주지 않았을까?

연수생들에게 많은 이야기를 해줬다. 시험을 준비한다고 암기할 내용에 짓눌려 지내느라 보지 못했던 많은 것들을 알아야 한다고……

나는 이웃 나라 프랑스 이야기부터 시작했다. 민주주의가 발달한 이 나라에서 2003년에 벌어진 한 사건으로 사법부 전체가 발칵 뒤집혔다. 그 사건은 우트로 사건Affaire D' Outreau(프랑스에서 발생한 아동 강간 사건. 피해자의 환상에 따른 허위 기소로 여러 명이 무고하게 투옥되고 그중 한 명이 자살했다.—옮긴이)으로 무고한 사람들이 2년 이상 수감됐던 사건이다. 그 사람들 중 한 명이 성직자인 도미니크 웨일이었다. 그는 자기가 겪은 특별한 경험을 책으로 썼다. 기소 내용의 허위성을 입증하지 못해 유죄를 선고받고 여러 명이 수감된 이 사건은 프랑스에서 격렬한 논쟁을 불러일으켰다. 프랑스 국회는 특별조사위원회를 구성하고 행형行刑 제도를 수형자에 대한 교정·교화와 사회복귀를 위해 분석했다. 그중에서도 특히 교도소 수감을 결정하는 방식에 대한 조사가 핵심이었다. 조사위원회 사무실에는 그 사건 관련자뿐만 아니라 행형 제도 책임자들이 줄을 이었다. 변호사 몇 명이 인터뷰하면서 흥미로운 주장을 내놨다. 그들은 판사들이 법의 집행을 명할 때 박애 정신을 가지고 행동한다는 약속을 지켜야 한다고 주장했다. 그 주장의 진정한 의미를 대중들이 이해했다고 보기는 힘들었다. 하지만 변호사들의 주장은 특별조사위원회에 중대한 영향을 끼쳤다. 프랑스 사법연수원에 새로운 재판 관행이 만들어진 것이다. 사법연수원은 프랑스에서 판사를 배출하는 유일한 공식 기관으로 보르도Bordeaux에 있었다. 학장 장 프랑수아 토니는 2011년 2월 12일 〈르몽드 Le Monde〉에 다음과 같은 글을 기고했다. "이것은 판사들에게 필수적인 기술적 능력의 발달과 더불어 판사들이 모든 사건을 인간적 차원에서도 접근할 줄 알아야 한다는 것을 의미한다. 사법연수생들은 범죄 행위뿐 아니라 인간에 대해서도 잘 이해해야 한다. 이 말은 연수생들이 범죄 행위를 면밀히 파악하는 동시에 개방적인 영혼도 되어야 한다는 뜻이다. 즉 연수생들 행동의 중심에는 인간이 존재해야 한다."

그러나 그런 분위기는 아직 바르셀로나의 사법연수원과는 거리가 멀었다. 사법부총평의회 역시 마찬가지였다. 또한 사법부 고유의 문화에도 아직 그런 분위기는 존재하지 않는다.

이런 이야기를 해주자 연수생들은 매우 놀랐다. 아무도 그들에게 이런 식으로 말해주지 않았기 때문이다. 나는 연수생들에게 내 사무실에 온 피고에게 평생 그렇게 인사해왔다고 말해줬다. 그리해도 아무 문제가 없었다고 덧붙였다. 내가 보호 감찰 법원에서 근무하며 교도소를 방문할 때마다 했던 일도 들려줬다. 교도소 수용실에 들어가기 전에 항상 그 방의 수감자에게 들어가도 되는지 양해를 구했고 악수하며 인사를 나눴다고 말이다.

나중에 간담회에 참석했던 여자 연수생 중 한 명이 했던 말이 나에게 전해졌다. 판사가 된 다음 그녀가 겪었던 어떤 작은 소동 때문에 불평을 한 것 같았다. 그녀가 선고를 내리는 동안 한 죄수의 수갑을 풀어주라고 명령했는데, 수갑이 풀리자 그 죄수가 판사에게 달려들었다는 것이다. 실제로 그런 일이 벌어졌는지는 모르겠다. 하지만 지금까지 살면서 나는 단 한 번도 그런 일을 겪어본 적이 없었다. 내 동료들 역시 마찬가지다. 어떤 재판에서 피고가 도주를 시도했다는 이야기도 들어봤다. 그러나 판사의 침착함과 적절한 조치 덕분에 그 사건은 무난하게 해결됐다.

다른 문제도 있다. 공격 성향이 강한 피고를 다룰 때는 위험한 상황이 벌어질 수 있다. 폭발적인 분노나 복수심 혹은 정신적 문제를 지닌 사람일 가능성이 많기 때문이다. 그러나 그런 경우에도 진정성, 훌륭한 교육, 침착함으로 충분히 대처할 수 있다.

무뚝뚝한 태도, 거리 두기, 비인격적인 응대 등은 판사의 업무를 어렵게 만드는 요인이다.

내가 보호 감찰 법원의 판사로 있을 때 어떤 죄수와 대화를 나눈 적이 있었다. 그 대화는 사법부의 박애 정신 결핍과 비인간적인 대우를 고민하는 계기가 됐다. 그의 이름은 루시아노였고, 이십대의 나이인데 15년가량을 교도소에서 보냈다. 그에게는 아직 형기가 남아 있었다. 상해나 살인죄는 아니었지만 은행을 털고 무장 강도짓을 숱하게 저질렀다.

당시 죄수들이 으레 그렇듯이 루시아노는 마약 중독자였다. 그는 영

법을 가르치는 것은 근본을 다지는 일이다

내가 대학 다닐 때나 지금이나 법과대학의 교수법은 똑같다. 아마 19세기에도 같은 방식으로 가르쳤을 것이다. 법대에서는 법과 그것을 적용한 판례를 기본적으로 가르친다. 그러나 법의 구체적인 이행이나 사회적 영향력 같이 현실과 직접 연관된 내용은 다루지 않는다. 법이 실제로 얼마나 유용한지는 전혀 평가하지 않는다. 규정을 이행하는 인간의 행동 양상도 다루지 않는다. 규정을 이행하는 데 필요한 능력도 관심 밖이다. 입어보지도 않고 양복을 만들겠다고 설레발치는 꼴이다.

법을 가르치는 방식은 여러 방향으로 유연하게 생각해 볼 수 있다. 가령, 판사가 법대 출신이 아니라 다른 분야에서도 배출된다면 어떨까? 생각해볼 만한 주제다. 프랑스에서는 그렇게 하고 있다.

법에서 인간을 제거해버리면 법의 기능을 엉망으로 만들고 법 자체를 비인간화시킨다.

리하지만 반항이 심했다. 사실, 머리가 돌아가는 사람이라면 교도소에서 부여하는 일에 의문을 제기하기 마련이다. 그는 교도소에 격리되어 권위에 복종하는 생활을 하기에는 최악의 성격이었다. 마약 반대 어머니회의 회원인 사라가 내게 루시아노와 면담 좀 해달라고 요청했다. 깊이 신뢰하던 사라의 부탁이 아니었다면 나 역시 모든 기관에서 거부당한 그와의 면담을 생각조차 하지 않았을 것이다.

감찰 법원의 판사는 조사차 교도소를 수시로 방문해서 죄수와 면담도 할 수 있었다. 죄수 또한 감찰 판사에게 면담 요청이 가능했다. 내가 루시아노와 면담 일정을 잡으니 카라반첼 교도소에서 불가능하다는 통보가 왔다. 그가 다른 교도소로 이감됐다는 게 아닌가! 보호 감찰 교도소는 죄수의 이감을 좀처럼 허용하지 않는 곳이었다. 카라반첼 교도소가 의심스러웠다. 교도소 측은 루시아노 같은 죄수가 판사와 면담하는 게 못마땅했다. 나는 경찰에 요청해 루시아노를 내 사무실로 데려오게 했다. 그래서 사라에게 약속한 대로 루시아노와 면담을 했다. 1992년 어느 봄날 아침, 루시아노가 경찰관 두 명과 함께 수갑을 차고 내 사무실로 들어왔다. 나는 수갑을 풀어주라고 명령했다. 경찰들은 문 앞에서 기다리게 했다.

"어떻게 지내나요, 루시아노?" 나는 손을 내밀며 인사했고 책상 앞의 의자에 앉으라고 말했다. 루시아노는 대답이 없었다. 그는 잔뜩 겁에 질려 있었다. 나는 그에게 말을 해도 된다고 다독였다.

"할 수 없어요." 그는 더듬거리며 말을 했다. "판사님과 이야기하는 게 너무 부담스러워요."

나는 그에게 말했다. "하지만 루시아노, 당신은 여러 번 체포됐잖아요. 재판을 많이 받았으니 판사하고 대화도 많이 해봤을 텐데요."

그러자 루시아노가 대답했다. "그러니까 지금까지 여러 판사와 얘기했지만 이런 식은 아니었어요. 제가 했던 말은 '아니요, 제가 아닙니다.', '저는 거기에 없었습니다.', '저는 그 일을 하지 않았습니다.'라는 게 전부였습니다." 그는 덧붙여 말했다. "그 어떤 판사도 저를 알려고 하지 않았습니다."

즉 판사와 피고 또는 체포된 사람과 주고받는 대화는 언제나 그런 식이었다는 것이다. 열 명 이상의 판사가 루시아노에게 질문을 했을 것이다. 하지만 아무도 그와 대화다운 대화를 하지 않았다. 주고받는 모든 말은 한 편의 형식적인 연극 같았다. 거기에는 어떠한 인간적 유대도 없었다.

판사들은 체포된 사람이 판사와 접촉하는 게 얼마나 중요한지 전혀 모른다. 판사는 피의자가 살던 세상과는 다른 세상에 살고 있는 존재다. 판사는 제도권의 세상을 대표한다. 판사가 단순한 압제의 메커니즘으로 기능하는 게 아니라 한 인간으로서 행동한다면 변화의 문이 열릴 것이다.

루시아노가 긴장을 풀자 우리는 대화를 나눴다. 그는 엄격한 교도소 규율을 지키기가 너무 힘들다면서 3등급 교도소(스페인에서 죄수의 자유 활동이 어느 정도 허용되는 교도소—옮긴이)로 옮겨달라고 요청했다. 나는 그곳으로 그를 보냈고 그의 행동은 나아졌다. 그는 다소나마 자유를 누렸지만, 그 또래의 마약 중독자들이 그랬듯이 얼마 지나지 않아 에이즈로 숨졌다.

사법부의 뿌리 깊은 부패와 맞짱 뜨다

1980년 12월, 나는 짧은 수험생 생활을 끝내고 사법연수원에 들어갔다. 그곳에서 의례적인 시간을 보내며 뻔한 공부를 했다.

세월이 다소 흐른 후, 안토니오 테헤로Antonio Tejero의 쿠데타 시도 이틀 전인 1983년 2월 21일, 나는 민사 법원 판사로 임명됐다. 근무지는 아름다운 섬 라 팔마La Palma의 산타크루스였다.

열혈 좌파 변호사였던 나는 판사로 부임한 지 고작 이틀 만에, 공산당 출신으로 최근에 선출된 산타크루스 시장과 함께 헌정 질서를 지키기 위해 경찰을 지휘하는 지도부를 구성했다. 비상사태는 곧 진정됐다. 다행스러운 일이었다.

초기의 불안이 진정되자 나는 재판부 업무로 돌아갔다. 그런데 그때부터 사법부의 폐단이 보이기 시작했다.

아무렇지도 않게 뇌물을 받는 공무원들

산타크루스의 멋진 섬에 있는 사무실에서 오후를 보낼 때였다. 항구 노동자 한 명이 나를 찾아왔다. 섬으로 발령받은 다음부터 대화를 원하는 사람은 누구나 나를 만날 수 있었다. 이론상으로는 사람들이 판사에게 대화를 요청할 수 있다. 그러나 그러려면 거쳐야 할 절차를 만들어놓았는데, 그 절차란 게 마치 종이 뭉치에 쓰인 이해할 수 없는 주문을 외는 것이나 다름없었다.

찾아온 사람을 판사가 만나야 하는지 여부는 언제나 논란의 중심에 있었다. 변호사나 판사 중에는 재판 절차상 필요한 경우가 아니면 판사가 한쪽 사람을 만나 의견을 들으면 안 된다고 말하는 사람들이 있다. 즉 판사는 법정이 아닌 곳에서는 아무도 만나지 말아야 한다는 것이다.

내 생각은 다르다. 판사는 자신과 이야기하고 싶어 하는 사람을 아무 선입견 없이 만나야 한다. 판사는 재판이 진행 중인 사건에 필요한 것들을 다각도로 알아야 한다. 나는 라 팔마의 작은 섬에서 내 사무실에 찾아온 사람들을 만나면서 법원과 그 주변에서 벌어지는 일을 알게 되었다.

항구 노동자는 지금은 쌔고 쌨지만 당시만 해도 그다지 흔하지 않은 문제를 겪고 있었다. 그는 부인과 이혼할 방법을 알고 싶어 했다. 1980년대에 이혼은 흔한 일이 아니었다. 나는 이혼을 하려면 변호사가 필요하다고 알려줬다. 그는 깜짝 놀라며 내게 물었다. "결혼할 때는 변호사가 필요하지 않았는데 이혼할 때는 왜 필요하죠?"

어느 날 오후, 여성 몇 명이 사무실로 찾아왔다. 그들은 호적 관련 업무를 빨리 처리하려고 지역 사법부의 공무원에게 적지 않은 돈을 건넸다고 했다. 이름을 바꾸는 문제였던 것 같았다. 라 팔마 섬에는 아이를 이상한 이름으로 부르는 관행이 있었다. 프랑코 시대에는 아이들에게 가톨릭 성자 외에 다른 이름을 사용하지 못하게 했다. 그러나 라 팔마에서는 프랑코 시대 이전부터 환상적이거나 비밀스러운 느낌의 이름을 아이에게 지어주는 관습이 뿌리 깊게 박혀 있었다.

재미있는 이름도 많았다. 장난감을 파는 어느 남자의 이름은 프랑스 사상가의 이름을 딴 돈 볼테르Don Voltair였다. 또 어떤 사람의 이름은 지식을 의미하는 사비두리아Sabiduria였다. 어떤 특별한 개념을 이름으로 짓는 경우도 있었다.

그런 이름을 가진 사람들은 혹시라도 문제가 생길까봐 이름을 바꾸고 싶어 했다. 이름을 바꾸려면 호적부의 서류를 고쳐야 한다. 행정 절차가 으레 그렇듯이 여기에도 폐단이 있었다. 담당 공무원들은 이 일을 처리할 방법이 없다고 하면서도 살짝 문을 열어준다. 돈을 내는 사람의 일만 처리하는 것이다.

내 사무실로 찾아온 여성들은 그 공무원이 이름이 변경된 서류를 보내주지 않아서 애를 태우고 있었다. 그들은 공무원에게 건넨 돈이 충분하지 않은 탓이었다. 돈을 줬는데 왜 서류를 발송해주지 않는지 그게 불만이었다.

내 귀로 직접 듣고도 믿기지 않았다. "부인, 돈을 왜 냈어요? 호적부 업무는 모두 무료로 진행하는 겁니다. 돈 안 내도 돼요."

그것이 방아쇠였다. 판도라의 상자가 열렸다. 내 재판부에서 나도 모르는 일이 버젓이 벌어지고 있는 게 아닌가! 엄밀히 말하면 내 재판부가 아니라 지방 법원에서 벌어지는 일이지만, 내가 상급 판사이므로 어떤 의미로는 내 관할이나 마찬가지였다.

　해당 공무원 관련 문서를 열어보고 나서야 진상을 낱낱이 알게 되었다. 그 공무원은 자기 직무를 이용해 돈벌이를 한 것이나 다름없었다. 그는 돈을 안 내면 서류를 발송하지 않았다. 일의 절차에 따라 신청인에게 금액을 정해줬다. 나는 그 공무원의 형사처분 절차를 진행했다. 이런 조치가 다른 사람에게도 영향을 끼치기 시작했다.

　그런데 지방 법원의 행정실장이 겁에 질린 얼굴로 나를 찾아왔다. "그렇게 일을 벌이다니, 아주 경솔한 짓입니다. 이런 일은 알려지면 안 되죠. 대중들이 알아봐야 좋을 거 하나도 없잖아요. 더러운 걸레는 아무도 모르게 집 안에서 빨아야 합니다."

　그러나 그 이후에도 훨씬 더 많은 것이 드러났다. 사람들은 법정 비용 외에도 웃돈을 지불했다. 정해진 비용을 청구하는 절차가 잘못 운영되고 있었다. 사람들은 낼 필요가 없는 돈을 갖다 바치고 있었던 셈이다.

　라 팔마 섬에는 법원이 두 곳이다. 내가 부임하기 전에는 이곳 사람들이 만든 이른바 '가격표'가 통용되고 있었다. 공무원이 일을 처리할 때 걸리는 시간에 따라 비용을 차등 책정한 것이다. 그것도 내 재판부에서 제일 고참 공무원인 파코가 나중에 설명해줘서 알게 된 내용이었다. 법정 비용 외에 나도 모르는 어떤 규정에 따라 책정된 또 다른 가격표도 존재했다.

　뿌리 깊은 자잘한 부패 관행을 타파하려고 애쓰다 보니 나는 다른 판사들과 섞이지 못했다. 하지만 거리로 나가보면 칭찬과 응원의 분위기가 넘쳐났다. 하루는 라 팔마 섬에서 가장 번화한 시장 라 레코바에 가니 이웃 사람들이 말했다. "드디어 누군가가 이 모든 것을 멈출 수 있겠네요."

그들은 아주 자랑스럽게 덧붙였다. "그 사람이 여자라서 더 좋아요."

나는 변호사였을 때 사법 행정에 부패가 만연하다는 사실을 전혀 몰랐다. 앞서 애기했듯이 나는 노무 변호사였다. 가끔 형사사건을 맡기도 했다. 그 유명한 치안 법정에서 기소된 사람을 변호했다.

노무 관련 재판이나 치안 법정에서는 라 팔마에서 일상적으로 흔히 볼 수 있는 형태의 비리는 없었다.

노동 문제 관련 재판에서 비리가 없었던 이유는 아마 노동 법원의 행정 담당 공무원들이 행정부가 아닌 노동부 소속이라서 그랬을 것이다. 아니면 노동 문제 재판 절차가 구두로 간단히 진행되기 때문일 수도 있다. 치안 법정은 무엇보다도 정치적 탄압을 목적으로 하는 특별 법정이었다. 그런 서슬 퍼런 곳에서 대놓고 불법 비용을 요구할 공무원이 누가 있을까?

곰곰이 생각해보니, 1970년대에 변호사로 일할 때 불법 사례가 한 건 있기는 했다. 내 기억으로는 그게 유일했다. 한 친구가 전화를 했다. 그의 애인이 비밀리에 낙태 수술을 한 혐의로 체포됐다는 것이다(가톨릭이 주 종교인 나라에서는 낙태가 법으로 금지된다.—옮긴이). 스페인에서는 뾰족한 방법이 없어 낙태 수술을 받으려고 런던으로 여행을 다녀왔단다. 나는 그런 유의 사건을 잘 몰랐기에 다른 변호사를 소개해줬다. 그 변호사는 당시 재판부 돌아가는 사정에 빠삭한 사람이었다. 변호사는 그 사건 담당 공무원에게 7천 페세타를 찔러주면 사건이 무마될 거라고 말했다. 친구가 그 돈을 건네자 친구의 애인은 다음 날 저녁에 기소 중지로 풀려났다.

사법부의 부패를 확인한 나는 사법부가 바뀌려면 부패 문제부터 해

반드시 숙고해야 할 부패 문제

2013년, 스페인의 사회 문제 중에 부패가 일 순위로 부상했다. 1980년대 초에 무슨 일이 있었는지 되짚어보고 우리가 처한 상황이 어떤지 확인해보는 게 도움이 될 터였다.

부패는 인간이 살아가는 한 언제고 나타나는 현상이다. 그것은 선거 과정에서 여러 정치인과 연루돼 나타나기도 한다. 부패는 사회의 붕괴와 해체에 기름을 붓는 요인이다.

어느 토론회에서 있었던 일이다. 사람들이 내게 스페인을 세상에서 가장 부패한 나라로 생각하느냐고 물었다. 물론 그건 아니라고 답변했지만, 지금 언급되는 부패가 어떤 유형의 부패인지 반드시 따져봐야 한다고 말을 보탰다.

2013년 스페인에는 공직자들의 조직적인 부패는 없었다. 아예 없지는 않겠지만, 있다고 해도 개인적인 일탈일 뿐이었다.

공공 업무는 말 그대로 투명해야 한다. 경찰은 벌금 부과 외에 추가로 돈을 요구하지 않아야 한다. 공무원은 마땅히 해야 할 일에 별도로 돈을 받지 않아야 한다. 사소해 보여도 절대 과소평가해서는 안 될 중요한 일이다.

부패 정도를 비교하고 평가해보려면 외국에서 살아보는 게 제일 좋다. 제3세계의 여러 나라에서는 경찰이, 공무원이, 세관원이 뇌물을 요구한다. 그런 관행이 얼마나 일상화됐는지 확인해보면 놀랄 수밖에 없다.

스페인에서는 정치인, 특히 거대 정당이 기업가와 유착해 불법 이득을 취한다. 토지 평가, 거래 승인 허가, 서비스의 양도에 관한 공공 계약 같은 것들이 정당의 배를 불리고 개별 정치인의 축재 수단으로 활용된다.

나는 어떻게 하면 정치 계층의 부패에 맞서 싸울 수 있을지 여러 사람에게 진지하게 의견을 들어보고 싶었다. 그때 집권 정당이 부패 문제를 해결하겠다며 작성한 제안서를 읽어본 적이 있다. 내용은 부패를 방지하기 위해 새로운 법을 만들어서 처벌을 강화하겠다는 것이다.

그러나 그건 부패와 싸우는 효과적인 방법이 아니었다. 1980년대에 사법부의 비리를 일소하기 위해 우리가 사용했던 방법이 아니었다.

처벌할 법이 부족해서 부패가 일어나는 건 아니다. 이미 공포된 법을 제대로 적용하기만 해도 일상에 만연한 부패 행위를 엄벌할 수 있다. 부패와 싸우기 위해 우리가 정말 해야 할 일은 다음과 같은 것들이다.

1. 부패가 발생하는 원인을 분석하고 그것과 싸운다.
2. 부패 사범을 엄정히 처벌하고 부패 행위로 취득한 부는 몰수한다.

부패가 발생하는 요인은 다양하다. 우선, 공모까지는 아니더라도 부패를 용인하는 자세 때문이다. 이게 가장 결정적이다. 즉 부패를 대수롭지 않게 받아들이는 분위기에서 비리가 만연해지는 것이다. 그 중심에 부패를 자연스레 받아들이는 정치인, 공무원, 기업가 들이 있다. 그런 집단의 고위층은 부패를 처벌할 필요가 없다고 생각하거나, 행여 처벌하게 되면 자신도 엮일 수 있다고 생각한다.

둘째, 행정이나 사법적 절차의 고유한 특성 때문이다. 행정부의 의사결정 과정은 복잡하고 끔찍하게 느려터지기 일쑤다. 행정 업무의 비효율성은 부패의 온상이 될 가능성이 충분하다. 어쩌면 그 반대일 수도 있다. 느릿느릿한 업무 처리나 복잡한 절차 등은 부패의 원인이 아니고 그 결과일 수도 있다. 부패한 자들에게는 비리를 저지르기 위해 그런 것들이 필요할 테니까 말이다.

결해야 한다고 생각했다. 이제 첫걸음을 떼기 시작한 민주주의를 위해서라도 사법부를 새로운 관점으로 바라봐야 했다.

1980년대 초에 내가 사법부에 첫발을 내디딘 이후 많은 변화가 있었다. 사법부의 조직적인 부패는 계속 이어져왔다. 다른 분야도 마찬가지였을 것이다. 사법부의 일상 업무 처리 절차에 스며든 부패는 계속 누적되면서 결국 대형 비리의 씨앗으로 자라났다.

비리를 눈감아주는 게 공동체를 위한 일이라고?

1980년대의 사법부에는 내부 비리를 눈감아주는 분위기가 만연했다. 이것은 부패를 합리화하는 것과는 별개의 문제다. 행정력이 약한 나라가 대개 그랬다. 1980년대 초반 스페인에서는 공무원의 급여가 아주 적다는 게 일반인들의 인식이었다. 따라서 공무원이 생활을 유지하려면 추가 수입이 있어야 했다. 그들에게 가욋돈을 바치는 사람의 일을 처리해주는 게 공무원의 경제 상태와 떼려야 뗄 수 없는 관계였다.

이 문제를 바라보는 판사 친구의 설명은 이렇다. 비리를 은근슬쩍 눈감아주는 게 공동체를 위하는 길이란다. 부패를 거리낌 없이 받아들이는 내부 분위기와 공직 기강을 바로잡아야 할 사람이 말이다. 또 공무원 사회에서는 급여가 적으니 어쩔 수 없지 않느냐는 볼멘소리도 많다는 것이다. 천부당만부당한 생각이다. 그런 식의 이해와 배려 때문에 권력자나 판사의 삶이 어느 정도 수월해진 것은 맞는 말이다. 그러나 사적 이익과 호의가 상호 의존 관계를 맺을 때 부패의 사슬은 공고해지기 마련이다.

그 당시 사법 행정에서 그런 공생 관계는 노골적으로 이뤄졌다. 이를테면 공무원이 판결문을 작성하는 게 일상적인 관례였다. 공무원이 증거 채택과 판결문을 다 처리했다. 불법적인 일에는 일종의 상호 간 약정 비용이란 게 있었다. 그런 과정을 통해 서로서로 직간접적인 혜택을 주고받았다. 내 첫 부임지 라 팔마는 그것을 여실히 보여줬다.

라 팔마 법원은 산타크루스 데 테네리페 주 법원la Audiencia Provincial 소속이었다. 주 법원은 일 년에 한두 번 정도 섬으로 이동해 재판을 진행했다. 그것은 특별한 행사였다. 재판은 대개 주 법원 또는 주도州都에서 했기 때문이다. 재판을 진행하려고 테네리페 법원에서 판사 세 명이 왔다. 그들은 라 팔마의 판사들을 교육했다.

우리처럼 작은 재판부에서는 무슨 난리라도 난 듯한 떠들썩한 이벤트였다. 그 당시 테네리페 판사들은 비행기가 아니라 배를 타고 왔다. 부장 판사가 비행기를 무척 무서워했단다. 그들을 항구에서 영접해서 숙소까지 데려와야 했다. 재판이 끝나면 판사들은 해변으로 가거나 호텔에서 쉬었다. 역시나 그들을 수행하는 공무원이 판결문을 작성했다. 판사들은 무죄와 구속 여부만 결정했다. 피고의 형량도 공무원이 결정했고 그 밖의 잡다한 일도 공무원의 몫이었다.

그 시절 사법부의 일 처리 과정을 듣다보면 요즘 독자들은 깜짝 놀랄 것이다. 사법부의 판사 및 구성원이 수행하는 다양한 역할을 모르기 때문이다. 어떤 사람은 미국 영화에 나오는 것처럼 하나의 팀을 이뤄 작업하는 것이 적절하다고 생각할지 모른다. 나는 변호사 일도 많이 했다. 내가 보기에는 재판부 일은 언제나 정해진 틀이 있었다. 어떠한 경우에도 판결문 작성은 판사의 몫이었다. 팀 작업이라는 것 자체를 인정하지 않았다.

1980년대의 라 팔마에서 주 법원 판사들은 항상 현실을 도외시했다. 현실을 인식한다는 것이 그들에게는 자기 업무를 게을리하는 것처럼 비친다고 생각했을지도 모르겠다. 그래서였을까. 판결문을 작성하는 판사 고유의 업무를 늘 행정 공무원이 대신했다.

따라서 사법부의 부패는 상호 보완적인 공생 관계에서 비롯된 부패라고 말할 수도 있다. 누군가 돈을 받고 상급자는 눈을 감아준다. 대신에 그 상급자의 일을 누군가 해준다. 그런 상호 만족이 스페인 사법부가 부패의 온상이 된 결정적인 원인이었다.

부패를 근절하려면 상호 만족의 환경을 만들지 말아야 한다. 그러기 위해서라도 민간 기업의 근무 조건이나 연봉까지는 아니더라도 공무원의 급여 수준을 높여야 한다.

부패의 원인이 되는 기본적인 문제 중 하나는 재판 비용이다. 일단 비용이 결정되면 추후에 증액하는 것은 쉽다. 항상 그 차액이 문제다. 기소된 사람이 그 차액을 내면 재판이 유리하게 진행된다. 만약 사법 서비스를 무료로 이용하게 하면 돈을 안 내도 되니 추가 비용도 생기지 않을 것이다. 대개 그 추가 비용 때문에 비리가 생긴다.

주로 이런 짬짜미 행위가 부패를 배양하는 토양이 되지만 다른 요인도 있다. 사법 절차 때문이다. 즉 비리를 저지르는 사람은 사법 절차가 더디게 진행되고 복잡해지기를 원한다. 그들은 그런 점을 이용해 급행료 따위의 추가 비용을 요구할 수 있는 것이다.

나는 1980년대에 사법부 부패를 온몸으로 겪었다. 예전에도 그랬지만 부패와 벌이는 한판 싸움은 오늘날에도 녹록한 일이 아니다.

뇌물의 근원을 낱낱이 파헤치다

내 첫 번째 근무지는 라 팔마 섬이었고, 두 번째는 마드리드 근처의 엘 에스코리알El Escorial이었다. 빌바오가 세 번째 부임지였다.

내가 부패 문제와 심각하게 맞닥뜨린 곳이 빌바오였다. 그곳 재판부의 한 공무원이 보석금 액수를 바꿔버렸다. 판사는 보석금을 200만 페세타로 정했다. 문제의 공무원은 거기에서 '0' 두 개를 없앴다. 보석금으로 내야 할 돈이 2만 페세타로 바뀐 것이다.

그래 봐야 이 정도는 새 발의 피 정도밖에 안 됐다. 마침내 네 번째 부임지인 마드리드 19번 일심 법원Juzgado de Primera Instancia에서 조직적이고 강력한 부패와 마주하게 되었다. 그때가 1984년이었다. 그곳에서 부패를 막을 방법이 뭔지 새삼 확인했다. 너무나 당연한 얘기겠지만 부패를 근절하려면 그런 부패의 원인을 없애야 한다는 점이다. 원인이 될 만한 요인을 조금씩 제거하면 결국 부패는 사라지게 돼 있다.

나는 1983년 빌바오에서 근무할 때 승진했다. 약 5년 정도 판사 생활을 하면 거의 자동 승진이지만 내 경우는 남들보다 좀 빠른 편이었다.

빌바오는 무척 아름다운 도시였고, 나는 빌바오에서 잘 지내고 있었지만 내 가족이 있는 마드리드로 돌아가고 싶은 마음이 간절했다. 나는 여러 재판부에 전근 신청서를 냈다.

마드리드의 19번 일심 법원에서 나를 받아줬다. 동료 한 명이 내게 이렇게 질문했다. "마드리드에서도 가장 자본주의적인 재판부가 그곳인데 어쩌다가 거기 지원할 생각을 했어요?" 내가 이해를 못 하자 19번 재판부가 비공식 서기 제도가 있는 유일한 재판부라고 설명했다.

서기란 옛 사법부에 존재하던 직책이다. 1948년까지 서기는 사람들이 사법부에 지불하는 비용 중에서 상당히 많은 금액을 가져갔다. 서기는 요즘의 공증인과 비슷한 역할도 했다. 그들은 공무원을 채용하고 비용을 지출하는 담당자였다. 어떻게 보면 공공 사무실과 개인 사무실의 기능을 합친 직책이었다. 원칙적으로는 재판부에서 판사만 사법부로부터 급여를 받는 사람이다. 1948년부터 사법부는 모든 공무원을 임명하고 급여를 직접 지급하기 시작했다. 그러나 서기 제도는 아직도 일부 재판부에 비공식적으로 남아 있었다. 비용은 모든 재판부에 동일하게 적용됐고 그중 상당액을 비공식 서기가 가져갔다. 따라서 이들은 민사재판에서 좀 더 많은 금액을 다루는 재판을 맡으려고 했다. 그들은 자기 휘하의 공무원에게 좋은 대우를 해줬다.

나는 그렇게 19번 일심 법원으로 들어갔다. 그때는 스페인 노동자 사회당의 펠리페 곤잘레스Felipe González가 2년 전 선거에 이겨서 사회 전반적으로 변화의 분위기가 흐르고 있었다.

내가 법원에 막 도착해 아직 사람들과 인사도 제대로 나누지 못했을 때였다. 고참 공무원 한 명이 내게 와서는 긴급하게 중재인 몇 명을 임명해달라고 요청했다. 당시에 재판부에서 담당하던 어느 채권 채무 사건과 관련된 사람들이었다.

나는 서두르지 않았다. 나는 그 공무원에게 해당 사건을 검토할 시간이 필요하고, 법원에서 일하는 나머지 중재인도 모두 알고 싶다고 말했다. 그는 급한 사건이라며 재촉했다. 채무자의 변호사들이 그 중재인들을 선정했다는 말도 덧붙였다. 고참 공무원의 말인즉, 그 중재인들은 평소에 법원에서 일하는 사람들이었다.

아니, 채무자를 관리하고 조사해야 할 사람을 채무자 측에서 선정하다니! 도저히 받아들일 수 없는 일이었다.

그것이 나의 첫 번째 '노ᴺᵒ'였다. 나중에 비슷한 일이 자주 발생했는데, 그때마다 내 대답은 '노'였다. 생애 첫 마드리드 근무지에서 목도한 부패 문제를 해결하려고 나는 괴로움까지 감당할 각오를 다져나갔다.

원칙적으로는 마드리드의 모든 재판부가 똑같은 건수의 사건을 배당받는다. 원고는 재판부를 선택할 수 없다. 그러나 현실은 별 어려움 없이 원고가 원하는 재판부로 사건이 배당되도록 손쓰는 경우가 수두룩했다. 내가 그 재판부에 도착하기 전에 비공식 서기 두 명이 거의 치고받기 직전까지 싸웠다는 소문도 들었다. 어느 파산 사건을 자기 재판부로 가져오려고 악다구니질을 벌였다는 것이다. 그것도 대놓고 복도에서 말이다.

마드리드 재판부에는 아주 복잡한 사건들이 많다. 다른 재판부에서는 보기 힘든 돈이 많이 오가는 사건들이었다. 주로 비공식 서기가 있는 재판부에 배당된다. 변호사들은 그 재판부의 담당 공무원에게 상당한 금액을 지불하고 있었다. 당연히 정해진 비용보다 훨씬 많은 금액이었다. 앞서 언급한 것처럼 공공연한 비밀이었다.

이렇게 뇌물을 주고받는 것은 명백한 불법이다. 그러나 그 돈은 공무원들이 나눠 갖기 때문에 당연한 쌈짓돈이려니 하고 여긴다. 그 돈은 인지대, 교통비, 식사비, 통신비 등으로 사용된다. 그러나 애초부터 비용에 포함돼야 할 것들이다.

공무원은 변호사처럼 소환될 때마다 돈을 받았다. 즉 법원 공무원들은 외부로 나갈 때마다 출장비를 받았다.

소환 업무는 끝없이 반복되는 일이다. 공무원들은 모두 그 사실을 알고 있었다. 담당 공무원이 다 처리하지 못할 만큼 많았다. 그래서 공무원은 외근 업무를 대신 해줄 사람에게 하청으로 넘기는 게 관행이 되어 버렸다. 공무원은 자기 일을 대신하는 그 사람에게 돈을 지급했다. 하지만 그 금액은 자기가 받은 돈보다 적은 액수였다. 오후 또는 밤에 그 일을 맡아 하는 사람은 대개 경찰이었다. 이 과정에서 법정 비용보다 훨씬 높은 금액이 책정되고, 그것은 서비스에 따르는 당연한 대가라고 치부해버린다. 공무원은 변호사가 새로운 사건을 맡아 그 사건을 등록하려 하면 돈을 요구한다. 사건의 진행을 위한 선수금 명목이다.

나는 어느 공무원의 책상에서 적발된 엄청난 양의 서류를 기억하고 있다. 공무원의 비리를 밝혀내다가 발견한 서류였다. 나는 아직도 그 사본 일부를 가지고 있다.

서류 대부분은 고객과의 거래 내역을 기록한 회계장부였다. 어처구니 없게도, 사법부 행정 공무원은 자기 일이 변호사 업무의 연장선상에서 하는 일이라고 여겨서 추가로 돈을 받아야 한다고 생각했다. 그들은 행정 절차에서 중재인 역할을 하고 그 대가로 돈을 받았다. 변호사가 고객에게 돈을 받는 것처럼 공무원도 고객에게 서비스를 제공하니까 돈을 받는다는 게 그들의 주장이었다. 공무원의 본분을 망각한 처사가 아닐 수 없다.

나는 비리 공무원들에게 증거를 제시했다. 그들은 돈을 낸 변호사가 맡은 사건만 진행하고, 변호사를 직접 데리고 오는 소송인의 행정 절차는 진행하지 않았다. 그것은 공무원의 행동이 아니라 장사치의 행동이었다. 해당 공무원들도 그 사실을 순순히 인정했다.

돈이 없는 가난한 사람은 정당한 서비스를 받을 수가 없었다. 모두에게 공평해야 할 공공서비스를 변질시키는 이런 행동을 어떻게 평가해야 할까? 내가 계속해서 '노'를 하자 심각한 문제가 생겼다. 어떤 것은 내 사법부 경력에 심각한 흠이 될 정도였다.

1980년대 초의 대법원은 새로운 법리 해석을 비교적 잘 수용하는 분위기였다. 그것은 아마도 새 헌법이 만들어지고 나서 별로 시간이 지나지 않았기 때문인지도 모르겠다. 그래서인지 독재 시대와는 다른 해석을 합법적으로 받아들였다.

그 시절에 내 재판부에서 중요한 채권 문제가 걸린 사건이 진행되고 있었다. 상당히 잘나가는 변호사 사무실과 관련된 사건이었다. 그 사건이 19번 재판부에서 진행되리라는 것을 알게 된 변호사들은 그들의 고객이 원하는 중재인을 지명하는 게 불가능하다고 생각했다. 그래서 그들은 재판부를 다른 곳으로 옮기려고 사무실 주소를 변경하기로 결정했다.

나는 그 과정에 뭔가 꼼수가 있을 거라고 믿었다. 그들이 제출한 서류를 보니 사무실 주소가 과달라하라로 되어 있었고, 나는 그 새 주소에 사무실이 입주해 있다는 사실을 입증하라고 요구했다. 그 당시 그 주소지 관련 증거를 어떻게 확보했는지는 기억이 가물가물하다. 그 주소지에는 오래전에 폐쇄된 보육원이 있을 뿐 변호사 사무실과는 아무 관련도 없었다.

나는 변호사들이 제기한 재판부 이전 신청을 거부했다. 그들은 매우 기분 나쁘게 받아들였고, 대법원에 나를 배임죄로 제소했다. 최고로 잘나가는 변호사들이 나를 걸고 넘어진 것이다.

그들은 그동안 해왔던 익숙한 방식으로 서류 상의 내용을 실제의 사실로 만들어낼 수 있다고 자신하고 있었다. 그리고 아무도 그것을 입증할 수 없을 것이라고 여겼다. 그들은 민사법원의 판사가 그런 일을 증명할 수 없으리라 전제를 깔고 일을 진행했다.

그 당시에 판사를 대상으로 하는 제소는 대법원에서 다뤘다. 관행에 따라 제소의 타당성 여부를 판단하는 사전 재판이 열렸다. 내 변호사 크리스티나 알메이다가 아주 훌륭하게 일을 처리했고 대법원은 그 제소를 기각했다. 그때까지 판사의 결정에 불복하는 변호사들의 제소는 매우 공격적이었다.

만약 그 사건이 요즘 일어났다면 결과가 훨씬 나빴을지도 모른다. 사법부의 최고 기관에서 판사들은 규정을 융통성 있게 해석하는 게 점점 더 어려워지고 있다. 동료 판사 발타사르 가르손이 배임죄로 구속된 사실이 점점 악화되는 현실을 잘 보여주고 있다.

어쨌든 사법 행정에서 처음 겪었던 부패 사건은 해당 공무원의 형사 처분으로 마무리됐다. 나는 부패를 근절하려면 그것이 자라나는 환경을 뿌리째 없애야 한다고 생각했다. 그렇다고 해서 독불장군 식으로 마구 밀어붙인다고 해결될 문제는 아니었다.

언론에 부패를 직접 고발하다

무슨 방법을 써서라도 조치를 취해야 했다. 호세 마리아 아라나스는 나와 함께 법대에서 공부했던 친구였다. 그는 〈엘 파이스El País〉 신문사에서 고위 간부로 근무하고 있었다. 1985년에 그를 만나러 갔다. 그에게 법원의 음성적인 돈이 어떻게 흘러가는지 낱낱이 설명했다. 그는 대단한 관심을 보였고, 나를 돕겠다며 그 내용을 기사로 쓰자고 제안했다. 기자도 한 명 붙여주겠다고 약속했다.

그 기사는 'P.S.C'라는 제목으로 실렸다(Por Si Cuela의 약자. 보험금 성격으로 은밀히 건네는 웃돈이라는 뜻—옮긴이). 법원의 비용 제도가 어떻게 운영되는지 설명하는 내용이었다. 기자는 사법부에서 벌어지는 일, 중재자들이 돈을 받기 위해 하는 일 등을 아주 멋지게 썼다. 이 기사는 사회 전반에 대단한 파장을 불러일으켰다.

우리 법원에서 즉시 반응이 나타났다. 몇 개월 만에 비공식 서기들을 포함해 거의 모든 공무원이 다른 법원으로 전출을 요청했다. 법원에 사람이 없다시피 하는 정도여서 임시 직원들을 채용할 수밖에 없었다. 사법부는 법원의 공식 업무를 수행하기 위해서 필요한 임시 직원을 판사들이 직접 선발할 수 있도록 허용했다.

우리 재판부에는 법대 학생들이 임시 직원으로 들어왔다. 불법적인 돈이 오가지 않아도 행정 절차는 차질 없이 잘 돌아갔다. 그 당시 임시직으로 일했던 학생들이 오늘날 훌륭한 전문가로 성장했고 모두 내 친구가 됐다. 그들에게 감사의 뜻을 전하고 싶다. 사법부의 부패가 필요악이 아니라는 것을 보여주는 데 그 친구들이 한몫했다.

부당한 관행에 맞서 싸운 나날들

말장난 같지만, 사법부의 현대화를 이야기하려면 그동안 사법부를 현대화하려는 시도가 어떻게 실패했는지 그 역사를 짚고 가는 게 좋다.

1987년에 민주주의 판사 협회와 진보주의 변호사, 검사, 사법부 위원 협회 등은 마드리드에서 "사법부는 해결책이 있다."라는 희망 어린 주제로 모임을 가졌다. 유명한 유로 빌딩에 모임 장소를 마련했고 아주 성황리에 끝났다.

"사법부는 해결책이 있다." 이 모임은 사법부의 현대화를 기치로 내건 운동이었다. 거기에는 사법부 안에 존재하는 부패를 타파하려는 목적도 있었다. 그것은 부패 종식의 신호탄이었다. 이 운동은 적지 않은 성과를 거뒀고 어떤 내용은 방송 전파를 타기도 했다.

조직적인 비리가 척결되기까지 4년 동안 치열한 과정을 겪었다. 관행이 되다시피 한 부패를 근절하려면 그것이 자라나는 환경을 없애야 한다는 내 지론이 옳았다는 걸 입증해나가는 과정이었다.

부패를 뿌리 뽑기 위해 필요한 것 중 하나가 여론이다. 여론의 대대적인 관심이 없었더라면 그토록 깊게 뿌리 내린 조직적 비리를 척결할 방법이 없었을 것이다. 여론 덕택에 짧은 시간에 부패를 몰아냈다.

그런데 그러려니 하며 부패에 관대했던 판사들이 더 신랄하고 비판적인 태도를 취하기 시작했다. 지적이고 인간미 넘치는 판사 안토니오 카레테로는 내게 이런 말을 했다. "민주적인 사법부에서 우리는 그 문제를 소홀히 해왔습니다. 우리 재판부의 공무원에게 내가 직접 물어봤습니다. '내가 당신에게 어떤 일을 부탁할 때도 당신한테 돈을 줘야 하느냐?'고 말이죠."

비용과 관련된 문제를 해결하기 위해서는 매스컴이 필요했다. 〈엘 파이스〉에 게재된 기사가 결정적인 도움이 되었다. 민주주의에 기여한 그 신문의 역할은 그때부터 시작됐다.

곧이어 다른 신문들도 같은 문제를 다루기 시작했다. 언론은 구린 돈을 주고받는 자들을 더 이상 옹호하지 않았다. 무엇보다도 사법부가 장사꾼이 활개치고 다니는 장소로 전락되는 걸 받아들일 수 없다는 분위기가 사회 전체로 퍼져 나갔다. 재판부에서 돈을 받고 사건 배당 순서를 앞당기거나 미루는 관행이 서서히 사라져갔다.

1987년 예산 법안에서 사법부는 추가 비용 제도를 모두 폐지하기로 결정했다. 불법 비용과 음성적 거래를 만드는 근본적인 요인이 추가 비용 제도라는 것을 받아들인 것이다. 불법 비용의 근절이 현실로 다가오기 시작했다.

그해에 사법부총평의회가 그 문제를 토론하겠다며 회의 일정을 잡았다. 그러나 조직적인 부패 문제는 회의 안건에서 누락됐다. 결과론이기는 하지만 사법부의 악습은 여전히 남아 있었다. 어쨌든 추가 비용을 지불해야만 했던 문제는 사라졌다. 추가 비용, 즉 웃돈을 얹어줘야 사법부의 기능이 돌아갈 거라는 대중의 인식도 서서히 바뀌게 되었다.

이런 과정을 거치면서 공무원들은 불안해했다. 특히 민사법원의 공무원이 느끼는 불안감은 더 컸다. 급기야 준법투쟁이 일어났다. 그 당시 공무원들의 투쟁은 선의를 가진 행동이었던 것 같다. 그들은 사법부가 요금을 받아야 수속이 제대로 진행된다고 철석같이 믿었다. 그들은 공공 서비스를 제공하는 사람들이었지만 대체로 그 서비스에 한계가 있다는 것도 인정하고 있었다. 그러나 공무원들은 사법부가 모든 사람에게 무료 서비스를 제공하는 만큼 자기들이 받을 보상이 줄어들 거라고 불안해 했다.

사태가 악화됐다. 심지어 일부 진보적인 변호사조차 이번 조치를 비판하고 나섰다. 이번 조치 때문에 사법부가 마비될 거라는 말까지 나왔다.

공무원들이 반발하는 상황에서도 시간은 흘러갔고, 민사법원의 업무는 더디게 진행됐다. 프랑코주의에 어느 정도 비판적이었던 원로 변호사 한 분이 나를 찾아와 말했다. "나는 당신이 잘하고 있다는 생각이 들지 않는구려. 불법 비용 제도를 없애려는 좋은 취지였지만 결국 사법부가 마비될 지경에 이르고 말았소. 의도야 훌륭하지만 결과가 안 좋아."

당시에 비공식 서기 활동을 계속하고 있던 사람이 사법부 주차장에서 내게 이런 말을 건넸다. "당신이 남자라면 한 방 갈겼을 거요. 당신은 우리 모두를 모욕했습니다." 사법부의 문제를 해결한다는 건 이처럼 결코 쉬운 일이 아니었다.

어느 날 법무부 장관 페르난도 레데스마Fernando Ledesma가 카스티야 광장에서 열린 한 행사에 참석했다. 아마 어느 민사법원의 신축 건물 개원식이었을 것이다. 장관은 그날 건물 입구 홀에서 기다리던 수많은 공무원에게 야유를 받았다.

부당한 뇌물에 반대하는 목소리가 비용 지불을 일절 거부하려는 움직임이 전 사회적으로 커져갈 때는 사법부 내부의 조직적 일체감이 손상되기도 했다. 변화에 대한 뚜렷한 의견 일치도 없었다. 물론 많은 동료 판사가 불법 비용 제도를 불편하게 생각했다. 공무원이 계속 돈을 받는다면 변화는 물 건너간 거라는 우려의 시선도 있었다.

그러나 공무원이 비공식적인 돈을 받지 못하게 하면 자신들의 업무에도 차질이 생길 거라고 생각하는 판사도 많았다.

하지만 변화는 부패의 척결을 넘어 앞으로 더 성큼 나아갔다. 사법부의 진정한 역할이 뭔지 고민하는 계기도 마련됐다. 부패를 종식하려는 노력 덕분에 많은 것을 다시 생각해보게 됐다. 팀 단위로 일을 하는 것도 고려하기 시작했다. 엄지손가락을 위로 올리거나 아래로 내리는 것만이 판사가 하는 일이라고 여기는 기존의 잘못된 인식도 검토하기 시작했다.

그때 우리의 사법 절차는 독재 시대인 30년 전과 별반 다르지 않았다. 19세기의 사법 절차에서 유래된 것을 계속 이어왔던 것이다. 이런 절차들은 나중에 수정되긴 했지만, 오랫동안 중재인만 더 수월하게 이득을 챙겨왔다.

당시 민사재판이 어떻게 진행되는지 드러내주는 농담이 유행했다. "최후의 심판이 오면 노아의 대홍수가 어떻게 진행될지 알아?" 질문을 던진 사람이 바로 답변한다. "파산이나 지급 정지 같은 사태가 노아의 대홍수처럼 걷잡을 수 없이 몰아친다고 해봐. 그때 살아남는 건 방주 안에 있는 것들뿐이야." 그러고는 이렇게 덧붙인다. "물론 방주 안에는 재판부에 있는 사람, 변호사, 공무원 그리고 서기 들이 있겠지."

중재 조직의 기능이나 절차를 근본적으로 개선하지 않으면 부패와 벌이는 한판 승부는 요원할 뿐이다. 행정 절차가 투명하고 신속하게 진행된다면 부패는 설 자리가 없다. 사법부가 효율적으로 돌아가려면 이런 과정이 필요하다.

물론, 절차의 개선이 그리 간단한 문제는 아니다. 공무원 문화와 사법부의 관료적 문화가 그런 관행의 바탕을 이루고 있기 때문이다. 그쪽 계통의 사람들은 다른 사람이 그 문제를 해결할 수 있으리라 기대조차 안 한다. 그들은 외부의 입김을 꺼려 한다. 모든 새로운 변화는 그들이 지금껏 배운 것, 즉 그들의 하드디스크에 영향을 끼친다고 생각한다.

이런 문제는 상상력이 부족하기 때문에 일어난다.

그 시절에 온갖 자질구레한 공식 절차들이 공무원이나 전문가에게 얼마나 경제적 이득을 보장해줬는지는 명백하게 드러나 있다.

예를 들어, 전문가나 공무원은 업무를 진행할 때 관련 내용을 인지가 붙은 종이에 기록했다. 그 과정에서 인지가 붙은 종이를 얼마나 많이 사용했느냐에 따라 그들이 청구할 수 있는 돈의 액수가 결정되었다. 사법부뿐만 아니라 모든 곳에서 규모는 중요하다. 사법부에서는 인지가 붙은 종이 매수만큼 공신력 있는 자료가 늘어나는 것이므로 그들은 백 장, 천 장이 넘는 종이를 사용했다. 먼 과거의 잔재가 오랫동안 이어진 셈이었다.

재판 초기에 법률 대리인이 사법 절차를 진행하려면 준비금 명목으로 공무원에게 상당한 금액을 지불해야 하는 것이 암묵적인 관행이었다. 준비금은 인지가 붙은 서류를 사용하기 위해 미리 준비하는 돈이었다. 그러나 다른 엉뚱한 용도로도 많이 쓰였다. 준비금은 불필요한 외근 비용으로 전용되기도 했다. 공무원들은 업무를 우편으로 처리할 수 없다 싶으면 별다른 고민 없이 곧바로 외근 업무로 처리했다. 준비금은 그 밖의 다른 비용을 처리하는 데도 사용됐다. 예컨대 의무적으로 해야 하는 통지문 발송이나 신문 공고에 쓰였다.

사법부에 타자기 도입이 늦어진 이유를 살펴보면 좀 더 분명해진다. 19세기 말과 20세기 초의 공무원과 전문가는 이 발명품 때문에 자기 밥 그릇을 **빼앗**길지도 모른다고 여겼다. 타자기로 작성한 서류는 손으로 직접 쓴 서류보다 여백을 적게 차지해서 종이 사용량이 대폭 줄어들었기 때문이다. 그래서인지 1900년에 사법 행정에 진작 타자기 사용 허가가 낮지만 1906년까지는 사용하지 않았다. 사용하더라도 서류의 단 몇 줄만 사용하도록 제한했다. 인지를 붙이는 종이의 양이 늘어나야 수속 담당자의 이익도 커졌다. 비용을 늘리는 방법은 다양했다. 유사한 서류를 반복해서 작성하거나, 글자를 크게 쓰거나, 줄 간격을 넓히는 방법은 공증 문서 작성의 오랜 관행이었다. 모든 공증인이 시력이 나빠 안경을 쓰는 건 아니다. 하지만 그들 중 많은 사람들이 종이를 많이 사용하려고 장황한 문서를 만들다보니 눈이 나빠진 게 아닐까!

부패를 근절하려면 비용을 없애야 한다. 절차를 바꾸고 싶으면 원인을 제거해야 한다. 옷을 벽에 걸지 못하게 하려면 벽에 박힌 못을 빼는 것과 같은 이치다.

그러나 불법 비용을 막기 위해 모든 비용 제도를 없애기로 결정한 후에도 사법부는 행정 절차를 개선하는 데 그리 적극적이지 않았다.

믿기지 않겠지만, 1980년대 말에 실질적인 변화가 처음 시작된 이래 많은 시간이 흘렀건만 불필요한 관행은 아직도 만연하다. 미미한 변화가 있기는 해도 지루하고 불필요한 서류를 만드는 관행을 개선하거나 절차를 신속하게 진행하려는 시도는 아직까지 감감무소식이다.

헌법이 발효된 지 35년의 세월이 흘렀어도 느려터진 사법 절차가 계속되고 아무것도 개선된 점이 없다는 건 굉장히 심각하게 고민해봐야 할 문제다.

사법부의 현대화 시도가 매번 실패한 이유는 비판을 피하려다 보니 졸속으로 개혁을 추진했기 때문이다. 여론에 떠밀려서 형식적으로 추진한 개혁은 실패를 안고 갈 수 박에 없다.

"사법부는 해결책이 있다." 이 유명한 모임에서 우리는 민사재판의 절차를 개선하기 위한 대안을 마련했다. 우리의 목적은 부패가 업무의 효율성을 위해 꼭 존재해야 할 필요악이 아니라는 것, 다시 말해 부패 없이도 원활하게 작동하는 사법부의 업무 프로세스를 만들어 보여주는 것이었다.

그 당시에 제안했던 내용은 늘 그래왔듯이 대안을 보여주는 방식이었다. 우리는 스스로에게 질문을 던졌다. 부패나 비리 없이 이것 혹은 저것을 할 수 있는 방안이 뭘까? 예를 들어 외근을 없애려면 그것을 대체할 수 있는 뭔가를 구상하는 식이다. 법원에서 직접 중재인들에게 우편, 전보, 전화 등을 이용해 약속을 정할 수 있다. 법원을 중심으로 편성된 일반적인 통신 수단을 사용해 외근을 대체할 수 있다는 것이다. 도입하기까지 많은 시간이 걸렸지만 몇 년 후에는 전면적으로 실행됐다.

재판 수속을 진행하는 중재인들은 첫 번째 공식 절차를 진행하고 나서야 그다음 일정을 잡는다. 그러나 이제는 법원에서 재판에 참여하는 사람들의 출석 일정을 개별적으로 지정해 진행할 수 있다. 그렇게 우리는 '연결된 약속'이라는 아이디어를 생각해냈다. 전체 연락이 필요하면 모두 한꺼번에 연락을 한다. 그래서 만나야 할 사람이 출석하면 필요한 일정에 따라 다음 약속을 잡는 방식을 사용했다.

절차 진행에서 합리화시켜야 할 것들도 많았다. 예컨대 판결 내용을 어떻게 알리느냐 하는 문제가 있다. 〈엘 알카사르*El Alcázar*〉는 선고 내용을 거의 단독으로 게재하는 신문이었다. 판결 내용의 공표는 신문에도 좋은 일이었다. 중재인은 물론 중재인에게 준비금을 요구하는 공무원에게도 좋은 일이었다. 그러나 여전히 꾸물대기만 하고 진척되는 일은 없었다. 나중에는 비용마저 인상됐다.

법원에서는 기록원 없이 재판을 진행할 방법을 찾아야 했다. 기록원은 증인이나 피고의 발언 내용을 요약 정리하는 사람이다. 우리 재판부에서는 기록원 대신 속기 타자수를 고용하는 방안을 모색했다. 3년 이상 시행해본 결과 중재인, 증인, 피고의 진술을 속기록으로 작성하게 됐다.

이런 개선안 대부분은 독재 시대 때 고안된 모델을 현대에 맞게 변형시킨 것이다. 그런 개선안은 공공연한 뇌물이 없어도 업무가 잘 돌아간다는 것을 보여주기 위해서 꼭 필요했다. 사법부의 효율성을 실제로 높이는 데도 기여한 바가 컸다. 일부 개선안은 1980년대에 만들어져서 현재 사법부 구조의 근간을 이뤘다.

한편, 이런 조치들은 2000년에 확정된 새로운 민사 심리 법안에 중요한 영향을 끼치게 된다. 1980년대의 아이디어가 이렇게 커다란 변화를 일으킨 것을 보면 신기하기도 하다. 1998년 민사 심리 법안이 국회에서 계류 중일 때, 민사재판 과정을 구술로 진행하도록 의무화하는 개정안이 만들어졌다. 법원에서 선고 과정을 시청각 시스템으로 녹화하는 게 가능해졌기 때문이다. 타자기가 그랬던 것처럼 기술의 발달로 사법부의 효율성이 높아지고 재판 절차가 빨라졌다. 기술은 그 자체로 필요한 것이면서 효율성을 비약적으로 높이는 계기로 작용한다.

구술 재판은 비리가 생길 가능성을 막기 위해 필요했다. 그러나 구술 재판의 효용성이 컸어도 모든 영역에 적용되지는 않았다.

오늘날 민사재판의 절차는 기본적으로 구술로 진행된다. 그러나 변호사가 일부러 구두 중재를 피하려고 서면 자료를 동반할 것을 재판부에 요청하기도 한다. 이런 모습을 보면 그저 기가 막힐 따름이다.

사법부의 현대화 과정에는 갖은 우여곡절이 있었다. 관행으로 굳어진 절차들은 좀처럼 바뀌지 않았고 변화의 기미조차 안 보였다. 그러나 변화의 여지가 아예 없는 건 아니다. 조직적 비리에 맞서 싸워 이겼듯이 사람들이 원하면 변화는 얼마든지 가능하다. 그럼에도 사법부가 시민에게 진정으로 봉사하는 기관으로 거듭나는 걸 막는 다른 장애물은 아직도 무척 많다.

사법부는 본질적으로 보수적인 곳이다. 개혁에 발목을 잡는 요소를 찾아 확실히 솎아내야 한다. 사법부의 보수성은 사법부를 권력의 시녀로 전락시킨다. 법을 연구하고 개선하려는 노력도 지지부진하다. 어쩌면 보수적인 사람들에게는 사법 절차를 다른 방식으로 모색해보려는 마음가짐 자체가 없는 것인지도 모르겠다.

새로운 변화의 가능성을 증명하다

카스티야 광장에 위치한 마드리드 법원 본청에서 마리아 호세와 나는 빠른 걸음으로 복도를 지나가고 있었다. 몸이 떨렸다. 나는 마드리드 법원의 법원장이었다.

사법 행정 부문 노동위원회에서 내 지시에 반대하는 시위를 시작했다. 그전에 나는 민사와 형사사건의 통지 및 압류 공공서비스 기관SCNE 공무원들에게 행정사건 업무도 함께 맡으라고 지시했었다.

SCNE 사무실은 건물 내부 깊숙한 곳에 있었다. 두 건물을 연결해주는 복도가 아주 황량했다. 그 복도에 생기를 불어넣으려면 전시장으로 활용하는 게 좋겠다고 생각했다. 즉 그 복도를 공무원이나 아는 사람의 그림, 조각, 사진을 전시하는 전시장으로 꾸미면 분위기가 한결 나아질 것 같았다. 그래서 전시 공간으로 활용했고, 나는 매번 그곳을 지날 때마다 전시된 작품들을 살펴보곤 했다.

그러나 그날은 공무원들이 파업에 참여하지 못하게 할 방법을 생각하느라 작품이고 뭐고 경황이 없었다. 나는 공무원들을 설득할 만한 말을 찾아야 했다! 그들이 통지와 압류 업무를 병행하게 할 방법을 찾아야 했다.

법원장실 비서 마리아 호세는 조용히 내 옆에 있었다.

행정실은 본래 아주 보수적인 곳이다. 정해진 업무를 벗어나는 일을 꽤나 인색하게 받아들이는 곳이다. 특히, 당시 공공서비스 부문은 약간의 법률 조언을 받더니 행정 부문의 거대 이익 단체로 변해가고 있었다. 그들의 일은 효율적으로 움직이는 것과는 거리가 한참 멀었다. 그들을 지휘하는 것은 법원장으로서 크나큰 부담이었다.

사법부는 법원장이 많은 부서를 지휘, 통솔하는 데 어려움이 있다는 것을 인정하고, 법원장이 자기를 도와줄 사람을 직접 지정할 수 있는 권한을 부여했다. 그것은 사법부의 엄격하고 고루한 인력 채용 방식을 벗어난 것이었다.

1993년 당시 약 8천명의 공무원이 마드리드 법원에서 근무했다. 나는 법원장으로 당선되고 취임한 후에 바로 사법부를 방문했다. 당시 사법부 행정실의 총괄국장이 말했다. "마누엘라, 걱정하지 마세요. 당신이 원하는 사람을 비서로 지정하면 우리도 그 사람을 임명할 겁니다. 전에도 이렇게 진행했습니다."

처음에는 마리아 호세를 잘 몰랐다. 아는 거라곤 그녀가 진보주의자이고 사법부가 발전해나가리라고 믿는 사람이라는 정도. 우리는 1987년 "사법부는 해결책이 있다." 모임에서 안면을 텄다.

마리아 호세에게 비서직을 제안하자 그녀는 곧바로 승낙했다. 나는 그녀의 친구들과 함께 커피를 마시는 자리에서 말했다. "마리아 호세, 내가 법원장으로서 세운 계획 중 하나는 당신과 함께 일하고 싶다는 것이죠. 그 밖에도 여러 가지 계획이 많이 있어요."그녀는 내 말에 전혀 의심하지 않았고 즉시 일을 시작했다.

그것은 아주 멋진 선택이었고 우리는 아주 친한 친구가 되었다.

파업 날 아침에 나는 그날 하루가 무척 힘들 거라고 예상했다. 흰색 칼라가 달린 검은색 남방을 입고 나니 마음이 조금은 가벼워졌다. 노조의 파업은 재난이 될 것이 분명했다. 통지나 압류 업무는 물론이고 재판까지 대책 없이 중단될 게 뻔했다. 새로운 일이라면 덮어놓고 반대하는 판사위원회la Junta de Jueces가 거칠게 항의할 터였다. 그들은 SCNE에 새로운 과제가 생기는 것을 원치 않았다. 보수적인 판사들은 뭐가 됐든 새로운 변화와 관련된 것은 거부하는 입장을 견지하고 있었다.

"법원장은 사퇴하라! 법원장은 사퇴하라!" 쉰 명에서 일흔 명 정도의 공무원들이 내 사무실 앞에 모여 있었다. 공무원 노조 세 곳에서 시위를 조직했다. 노동위원회가 주도 세력이었다.

아이러니가 아닐 수 없다! 나는 평생을 노동위원회와 가깝게 지내왔다. 그러나 전임 법원장들, 보수적인 판사들을 한 번도 공격하지 않았던 노조가 내 결정에 반대하기 위해 힘을 모으고 있었다.

나는 시위대를 만나러 사무실 밖으로 나갔다. 시위대는 나를 보고 깜짝 놀랐다. 이런 반응을 예상치 못했기 때문이다. 나는 시위를 하는 이유가 뭔지 물었다.

나의 정면 대응이 주효했나보다. 시위는 설탕이 물에 녹듯이 사그라들었다. 그들은 문을 사이에 두고 구호를 외칠 작정이었다. 그들은 내가 친절한 표정으로 시위대를 비난하지도 않고 토론하자고 나서리라고는 생각도 못 했을 것이다.

이 모든 게 마리아 호세와 내가 그들과 만나면서 벌어진 상황이었다.

통지 및 압류 업무를 담당하는 공공서비스 공무원들은 사무실에서 대기 중이었다. 대부분 외근 준비를 하고 있었다. 하지만 그들은 나가야 할지 사무실에 남아야 할지 망설이던 참이었다. 노조는 노조대로 그들에게 시위의 필요성을 역설하고 있었다.

사람들이 서로의 거리를 좁힘으로써 발생하는 효과를 나는 늘 믿어 왔다. 공무원들은 통지나 압류 관련 서류를 처리하는 데 전혀 불만이 없었다. 다만 그들은 민사재판과 관련된 사건만 처리하고 싶어 했다. 행정재판과 관련된 통지나 압류 업무라면 해당 재판부, 즉 행정법원에서 별도로 공공서비스 조직을 만들라는 게 그들의 요구 사항이었다. 어떻게 보면 논리적인 것처럼 보였다.

나는 별도의 공공서비스 조직을 만드는 게 불필요하다는 걸 설명했다. 한 회사가 납품업자나 채권자에게 돈을 지급하지 못하고 직원들의 급여도 지불할 수 없는 상태를 변제 불능이라고 한다. 이런 경우 채권자나 납품업자의 비용 청구는 직원들이 회사에 하는 급여 청구와 기본적으로 비슷할 수밖에 없다. 따라서 회사에 비용 청구하는 일이 민사상이든 행정상이든 같은 맥락이 아니라면 오히려 이상한 일이다. 통지 및 압류는 민사재판과 연결된 것이고 재판부 입장에서도 마찬가지이다. 업무 통합은 시위 예정일 전날 발표된 내용이었다.

"자, 모두들 자리에 앉아 내 말을 들어보세요." 나는 그들에게 말했다.

내가 지시한 내용은 업무 처리 속도를 향상시켜 결국 직원들의 업무에 도움이 될 거라고 설명했다. 즉, 보다 효율적이고 공정한 사법부를 만드는 결과로 이어질 것이었다. 만약 업무량이 증가한다면 공무원 인원을 늘리면 되는 것이지 별도의 조직을 만들어 낭비를 자초할 필요가 없었다. 여러 재판부에서 결정한 통지나 압류 업무를 한꺼번에 수행하면 더 효율적인 것이지, 같은 장소에서 여러 법원 소속의 공무원 몇 명이 마주쳐 서로를 뻘쭘하게 바라보는 광경을 만들 이유가 없었다.

나는 그들에게 사법부가 효율적인 체계를 갖추는 것이 얼마나 중요한지 설명했다. 효율적인 시스템은 우리 모두가 각자의 일을 잘할 때 가능한 것이다. 나는 그들의 업무가 시민과 노동자에게 아주 중요하다고 설명해줬다. 시민의 청구가 신속히 처리되려면 공무원들이 빨리 일을 처리해 주어야 한다. 물론 채권자나 은행 혹은 보험회사에도 필요한 일이다. 내 이야기가 신선하게 들렸나보다. 시위 중이던 공무원들은 서로의 얼굴을 쳐다봤다. 그 얼굴에서 내 말을 받아들이고 이해하려는 표정이 보였다.

파업은 철회됐다. 통지나 압류 업무를 담당하는 공무원들은 외근하러 나갔다.

이 사태는 법원에서 합리적으로 문제를 해결한 첫 사건이었다. SCNE는 내가 법원장 업무를 하기 전에 만들어진 조직이었지만, 내 재직 기간에 비로소 기름을 제대로 먹인 기계처럼 효율적으로 돌아갔다.

그래서 SCNE는 마침내 마드리드의 민사, 형사, 행정 재판부의 업무를 모두 포괄하는 서비스 기관이 되었다.

작은 변화가 큰 변화를 불러온다는 걸 생생히 느끼게 해준 경험이었다.

우리는 마드리드의 주요 운송 회사들과도 대화를 나눴다. 법원의 통지 서비스 업무는 운송 회사의 업무와 비슷했다. 그들이 어떻게 일을 처리하는지 들어봤다. 그들의 사업 모델은 우리와 달랐다. 운송 회사는 그들 나름의 가장 효율적인 방식으로 업무를 조직했지만 우리는 아니었다. 공공서비스 업무는 법원의 지시와 정해진 법규에 따라 일을 해야 했기 때문이다. 복잡한 절차와 진부한 조직에 우리 스스로를 옭아매는 것이나 다름없었다. 사법부 조직법은 비효율적인 절차의 원인이었다.

그래서 적지 않은 양의 통지서가 임무 달성에 실패한다. 다시 말해 통지서를 받아야할 사람에게 제대로 전달되지 않는다. 규정에 따르면, 공무원은 아침에 그 일을 하도록 돼 있다. 이런 모순이 또 어디 있을까! 아침 시간은 수취인을 만나기가 가장 어려운 시간이다. 게다가 그 일은 반드시 근무 시간 중에 처리하도록 정해져 있다. 오후에 그 일을 대신할 사람을 따로 계약해왔던 것도 다 규정 때문이다.

다른 방법을 찾아야 했다. 공무원을 규정 시간 외에 일하게 할 수도 없었다. 그러나 시간외수당을 지급할 예산도 부족했다.

새로운 형태의 서비스를 조직할 필요가 있었다. 행정실 조직을 나누고 근무시간을 조정해야 했다. 직원들의 하루 총 근무량은 같되 시간대를 달리 편성하기로 했다. 그래서 아침, 오후, 저녁 세 개 조로 나누었다.

그러나 카스티야 광장에 위치한 법원의 본청은 그렇게 할 수도 없었고 그렇게 한들 효율적이지도 않았다. 마드리드 북단에 위치한 본부에서 통지서가 출발하면 도착하는 데 엄청난 시간이 걸렸기 때문이다. 어쩔 수 없이 사무실을 쪼개야 했다. 나는 다른 행정 부서 사무실에 장소를 빌려달라고 요청했다. 이 문제를 해결하기 위해 로마에서 산티아고까지 직접 돌아다녔다. 그렇게 우리는 혁신을 적극적으로 시도했다. 다행히도 사무실로 쓸 만한 다섯 곳을 구했다.

마드리드 내에 사무실 다섯 군데를 열었다. 우체국에서 하는 것처럼 소형 화물차로 각 지역에서 발송해야 할 통지서들을 운반했다.

각 사무실마다 공무원을 파견했고 근무시간을 조정했다. 그래도 인력이 부족해서 자원봉사자를 모집했다. 결과 대성공이었다. 법원 본청이 아닌 각 지역에서 근무하는 것이 큰 호응을 받았다. 아침 근무 대신 다른 시간대 근무를 선호하는 공무원도 있었다. 사무실 다섯 군데는 모두 정상적으로 돌아갔다. 노조는 의심스러운 눈치였지만 사람들은 만족했다. 업무가 여러 지역으로 분산됐기에 각 지역마다 팀을 조직하고 일을 통제할 중간 관리직을 만들었다.

직원들이 열심히 일할 수 있게 동기를 부여하는 것도 중요한 문제였다. 그러나 예산은 빠듯했다. 조직에 활력을 불어넣자는 취지에서 매일 아침 취향에 따라 빵이나 도넛을 살 수 있게 하고, 업무를 보러 나가기 전에 다 같이 모여 아침 식사를 했다. 별것도 아닌 일 같지만, 그것은 단순한 아침 식사가 아니라 팀의 결속력을 강화하는 중요한 이벤트였다. 음식값은 각자 부담하기로 했다. 본청에서는 커피 예산만 배정해줬다.

가끔씩 내 비서 두 명이 각 지역 사무실의 아침 식사 시간에 참여해서 그들과 함께하는 시간을 가졌다. 모든 변화를 가능하게 해준 두 사람은 돌로레스와 마르타였다.

돌로레스는 이제 예순여섯의 나이지만 아직도 활발하게 활동 중이다. 그녀는 나와 동시대 사람이다. 말이 나온 김에 나는 돌로레스 자랑을 아주 많이 하고 싶다. 내가 노무 변호사로 일할 때 우리는 처음 만났다. 그녀는 일자리를 알아보러 왔었다. 당시 남편은 건설 일을 하고 있었는데 공안 당국에 체포됐다. 그녀는 아토차 상담소의 구성원이 되었고 행정 업무를 맡았다. 그녀는 아토차에서 맛있는 간식도 만들었고, 다섯 곳의 사무실을 부지런히 오가며 정성껏 아침 식사까지 준비했다.

돌로레스는 아토차에 사무실을 열기 전부터 나와 함께 노동상담소에서 일을 했다. 그녀는 나중에 참여한 사람들의 대모 노릇을 했다. 비극적인 암살 사건이 일어나기 전까지 내 비서였다. 남편 페드로 파티뇨는 1971년 9월에 파업에 피켓을 들고 참가했다가 경찰에게 죽음을 당했다. 그녀에게 제소장을 읽어주고 있을 때 남편의 사망 소식이 전해졌다.

그 시절 그녀는 내게 동료 이상 가는 가장 친한 친구였다.

아토차의 상담소가 문을 닫은 후 그녀는 여러 직업을 전전하다 법률 계통의 일을 하기로 마음먹었고, 결국 사법부 행정 공무원 시험에 합격했다. 내가 법원장이 되었을 때 그녀는 헤타페 법원에서 근무하고 있었다. 함께 법원장실에서 일하자고 하자 그녀는 한순간의 망설임도 없이 수락했다.

나는 영원히 그녀에게 감사한 마음을 품고 살 것이다. 돌로레스가 없었다면 사소한 변화로 엄청난 변화를 일으키는 일은 엄두도 못 냈을 것이다. 그녀와 마리아 호세는 내가 하는 일의 버팀목 노릇을 톡톡히 했다.

통지 업무 담당자 중에는 마르타라는 사람이 있었다. 아주 젊고 날씬하고 우아한 아가씨였다. 매우 영리한 데다 조직을 아우르는 능력도 탁월했다. 사실 그녀는 임시직 공무원이었다. 그러나 보석은 흙 속에 파묻혀 있어도 진가를 드러내기 마련이다.

SCNE 내에서는 대형 고객을 위한 특별 서비스도 조직했다. 검찰, 교도소, 시경, 국립경찰, 세무서 그리고 기타 행정부 산하 기관이 그 대상이었다. 업무 편의상 이들 고객과 우편 발송에 대한 합의점을 마련했다.

우리는 특정 업무에 걸맞는 서비스도 만들었다. 그중 하나는 세입자를 지원하는 제도였다. 1990년대는 요즘만큼 세입자가 고통받는 상황은 아니긴 했지만 중요한 문제였다. 합법적인 부동산 소유자에게 소유권을 보장하면서 쫓겨난 세입자가 살 만한 주거지를 확보해야 했다. 우리는 법원의 명령이 떨어지면 즉시 집에서 쫓겨나야 하는 사람을 위해 지원 서비스를 만들었다. 상황을 면밀히 따져본 다음 그들에게 거주지를 마련해줄 방안이 뭔지 찾았다. 시청이나 마드리드 공동체와 모임을 가지면서 연구를 거듭했다.

우리는 거리로 나앉게 될 사람의 숫자를 파악하고 그들에게 필요한 숙박 시설을 찾았다. 그 당시의 세입자 퇴거의 유형에 대한 연구도 병행했다. 자선단체나 기관과 합의해 지원 사업을 시작했다. 하고자 하는 의지만 있다면 뭘들 못 해낼까!

2005년 무렵에 5년간 맡았던 사법부총평의회 대변인 임기를 끝내고 주 법원에서 근무할 때 자선단체에서 전화가 왔다. 법원장 시절에 추진했던 지원 사업의 시행 결과를 알려주는 전화였다. 마침내 소규모 숙박 시설을 지어 거리로 내몰린 사람들을 위한 임시 거주지를 마련했다는 소식이었다. 새로 지은 숙박 시설 사진과 서류도 보내줬다. 뛸 듯이 기뻤다.

그런데 몇 년 후, 전혀 예상하지 못한 일이 벌어지고 말았다. 모든 이에게 조금씩이나마 정의를 나눠주려고 조직했던 서비스가 사실상 와해되고 말았다. 재정 압박이 가중돼서 상황이 악화되자 나는 세입자 철거와 관련된 연구 자료를 찾아보려고 애썼지만 허사였다. 모든 서류가 폐기 처리된 것이다.

폐기된 건 그것만이 아니었다. 내부 출판물, 즉 석 달에 한 번씩 법원장실에서 추진하는 개혁 관련 소식을 알려주는 회보 발간도 중단됐다. 내가 떠나자 회보는 모두 폐기되어 도서관에도 흔적조차 보이지 않았다. 이럴 때 어느 누군들 열 받지 않으랴. 아! 내 머리는 200도!

SCNE의 사무실 다섯 곳은 성과가 너무나 좋아 감히 폐쇄할 생각은 못 했다. 그러나 사법부를 효율적으로 관리하기 위한 계획은 아쉽게도 더 이상 나오지 않았다.

판사들의 지지 속에서 법원장이 되다

내가 선출된 것은 정말 놀라운 일이었다. 후보자는 네 명이었는데, 저마다 사법부에 있던 협회 네 곳을 대표해 출마했다. 나는 민주주의를 위한 변호사 협회를 대표했다. 우리 협회는 매스컴에 자주 노출되는 편이었지만 사법부 내에서는 소수였다. 어떤 면에서는 사법부의 좌파를 대표했다. 나는 13년 동안 사법부에 근무하면서 항상 유별나다는 소리를 들었다.

선거 전날 집에서 열네 살 딸내미 에바는 동료들이 나를 뽑아줄 거라는 기대를 가지지 말라고 말했다. "엄마, 흑인 히피 여성이 미국 대통령 선거에 출마한 거나 마찬가지예요." 하지만 그 당시 어느 누가 15년 후에 버락 오바마Barack H. Obama가 미국 대통령이 되리라고 생각했을까?

나는 이후 오바마의 선거 구호였던 '그래, 우린 할 수 있어!(Yes, we can!)'가 내게 가능하리라고 희망을 품었다. 1993년 2월, 모두의 예상과 달리 나는 법원장으로 당선됐다. 선출된 다음 날부터 나는 지속적인 반대에 가로막혔던 변화 프로젝트를 실행하기 시작했다. 반대자는 주로 보수적인 동료들, 공무원 노조 그리고 아주 아이러니하게도 한때 나와 친밀한 관계였던 노동위원회였다.

기존을 관행을 개혁하다

8천명 이상의 공무원 조직 수장이 되자, 나는 어떤 아이디어가 도움이 될 만하다 싶으면 놓치지 않고 고민을 거듭했다. 그중에서도 나는 조직을 관리하는 새로운 방식을 모색하고 있었다. 어느 날, 공공 행정에 관한 토론 내용에서 여러 방식이 이미 논의되었다는 것을 우연히 알고는 깜짝 놀랐다. 나는 토론 자료를 살펴보면서 조직하는 것과 관리하는 것은 다르다는 점, 공공 관리라는 용어가 부상하기 시작했다는 점, 사법과 행정 절차에서 관리라는 개념이 가진 잠재력 등을 알게 되었다.

그 당시 사법부총평의회에서 신규 강좌를 열었다. 법원장, 주 법원의 법원장, 고등법원장을 대상으로 공공 업무 관리 기법을 가르치는 과정이었다.

세무 공무원 두 명이 그 강연을 맡았다. 세무서의 개혁에 상당히 중요한 역할을 했던 사람들이었다. 일곱 개 대도시의 법원장, 주 법원과 고등법원의 기관장이 참가했다. 사법부총평의회가 주관하는 모든 강좌가 그렇듯이 강좌 수강이 필요한 사람이 자발적으로 참가하는 것이다.

강좌 내용은 아주 좋았다. 1990년대에 논의되던 전통적인 공공 행정 업무에서 새로운 공공 업무 관리의 가능성을 엿볼 수 있었다.

나는 애초부터 사법부가 공공서비스를 수행해야 한다고 주장했던 사람이다. 그 강좌에서 나는 내적 외적 의사소통과 수준 높은 정책, 공공서비스의 평가, 목표 관리, 리더십 등 공공 행정의 새로운 관리 기법을 배웠다.

나는 데이비드 오스본David Osborne, 테드 개블러Ted Gaebler가 공동 집필한 『정부 재창조론Reinventing Goverment』를 읽어보고, '공공 정책의 관리와 분석Gestión y Análisis de Políticas Públicas'이라는 글을 읽었다.

어떤 면에서는 나 자신과 대면하는 과정이었다. 내가 사법부에 들어온 이래 공공 업무를 진행할 때 부지불식간에 새로운 관리 방식을 추진해왔다. 나는 내 노력이 개인 차원을 넘어 변화의 바람이 되길 원했다. 공공 업무를 관리하는 참신한 방향을 찾아내고 싶었다.

법원장으로 재직하면서 나는 기존에 관행적으로 하던 일을 다른 방식으로 처리하기 시작했다. 그리고 전에는 안 하던 새로운 것들을 그 방식과 결합시켰다. 나는 새로운 프로그램을 시행했다. 내가 제안했던 모든 것이 정말 이루어질 수 있다고 믿었다. 내 믿음은 전혀 공상이나 환상이 아니었다.

예산을 늘리지 않아도 실행 가능한 서비스 개선 방법을 찾아야 했다. 1990년대에는 경기 불황 때문에 사법부 예산이 한정돼 있어 증액시키기가 힘들었다.

다른 해결책을 찾을 수밖에 없었다. 우리는 복사기를 이용해 책자 제작 서비스를 시작했다. 신설 법안과 관련한 문서가 부족했기에 복사기를 이용해 책자로 만들어 각 재판부가 활용할 수 있게 했다. 판사가 적절하다고 판단하는 증거를 녹음해 활용하도록 녹음 서비스 업무도 개시했다. 각 재판부가 직접 관할하는 지원 서비스를 만들어 인력이 부족하거나 연장 근무가 필요할 경우 활용할 수 있도록 했다. 대형 법정 활용도를 두 배로 높이고 경매 서비스를 조직하고 교도소 간의 통신 서비스를 만들었다.

아름다운 장미와 함께 맞이한 봄

에스페란사 아기레 부인은 우리가 정원을 조성하는 데 도움을 준 사람이다. 그녀는 마드리드 시청의 시의원으로 공원과 정원 업무를 담당하고 있었다. 언젠가 그녀가 교정 법원을 방문했는데, 나는 그 기회를 놓치지 않았다. 시청에서 다른 행정 기관에 제공하는 식물을 우리도 나눠달라고 요청했다. 그녀는 흔쾌히 승낙했다. 문제는 정원사였다. 사법부에 요청할 수는 없었다. 우리는 원예학과 학생들의 솜씨를 빌어 그 문제를 해결했다.

가끔씩 휴가를 내서 법원장실 직원들도 일손을 거들었다. 식물은 관료주의를 모른다. 굼뜨기만 한 관료적 절차를 거쳐서 사람의 손길이 미치기에는 식물이 너무 역동적이었다. 식물은 항상 즉각적인 보살핌이 필요했다. 정원을 유지하는 것은 하나의 상징과도 같았다. 말라비틀어진 식물과 먼지로 가득한 행정실의 모습은 생각만으로도 끔찍했다. 정성 들여 정원을 가꾸는 우리 팀은 공무원의 무궁무진한 잠재력을 보여줬다.

공무원은 공공 자원을 효율적으로 활용하도록 동기를 부여받을 때 능동적으로 일한다. 공공 자원을 효율적으로 활용하면 각자의 권리를 쉽게 행사할 수 있는 공동의 재산을 보장해준다.

정원을 돌보는 일에 많은 사람이 참여했다. 마리아 호세, 돌로레스, 마르타, 파코 비데오, 파코 비블리오테카, 페드로 수바스타스, 카르멘

발란사……. 이들 모두에게 감사의 말을 전한다.

비효율적인 조직 문화에 도전하기

법률가들은 관리에 대해 아는 게 거의 없다. 공공 관리엔 더 문외한이다. 우리는 오랫동안 절차에 관한 법을 연구하고 머리에 집어넣었지만 그것을 실천에 옮기는 것에 관심을 기울여본 적이 없다.

영어의 관리management와 스페인어의 관리gestión는 미묘한 차이가 있다. '매니지먼트'에는 조직의 활력을 바라보는 역동적인 시각이 담긴 반면, '헤스티온'은 그에 미치지 못하는 것 같다.

다시 말해 스페인의 법률가들은 조직 문화에 대해 잘 모른다. 법률이나 규정만으로 충분하다고 믿는 게 우리의 인식이기도 하다. 하지만 이는 분명히 잘못된 인식이다. 법률가들은 규정만 있으면 적절한 행정 조직이 만들어진다고 믿는다. 그리고 조직을 잘 관리하려면 규정과 절차를 알려주는 것으로 충분하다고 믿는다. 그러나 현실은 그 반대다.

법률의 맹점은 모든 것을 단순화한다는 것이다. 동일한 규정으로 통제한다고 할지라도, 법률 조직마다 그것을 실행하는 방식이 다르다. 그리고 그 조직의 구성원들도 저마다 다르게 행동한다. 이 말은 어떤 사람은 규정을 지키고 또 어떤 사람은 안 지킨다는 의미가 아니다. 어떤 사람에게 더 많은 방법과 수단이 제공된다는 뜻도 아니다. 규정을 지키는 것에서 나아가 조직의 목적을 완수하기 위해 이러저러한 방법을 적극적으로 모색하는 사람이 있는 반면, 어떤 사람은 그보다 소극적일 수 있다는 의미다.

미국은 사법부 관리 매커니즘을 체계적으로 발전시켜온 나라다. 미국에서는 관리의 필요성을 오래전부터 깨닫고 그 방법을 개발해왔다. 1969년에 미국 연방대법원장 워런 버거Warren Burger는 사법부의 행정 관리자가 충분하지 않다며 이렇게 탄식했다. "오늘날 이 나라에는 훈련된 법원 행정가보다 훈련된 우주 비행사가 더 많다."

그러나 유럽 대부분의 나라들은 사법부에 체계적인 관리가 필요한지도 모르고 있다. 사법부를 관리한다는 개념은 법과대학에서 연구도 안 한다. 미국 같은 법률 체계를 가지고 있는 몇몇 나라를 제외하고는 한 사람에게 모든 운영을 일임해서도 안 된다. 그런 인식이 없다.

중요한 것은 단순히 물질적인 지원을 늘리는 것이 아니다. 한 사람에게 모든 운명을 일임해서도 안된다. 가장 중요한 조직을 체계적으로 운영하고 관리하는 시스템이다. 다행히도 이제는 사법부를 효율적으로 운영하려는 요구가 커져 조금씩 관리에 신경을 쓰기는 한다. 유럽회의 Consejo de Europa 같은 기관은 사법부를 관리하기 위한 조직을 구축하기 시작했다.

유럽회의는 사법부 효율성을 위해 유럽위원회European Commission for the Efficiency of Justice를 만들었다. 이 위원회에서 사법부의 질과 효율성을 높이기 위해 다양한 방안이 마련됐다. 예를 들어 정의의 크리스털 저울 상Crystal Scales of Justice Award(사법 제도, 절차 및 기능의 질을 높이고 법원 조직을 개선하기 위해 2005년 유럽에서 제정된 상—옮긴이) 같은 상은 사법부의 효율성을 높이는 데 가장 기여를 많이 한 사람에게 상을 준다.

다른 조직과 마찬가지로 사법부 조직 역시 공동체의 규범을 따라야 한다. 조직 및 조직 행동 이론은 여러 학문의 연구 주제다. 유명 컨설턴트의 주요 업무이기도 하다. 그러나 여기 스페인에서는 사법부를 관리한다는 것의 중요성이 그다지 인정받지 못하고 있다. 여러 기관과 사법부의 구성원은 대체로 관리를 무시한다. 그것이 정치적이든 제도이든 전혀 고려의 대상이 아니다.

정치권에서는 사법부의 신속한 일 처리를 위해 좀 더 빠른 사법 절차를 만들겠다는 말을 귀찮을 정도로 반복한다. 하지만 그저 형식적인 슬로건일 뿐이다. 그 슬로건은 영원히 계속될 것이다. 사법부의 비효율적인 메커니즘 때문에 벌어지는 실제 관행을 면밀히 검토할 생각도 안 하면서 사법부의 신속성을 확보하겠다며 말로만 부산을 떤다. 그래서 사법 행정의 효율성을 높이려는 새로운 시도는 항상 뒷전으로 밀려났다.

진단을 잘 내려야 그에 걸맞는 적절한 처방이 나오는 법이다. 그러나 우리에게는 문제를 꼼꼼하게 진단하는 과정이 없다. 단순히 사법 절차에서 법률에 규정된 기간을 단축해봐야 비효율성을 해결하지 못한다. 사법 절차를 연구하는 교수도, 새 법안을 만드는 정치인도 꼭 필요한 사법 절차와 불필요한 메커니즘의 차이를 구별해야 한다는 것을 모른다. 그래서 시작도 못 하는 것이다.

평범한 시민이 사법 절차나 규정을 읽어보는 경우는 거의 없다. 혹시라도 읽어본다면, 중재인이 지켜야 하는 규정이 얼마나 지루할 정도로 자세하게 기술됐는지 깜짝 놀랄 것이다. 반면에 어떤 것은 단순하게 열거만 돼 있을 뿐이다. 이런 차이는 절차 관련 법안에 일관성이 없다는 걸 보여준다. 그 법을 만든 사람도 그 절차를 어떻게 적용해야 하는지 모르는 게 분명하다.

아주 고전적인 사례를 하나 들어보자.

토마사 사건은 내가 사법부총평의회에 있을 때 관리 방법 강좌를 들으면서 알게 된 사건이다. 나는 그 사건과 관계된 교육용 자료 원본을 각 재판부로 보내 그것을 편집해서 비서들이 읽게 하라고 지시했다. 그러나 편집은커녕 그 내용을 읽어본 비서도 거의 없을 것이다. 하물며 그 사례를 적용해보려는 시도가 있었을 리 없다.

찾는 사람에게 전화를 걸어 필요한 말을 하면 되는 것을 왜 생각하지 못하는 것일까? "토마사 부인, 안녕하세요. 여기는 형사재판 법원입니다. 기쁜 소식을 전해드리겠습니다. 당신의 돈을 훔쳐간 사람이 판사에게 배상금을 지불했습니다. 계좌 번호를 알려주시면 가능한 한 빨리 송금해드리겠습니다."

상식을 가지고 친절하고 효율적으로 일하는 게 그토록 어려운 일일까?

토마사 부인 건은 좋은 사례다. 절차를 명시한 일반 규정은 효율적인 업무 처리를 위한 상상력과는 전혀 무관하다. 효율적인 관리라는 개념이 포함된 규정이 없기 때문이다. 공무원들은 그게 뭔지도 모를 것이다.

절차에 대한 조항엔 기간을 의무적으로 정해놓은 것들이 많다. 형사, 행정, 노동, 이혼 등 사건마다 처리 기간이 정해져 있는 것이다.

믿기지 않겠지만, 법을 만드는 사람들은 각 사건의 처리 기간을 엄격하게 정한다. 동시에 몇 가지가 처리돼야 하는지는 전혀 고려하지 않고 각 사건의 처리 기간을 정하는 것이다. 1과 100이 다르다는 건 누구나 알고 있다. 요리사에게 세 시간 안에 가스버너 하나로 마흔 명분의 음식을 준비하라고 하면 어떻게 될까? 절차와 관련된 법은 바로 그런 것을 정해놓는다.

토마사 사건

토마사 부인은 월급날 퇴근하다가 가방을 도둑맞았다. 부인은 즉시 신고했다. 얼마 후에 법원은 증인으로 출두하라는 통지서를 보냈다. 그러나 그 전까지 그녀는 그 사건이 어떻게 진행되는지 전혀 알 수가 없었다. 아무도 그녀에게 설명해주지 않았다. 범인들은 이미 잡혔고, 두 명의 범인은 그들이 훔친 돈을 법원에 냈다. 거짓말 같겠지만 소액 절도 사건은 범인이 훔친 돈을 지불하면 종결 처리되는 경우가 있다. 물론 이 돈을 피해자에게 돌려주는 방법은 법률 절차에 없다. 그 사건의 담당 공무원은 관례대로 피해자에게 법원 출두 통지서를 보냈다.

통지서는 우편을 통해 아침에 도착했다. 그녀가 부재중이었기에 통지서를 전달할 수 없었다. 그녀가 출두해야 할 시간에 나오지 않은 것을 확인한 공무원은 공공서비스 부서 직원이 그녀의 집을 직접 방문해 통지서를 전달하라고 지시했다.

공공서비스 직원 역시 오전에 방문했고, 토마사 부인을 만나지 못했다. 그녀가 밖에서 일하는 시간이었다. 직원은 통지서를 재판부로 돌려보냈다. 집은 문이 닫혀 있었고 아무도 문을 열어주지 않았으며, 경비원도 없는 건물이라 통지서를 전달할 방법이 없었다고 말했다.

그 말을 듣고 담당 공무원은 그녀의 실제 주소지가 우편물을 발송한 주소와 일치하는지 확인했다.

그녀의 실제 주소와 우편으로 보낸 주소 그리고 공공서비스 직원이 방문한 주소가 일치하는 것을 확인한 담당 공무원은 통지서를 다시 보내기로 했다.

통지서를 다시 공공서비스 부서로 이관했다. 해당 부서는 직원을 보내 토마사 부인을 만나 법원의 출두 명령을 전달하게 했다.

그날은 공공서비스 직원이 운이 좋았다. 토마사 부인은 아침에 일하러 나가서 집에 없었지만 그녀의 딸이 감기에 걸려 집에서 쉬고 있었다. 딸은 통지서를 받고서 깜짝 놀라 엄마에게 전화를 해 법원에 출두해야 한다는 사실을 알려줬다.

토마사 부인은 법원에 도착해서야 출두 이유를 알고 매우 기뻐했다. 나쁜 짓을 해서 법원에 불려온 게 아니라 4년 전의 가방 절도 사건 때문이었다. 절도범 후안과 페드로는 법원의 명령에 따라 배상금 1만 5000페세타를 법원에 위탁해놓았다.

그런데 오늘은 그 금액을 지급할 수 없다는 담당 공무원의 말에 그녀의 기쁨은 식어버렸다. 해당 사건의 출납 담당 직원이 그날 법원에 없다는 것이 그 이유였다.

다른 날에 오라는 공무원의 말을 듣고 난감한 표정을 짓던 토마사 부인은 혹시 딸을 대신 보내도 되는지 물었다.

공무원은 가능하지만 반드시 서면으로 된 위임장을 가져와야 한다고 말했다. 토마사 부인은 딸이 비교적 시간 여유가 있는 편이라 딸을 보내 돈을 수령하겠다고 말했다.

후안과 페드로가 법원에 배상금을 낸 후 토마사 부인이 그 돈을 수령하기까지 총 6개월의 시간이 걸렸다.

담당 공무원이 잘못한 것일까?

법적 절차의 측면에서 보면 전혀 잘못이 아니다. 그러나 관리라는 측면에서 보면 끔찍한 일이었다. 전화 한 통화와 토마사의 계좌 번호만 있었다면 아주 간단하게 해결될 문제였다.

하지만 절차는 한 사건에 소요되는 기간만 기계적으로 정할 뿐 그 절차 때문에 발생할 수도 있는 혼란은 전혀 고려하지 않는다.

요리사 한 명이 마흔 명분의 음식을 준비해야 한다고 다시 가정해보자. 이런 의문으로 이어진다. "요리사 한 명이 하루에 몇 인분의 식사를 준비할 수 있을까?" 이는 여러 가지 요인에 따라 달라질 것이다. 요리에 필요한 재료는 다 갖췄는가, 필요한 도구가 다 준비됐는가, 주방 일을 도와줄 사람은 몇 명이나 필요한가……. 게다가 음식의 종류에 따라 달라질 수도 있다.

그렇다면 한 재판부가 정해진 시간에 할 수 있는 재판 절차는 얼마나 될까?

사법부총평의회는 판사가 수행 가능한 업무 표준을 정하려고 많은 노력을 기울여 백서를 만들었다. 우리는 판사 한 명이 일 년에 처리할 수 있는 사건의 건수를 정확히 알아내려고 했다. 가능한 한 정확하게 알아내려면 다양한 변인을 고려해야 했다. 법으로 정해진 기간이 아니라 실제 사건을 진행하는 데 필요한 절차와 관리해야 할 기능까지 모두 감안했다.

토마사 사건 당시에는, 당사자에게 발송한 통지서가 도착하려면 짧게는 이틀, 길게는 6개월까지 소요 시간에 엄청난 편차가 발생했다. 따라서 법으로 정한 기간은 딱히 의미가 없었다.

그러나 법안을 만들 때 입법가나 정치인은 늘 그렇게 기간을 명시한다. 물론 그들은 기간을 최대한 줄인다는 의도로 재판 처리 기간을 정한다. 하지만 어리석은 짓이다. '빠른, 긴급한, 단축'을 표방하는 입법 활동이 25년이나 멈추지 않고 계속됐다. 그래도 한 가지 사건을 처리하는 데만 10년, 15년, 20년이 걸리는 것을 보면서 시민들은 울화통이 터진다.

이런 의미 없는 입법 탓에 시민들은 정치인을 극도로 불신한다. 그리고 정치인은 신뢰받지 못하는 상황에 이골이 난 것 같다.

그런 분위기는 더욱이 가뜩이나 느려터진 사법부의 업무에까지 영향을 준다. 그 결과가 과도한 수속 기간이다. 이렇게 수속 기간이 마냥 늘어지니 형사재판에서 최종 선고를 내릴 때 형량을 상당히 경감해주는 현상으로 이어진다. 이런 모든 것은 문제를 깊이 있게 파고들어가려 하지 않는 정치인에게 책임이 있다.

법을 일상생활 속에 포함시켜야 한다. 우리의 생활 속에 법이 녹아들어야 한다. 법은 그 결과를 미리 예측할 수 있어야 한다. 그리고 그 법이 목적했던 바를 제대로 이뤘는지 꼭 결과를 확인하고 평가해야 한다.

공공 기관을 규제하는 법 조항은 해당 조직의 실제 기능을 아주 잘 아는 사람이 만드는 게 좋다. 법을 만드는 사람은 부단히 학습해 인식의 지평을 넓히고 동시에 상식과 추진력이 있어야 한다.

사법 절차와 조직 관리는 완전히 다른 개념이다. 하지만 이 둘은 밀접하게 관련돼 있다. 관리의 역할은 사법 절차가 제대로 기능하도록 도와주는 것이다. 둘이 머리를 맞대고 악보를 구성한다고 생각하면 된다. 두 가지 다 효율성을 높이는 데 필요한 요소다.

사법 절차가 구체적인 사람이나 상황에 기반해야 한다고 생각하면 사법부의 미래는 밝다. 시민을 실망시키는 사법 절차나 모든 관료주의에는 이런 개선이 필요하다.

사법 절차에 필요한 핵심 내용은 정말 간단하다. 재판 과정에 판사들의 상호 교차 대화를 포함시켜 판결의 근거와 타당성을 찾아야 한다.

그런 대화는 상당히 복잡하겠지만 그 특성을 충분히 고려하고 잘 설계하면 까짓것 못할 것도 없다.

이때 반드시 명심해야 할 게 있다. 그런 대화는 공정한 방식으로 진행돼야지 편견에 휘둘려서는 안 된다는 점이다.

대화를 이끄는 것은 인간 조직을 깊이 이해하고자 하는 관리의 과정이다. 앞으로 사법부가 유용하고 효율적인 조직으로 거듭나려면 다음의 두 가지 조건이 필요하다.

1. 조직을 이끌면서 최소한의 시간에 신속하고 효율적으로 절차를 관리할 줄 아는 전문가.
2. 관계와 증명 역할을 하는 서류의 소멸

앞서 언급했듯이 공공 업무는 항상 법의 영향을 받는다. 그리고 공공 업무는 문서로 공식화된다. 말로만 오간 내용의 증거가 필요하기 때문이다. 문서는 오랫동안 업무를 공식화하는 유일한 방법이었다.

사법부뿐만 아니라 국가 전체의 행정을 생각해보자. 당국은 어떤 결정을 내리기 전에 관련 정보를 많이 검토해야 하고, 검토한 내용을 여러 부서로 발송해 협의를 거쳐야 한다.

이런 모든 과정이 문서 작성 작업과 함께 몇 개월 동안 거듭된다. 그리고 이런 과정을 통해 유사한 과거 사례들을 평가한다.

한번 이렇게 생각을 바꿔보자. 최종 결정 이전의 모든 과정을 모든 관계자들이 모인 자리에서 녹음된 것으로 한 번에 처리되면 편리하지 않을까? 행정 당국은 서로의 말을 들을 것이고 실시간으로 의견을 교환 할 수 있다. 이런 게 훌륭한 행정 절차가 아닐까?

　선진국은 가혹 아주 오만한 태도로 후진국을 무시할 때가 있다. 하지만 오히려 덜 발전된 나라의 사회 체제에서 더 효율적인 점을 발견하기도 한다. 나는 유엔 협력 사업으로 과테말라에서 한 계절을 보냈다. 그다지 발전하지 않은 나라였건만 간단한 구술 형식으로 재판이 진행되는 걸 봤다. 관련자 모두가 함께 함께 참여하는 형사재판이었다. 사법 절차의 효율성, 그리고 당국과 시민 사이에 꼭 구축되어야 할 긴밀한 관계는 구술 절차를 도입하느냐 여부에 달려 있다. 구술로 진행하면 재판 절차가 간결하고 명료해진다. 사법부는 효율성과 정확성을 목표로 체계적인 관리를 수행할 줄 아는 전문가들이 참여하는 조직으로 거듭나야 할 것이다.

법에도 상상력이 필요하다

언제가 될는지 모르겠으나 사법부가 완전히 개혁된 모습을 미리 상상해 볼 수는 있다. 시민이 사회와 공공 영역, 또는 권력과 맺는 관계가 어떤지 연구하고, 그것이 앞으로 어떻게 달라질지 미리 대비해두는 것도 좋지 않을까. 뭐가 됐든 어떤 것을 이루려면 상상을 펼치는 게 필요하다.

"나라가 없다고 상상해봐요(Imagine, there's no countries)……." 상상력을 강조하다보니 존 레논John Lennon의 노래가 머릿속을 맴돈다. 상상은 어느 정도 유토피아적 이상을 담고 있다. 변화를 꾀하려면 언제나 상상이 필요하다.

꽤 오래 전 일이다. 사법부에 필요한 개혁이라는 주제로 강좌를 준비해보라는 제안을 받은 적이 있었다. 입법부터 법의 적용까지를 다루는 주제였다. 상당히 매력적인 제안이었다.

그 강좌를 준비하려면 상상력을 발휘해 연구를 진행해야 한다. 밑그림을 그리기 시작했다. 한창 아이디어를 다듬고 있었는데 그 제안을 했던 학장이 학교를 그만뒀다. 결국 그 강좌를 개설하지는 못했지만 수업을 시작했다면 학생들이 매우 좋아했을 것이다.

상상력은 여러 가지 뜻으로 정의할 수 있다. 그중에서 상상력이란 이미 알고 있는 것을 다른 방식으로 생각하고 시각화시키는 능력이라는 말이 제일 마음에 든다. 상상을 맘껏 펼쳐보는 게 변화의 첫 번째 과정이고 그 다음으로는 상상으로 그려본 것을 구체화해야 한다. 그렇게 하는 게 진정한 프로젝트다.

상상력은 변화의 원동력이다

상상력은 모든 창조의 바탕이다. 과학 발전의 기초 역시 상상력이다. 일을 하는 데 상상력은 필수불가결한 요소다. 예술가들은 예술에서 영감이 창조 작업의 유일한 원천이라는 낡은 신화를 극복했다. 가설로서의 상상은 실험을 하는 것이고, 과학에서의 상상은 증거와 오류를 찾는 것이다. 상상력은 사물을 다른 형식으로, 다른 기능으로 보는 것이다. 입법과 사법 분야에는 과연 얼마나 많은 상상력이 필요할까?

경제 분야의 상상력은 보다 신중한 방식으로 발현된다. 예를 들어 I+D+i, 즉 연구Investigación, 개발Desarrollo, 혁신innovación의 형태로 상상력이 발현된다. '혁신'이라는 말에는 왜 소문자를 쓰는지 그 이유는 모르겠다.

'연구'와 '개발'에 '혁신'이 추가되는 것이기에 그런지도 모르겠다. 뭔가 다른 것을 하려면 반드시 혁신이 뒷받침돼야 가능하다. 언제나 관성적으로 해왔던 것을 똑같이 하지 않기 위해서 필요한 것이다.

그러나 어느 누구도 법률에 I+D+i 프로그램을 적용할 필요성이나

가능성을 생각해보지 않는 것 같다.

시민과 권력 사이의 관습적 관계를 완전히 다르게 생각해야 한다. 대학에서 I+D+i가 교차·통합된 학과를 개설하는 게 중요할 수도 있다. 법과대학부터 스스로를 협애한 테두리에 가두려 하지 말고 법학이 사회학, 심리학, 경제학 등의 다른 분과 학문 또는 새로운 기술에 통합되는 것을 허용해야 한다.

법은 두려운 규범이 아니라 마음껏 상상해야 할 대상이다

정치인, 법률가, 공공 업무 담당자는 상상력이 풍부해야 하고, 이렇듯 자유로운 상상의 소유자가 주요 보직에서 일해야 한다.

모든 사람의 삶을 향상시키는 새로운 해결책을 지속적으로 만들어내기 위해 모든 상상력을 쏟아붓자. 우리는 고통과 억압이 줄어든 삶을 만들고 관료주의 체제의 잔재를 극복해야 한다. 그러나 우리는 상상력을 몰아내는 데 더 익숙하다. 사회 활동과 공공 활동은 상상력을 발휘할 필요성을 느끼지 못하고 예술 활동에만 쓰려고 한다. 연구도 마찬가지다. 예를 들어 과학을 연구할 때 사회과학이나 법과 융합해보려는 시도는 하지 않는다. 마치 공적인 관계는 법이나 규정, 명령 등을 통해서만 이뤄진다고 생각하는 것과 같다.

사람들은 사회 네트워크의 테두리 안에서 행동하고, 규범에 어긋나지 않는 선에서 원하는 행동을 하며 살아간다.

그래서 사람들은 합법적인 권력의 행사를 수용한다. 즉 법규를 선포하고 민주적인 방식으로 명령하는 권력을 받아들인다.

법적 규범의 정의는 많지만 나는 법적 규범의 사회학적 측면에 관심이 있다. 사람들은 정해진 법규를 지키며 행동한다. 정해진 것을 하지 않으면 뒤탈이 생길지도 모른다고 생각하기 때문이다.

정해진 행동을 하게끔 권위와 권력에 따르도록 만드는 데 법규의 본질이 있다. 권위는 사람들 행동의 잘잘못을 가려준다. 사람들의 마음속에 하라고 정해놓은 것을 하지 않을 때 겪게 될 결과에 대한 두려움이 자리 잡고 있다.

법적 규범이 필요한 이유 중 하나는 사회가 그 법규를 따라야만 한다는 것을 알고 있다는 점이다.

앞에서 법이 현실에서 제대로 실행되지 않는 문제를 이야기한 적이 있다. 이제 나는 이런 점을 강조하고 싶다. 사람들이 어떤 규범을 잘 지킨다고 해도 그 규범을 지키는 사람들의 행동 이면의 심리는 그보다 복잡할 수 있다고······.

법적 규범에는 몇 가지 특징이 있지만, 그중에서도 가장 큰 특징은 사람들의 두려움을 조장해 그것을 이행하도록 강제한다는 점이다. 그것이 법적 규범의 본질이다. 당국은 시민의 의지가 정해진 규범을 따르는 데 집중되기를 바란다. 그렇게만 된다면야 규범의 불이행에 따른 결과를 강제로 집행하는 경찰도 판사도 필요하지 않을 것이다. 그러나 이는 요원한 일이다. 규범을 이행하는 행위의 이면에는 처벌의 두려움이 도사리고 있다. 권리 상실, 벌금, 손해배상, 교도소 같은 물질적·신체적 처벌 말이다.

법 시행에도 연습이 필요하다

우리는 상상력이 부족하고 연구 의지도 부족하다. 한 번 공포된 법이 어떻게 시행되는지 확인도 하지 않고, 그 결과가 어떤지, 긍정적이거나 부정적인 영향이 뭔지 평가도 전혀 하지 않는다.

언젠가 유명한 국회의원인 내 친구에게 법 공포 후 그 결과에 대한 대한 평가를 구구절절 강조했던 게 기억난다. 평가의 필요성을 이해하지 못하는 친구가 그저 신기할 따름이었다. 그는 평가의 개념조차 받아들이지 않았다.

한 번 공포된 법을 평가하기 이전에 어째서 법을 공포하기 전에 시범 삼아 시행해보지 않는지 그 이유를 모르겠다. 새로운 법을 곧바로 적용하는 것은 아주 위험하다. 특히 절차 관련 법이 그렇다. 그 법은 시민과 권력 혹은 시민과 판사의 관계를 규정하는 법이기 때문이다.

그런 법은 가장 먼저 조사해야 한다. 바꾸려고 하는 법의 시행 결과도 자세히 분석하고, 바뀐 법 때문에 벌어질 새로운 장면을 상상력을 발휘해 시각적으로 구현해보고, 공포하기 전에 실제로 연습해봐야 한다. 이 모든 과정 하나하나가 다 중요하다.

500년 전이나 지금이나 법의 본질은 똑같다

언젠가 수업 시간에 학생들과 함께 현대의 법과 과거의 법이 얼마나 유사한지 증명하는 게임을 한 적이 있다.

함무라비 법전(기원전 3세기에 만들어진 최초의 법전—옮긴이)의 조항 중에 몇 개를 골라 그 자리에 오늘날 법 조항을 집어넣는 게임이었다.

무척 재미있었다. 현재 유효한 법 조항과 함무라비 법전에서 유효한 조항을 구별하는 게 학생들이 해결해야 할 과제였다. 함무라비 법전의 형법 조항은 현대의 법과는 상반되는 내용이다. 함무라비 법전은 체벌과 복수를 허용했다. 그러나 민사나 행정과 관련된 내용은 현 시기의 법과 별반 차이가 없다.

특히 놀라웠던 것은 법을 만들어가는 방식의 유사성이었다. 본질적으로 지금과 동일하다! 법을 만들고 그 법을 지키지 않았을 때 적용하는 처벌의 내용이 담겨 있으니 말이다.

믿기지 않을 것이다! 고대의 법전 내용과 현대의 법전 내용을 구별하는 이 게임에서 다수의 학생이 틀린 답을 고른다.

스페인 국영 라디오 방송 프로그램에 출연한 적이 있었다. 그때 나는 수업 시간에 했던 게임을 청취자들과 다시 해봤다. 두 주에 한 번씩 문제를 출제하고 보기 중에서 맞는 답을 골라내는 방식으로 진행했다.

게임은 그 안에 항상 오답을 유도하는 함정을 숨겨놓기 마련이다. 청취자들의 답변은 각양각색이었다. 어떤 사람은 그런 법 조항이 현대의 법전에 있다는 것을 믿으려 하지 않았다. 그 조항은 중세 시대에나 있음직한 내용이기 때문이었다. 예컨대 주인이 하인에게 급여를 주었는지 의심스러운 상황이라면 무조건 주인의 말을 믿어야 한다는 조항도 있었다. 그 밖에도 아주 기상천외한 답변이 많았다.

최소한 500년 전 조상들의 삶을 지배했던 규범을 지금 사용하고 적용하는 게 어떻게 가능하다는 말인가?

강요받아서가 아니라 스스로 그 규범이 옳다고 확신해서 규범을 지키는 사람은 거의 없다. 그렇기에 흔히들 법안은 분명하고 일관성이 있어야 한다고 말한다. 여기서 몇 가지 의문이 생길 수밖에 없다. 누구를 위해 분명해야 하고 무엇이 일관돼야 한다는 것일까? 어떻게 법안이 매력적이고 설득력을 가지는 것에 관심을 두지 않을 수 있을까? 법안이 누구나 납득할 만하게 만드는 것은 환상일 뿐인가?

법에서 늘 부족한 것은 의사소통을 하려는 의지다. 법에는 왜 영상물이나 사진, 녹음물 같은 것을 포함시키지 않는가? 왜 법은 시민과 직접 소통하려 하지 않는가? 법을 평가하거나 개정할 때 어째서 시민들에게 의견을 구하지 않는가?

법의 세계는 영상이나 목소리 혹은 색깔을 거부한다. 그런데 21세기에 접어든 시대에 판사의 선고문에 영상을 사용하지 않을 이유가 있을까? 일부 전문가들이나 선고문 전문을 읽어보지, 시민 대부분은 판결의 핵심 내용이 담긴 마지막 줄에만 관심을 갖는다. 활자로만 표현하고 사진, 영상물, 녹음물 같은 다양한 매체를 전혀 사용하지 않기 때문에 법은 난해해지기만 하고 불통不通의 그늘을 짙게 드리운다.

공공의 세계, 특히 법의 세계는 비명을 지르며 간절히 바라고 있다. 제발 다른 방식으로 생각해보고, 사람들에게 개방하고, 외부의 세계와 조화를 이룰 수 있게 해달라고 말이다. 법은 세상을 통제하려고 하지만 오히려 법 스스로 세상을 등지려 하고 있다.

자, 우리는 신념을 가지고 원하는 것을 어떻게 요청할 것인지 마구 상상을 펼쳐야 한다. 그것은 위험을 내포했지만 피할 수 없는 도전이다.

상상력에 기술력이 더해지면 놀라운 변화가 생긴다

강제적인 법이 아니라 다른 방법으로 사회 규범이 지켜진다면 얼마나 멋진 일일까?

법철학과 교수 하비에르 아티엔사가 인용하는 사례는 항상 명쾌하면서도 똑 부러지는 맛이 있다. 법을 만드는 방식에 관한 재미있는 사례들이다. 하비에르 아티엔사 교수는 대형 슈퍼마켓 고객들의 쇼핑 카트 사용법을 예로 들었다. 고객은 물건을 고를 때 쇼핑 카트를 사용한다. 문제는 쇼핑 카트를 사용한 후에 생긴다. 슈퍼마켓 측에서 지정된 자리에 카트를 갖다달라고 아무리 부탁해도, 고객은 자신이 편한 곳 아무 데나 카트를 놔두고 갔다.

슈퍼마켓 경영자들은 고민을 거듭했다. 지정된 곳에 고객이 카트를 가져가도록 할 방법이 뭘까? 그들은 계속 상상을 펼쳤다. 결국 동전을 사용하는 멋진 아이디어가 나왔다. 고객이 지정된 장소로 카트를 가져가야 자신이 집어넣은 동전을 회수할 수 있는데, 비어 있는 다른 카트에 연결시키면 그 동전을 꺼낼 수 있다. 빈 카트는 지정된 곳에만 있다.

누구의 아이디어였던 간에 그것은 획기적인 해결책이 되었고 쇼핑의 관행으로 자리 잡았다. 고객이 자발적으로 규정을 지키도록 유도하는 방법이었다. 그동안 법을 준수하게 만드는 방안을 찾는답시고 무수히 토론했건만 단 한 번도 들어본 적이 없는 참신한 접근 방법이었다.

만약 이 카트 문제를 사법부에서 처리한다고 가정해보자. 나는 이런 모습으로 전개되리라고 확신한다. 사법부는 슈퍼마켓 경영자들처럼 상상력을 전혀 발휘하지 않을 것이다. 십중팔구 벌금 규정부터 만들 것이다. 카트를 제자리에 갖다 두도록 감시를 할 것이고 지키지 않는 사람들에게 벌금을 부과할 것이다. 이런 식으로 시행 비용은 훨씬 더 많이 들 테고 관리 인력도 많이 필요할 것이다. 무척 비효율적이다.

그다음 절차도 뻔하다. 카트 사용 규정이 신설돼 상법 조항에 포함되고, 담당 재판부가 배정될 것이다. 당연히 관련 법규나 행정 절차가 만들어질 테고 사법 당국은 규정의 준수를 촉진할 방법을 강구할 것이다.

문제는 겁을 주거나 처벌을 해서 그 규정을 지키도록 강제하는 게 아니라 어떻게 해야 사람들이 바람직한 행동을 할 수 있도록 자연스럽게 유도하느냐 하는 것이다.

또 다른 사례를 살펴보자. 이번에는 호텔이다. 간단한 카드 한 장으로 호텔 숙박 문제를 해결한 사례다. 이 호텔은 예전에 숙박객이 객실 열쇠를 가져가지 못하게 커다란 지팡이 모양의 손잡이에 열쇠를 고정시켜 놓았다. 그리고 숙박비를 내지 않고 간 고객을 고발하거나 숙박비를 체납한 고객을 쫓아내기 위해 수시로 법원을 드나들었다. 하지만 요즘은 프런트에서 주는 조그만 카드로 호텔 시설을 이용하게 한다. 호텔 측은 정해진 사용 기간이 지나면 그 카드를 비활성화시킨다.

이번에는 점점 더 그 처벌 강도만 강화되고 있을 뿐 많은 사람이 위반하는 문제를 예로 들어보자. 음주운전을 하고 싶어 하는 사람은 아무도 없다. 이 문제 역시 상상력을 맘껏 발휘해보자.

지극히 당연한 말이지만, 취한 상태에서 하는 운전은 몹시 위험하다. 음주운전은 자신은 물론 함께 타고 있는 사람의 생명과 길을 건너는 사람의 안전을 위협하는 행동이며, 행정처벌과 형사처분을 받는 범죄 행위다. 매년 10만 건이 넘게 발생한다. 10만 명 이상의 법 위반자가 있다는 말이다. 엄격한 처벌, 안전 교육, 위험성을 경고하는 체계적인 홍보에도 별 효과는 없다. 음주운전을 막을 방법은 없는가?

음주운전을 예방할 기술을 개발할 수는 없을까? 술 취한 사람이 운전석에 앉으면 자동차의 시동이 걸리지 않게 해 자동차 운행 자체를 막아버리는 방법을 연구하면 어떨까? 오늘날 온갖 감지 장치가 다 있으니 알코올 감지 장치를 만드는 것쯤이야 별로 어려울 것 같지는 않다.

2014년 1월 26일 자 〈엘 파이스〉의 뒤표지에 이런 문구가 실렸다. "로봇은 술을 마시지 않는다." 이런 속담도 있다. "개가 죽으면 광견병도 없어진다." 만약 차 안에 운전하는 사람이 없다면 운전자의 음주운전도 걱정할 필요가 없다. 로봇이라고 문제가 아예 없지는 않겠지만 결국 기술은 문제를 해결하는 중요한 열쇠가 될 것이다.

강압적인 규제 대신 소통과 설득이 필요하다

기술적인 해결책은 꾸준히 연구해야 한다. 그러면 언젠가는 그 기술이 실제 적용될 길이 열리게 될 것이다.

자, 생각해볼 거리는 무궁무진하다.

정부가 항상 법에만 의존하는 까닭은 뭘까? 시민들이 자발적으로 행동하도록 설득해도 되지 않을까? 설득은 늘리고 규제는 줄이는 게 어떨까?

규제의 핵심은 시민이 바람직한 행동을 하도록 유도하기보다는 지키지 않았을 때의 결과와 관련돼 있다. 처벌은 법적 규범의 특성이다. 법규가 설득으로 지켜질 수 있다는 점은 일고의 가치도 두지 않는 것처럼 보인다. 하지만 처벌의 두려움이 사람의 행동을 바꿔주는 것이 아니다.

역사적으로 봐도 당국이 시민을 설득하는 노력을 한 적은 거의 없었다. 법이 발효되기 전에 관련 정보를 시민에게 알려주는 것조차 잘 이뤄지지 않았다.

거의 대다수가 문맹이던 옛날이야 어쩔 수 없다 쳐도, 시민들의 법적 무지 상태는 지금도 계속 유지되고 있다.

당국은 시민에게 규범을 친절히 알려주거나 그 장점에 대한 정보를 제공해 시민을 설득하는 작업은 도외시하면서, 법을 지키지 않을 때 받을 무서운 대가만을 열거하며 시민들을 겁박하는 데 익숙하다.

공적인 영역을 벗어나서 생각해보자. 민간 기업들은 사람들의 자발적 의지를 효과적으로 활용한다. 그들은 마케팅을 통해 사람들이 자발적으로 그들의 고객이 되도록 유도하는 방법을 아주 잘 알고 있다.

스페인 사법부는 새로운 법을 공포할 때마다 홍보를 많이 한다고 알려져 있지만, 사실 그렇지 않다. 해마다 신설되는 법이 하도 많아서 홍보 활동에 소홀하고, 시민들이 새로운 법을 잘 이해할 수 있게 적극적으로 유도하는 경우는 별로 없다. 따라서 시민들이 신규 법안을 잘 파악하고 알아서 바람직하게 행동할 것을 기대하기란 어려운 일이다.

지금껏 사고를 줄이고 폭력을 없애고 세금을 납부하게 하는 역대 정부의 홍보 활동 치고 이런 패턴을 벗어난 적은 없었다.

우리에게는 고민하고 조사해야 할 일이 수두룩하다.

결과를 따져보자. 홍보 활동은 어떻게 되었는가? 예컨대 콘돔 홍보는 원치 않는 임신이나 전염병을 감소시키는 데 실제로 효과가 있었는가? 광고를 통한 홍보 활동은 체계적인 계획 아래 이루어진 것이었는가,

아니면 주먹구구 식으로 진행한 것이었는가? 법도 적극적으로 시민에게 홍보해야 하는 대상이라면, 어째서 어떤 법은 홍보를 하고 또 어떤 법은 하지 않는가? 예를 들어 전업주부가 사회보장제도에 가입하라는 홍보 활동은 어째서 하지 않았는가? 특정 행동을 촉구하는 홍보 활동은 어떤 정치적 결정을 근거로 이뤄지는가?

법을 홍보하는 일은 매우 중요하다. 득표율을 높이려고 선거 마케팅을 하는 것처럼, 더 나은 행동을 확산시키려고 홍보 활동을 하는 것이다.

광고 매체를 통해 사람들의 자발성을 끌어내려는 마케팅은 얼마나 하는가? 시민을 설득하기 위한 합법적이고 건전한 활동은 얼마나 하는가?

법이 홍보 활동의 도구처럼 사용될 수도 있지만 법은 그 자체로도 설득의 도구가 될 수 있다.

살인이 없는 주말

어떤 행동과 결정이 다른 사람과의 관계를 원만하게 하고 사회 질서를 용이하게 만들어준다면 과연 그 동력이 뭔지 알아야 한다. 단순히 법을 지키지 않으면 대가를 치르기 때문에 법을 지킨다는 생각은 의심해보는 게 좋다. 사람들은 오직 법을 지키지 않았을 때 생길 결과에 대한 두려움만으로 법을 지키는가?

한 사람이 다른 사람에게 저지르는 행위 중 가장 비난받아 마땅한 행위는 뭘까? 당연히 살인이다. 인간의 생명은 가장 소중하다. 따라서 다른 사람의 생명을 빼앗는 행위만큼 비극적인 것은 없다.

그렇다면 대부분의 사람들은 왜 살인을 저지르지 않는가? 단지 사람을 죽이면 처벌을 받기 때문인가? 그보다는 사람들의 타고난 공감 능력과 감수성이 살인을 막는다고 봐야 하지 않을까?

1992년에 나는 NGO인 '인권감시위원회'의 초대로 미국에 갔다. 위원회는 재소자들의 인권 보호에 기여한 공로로 나에게 상을 줬다. 그 여행을 통해 미국의 인권 보호 기관이 일하는 방식을 들여다볼 수 있었다. 그리고 그 기관이 대규모 사회적 지원을 받는 것도 확인했다. 나는 뉴욕과 로스앤젤레스의 교도소를 자세히 둘러봤다. 재소자들을 변호하고 지원하는 기관도 방문했다.

당시 뉴욕에서 청년들이 교도소에 가는 주된 원인은 조직 폭력단 banda 활동이었다. 나는 조직원들의 부모와 직접 만났다. 1990년대 조직 폭력단 간의 충돌은 너무 격렬해서 많은 사람들이 죽었다. 부모들의 이야기를 듣는 동안 나는 벽에 걸린 포스터에 눈길이 갔다. 포스터 제목은 "살인이 없는 주말"이었다. 깜짝 놀란 나는 포스터에 대해 물어봤다. 부모들은 모임을 만들어 홍보 활동을 시작했다고 설명했다. 최소한 주말만이라도 살인을 저지르지 말자고 호소하는 활동이었다. 그들의 호소는 포스터에 적힌 문구 그대로였다.

나는 그 포스터의 의미를 절감했다. 미국은 세계에서 가장 엄격한 형벌 시스템을 가진 나라다. 미국에는 혹독한 수형 제도와 종신형과 사형제도가 있다. 그럼에도 부모들이 직접 나서 사랑하는 자식들이 최소한 몇 주 동안은 서로를 죽이지 말자고 설득하는 활동을 벌였다. 다행히 청년들도 자발적으로 호응해줬다. 자기와 가장 가까운 사람들의 부탁이었기 때문이다.

검은 돈, 깨끗한 돈

여러 문제를 해결하기 위해서는 앞으로 해야 할 일이 많다. 아직까지는 새로운 기술을 적용해나가는 초기 단계에 있지만, 그것을 잘 사용할 수 있게 되면 세상은 눈에 띄게 달라질 것이다.

한편, 기술이 시민을 억압하리라는 두려움도 있다. 기술 발달은 동전의 양면과 같다. 한쪽 면은 호텔의 객실 열쇠를 대체하는 카드일 테고, 다른 쪽 면은 공평하지 않은 계약을 맺었을 때처럼 일방적인 강요의 형태를 띨 수도 있다. 기술적인 해결책은 시민의 행동을 강제하지 않고도 바람직한 방향으로 이끄는 장점이 있다. 그러나 대중이 민주주의적 통제권을 가지고 있지 않다면 심각한 불평등과 억압의 도구로 사용될 수도 있는 것이다.

그럼에도 기술을 개발하고 관리할 준비가 충분히 되어 있다면, 돈과 관련된 범죄를 척결할 만한 수단을 이미 손 안에 넣은 셈이다.

미래에 사용될 돈이 어떻게 진화할는지 생각해보자. 전자화폐는 디지털 형태로 통용되면서 물리적인 돈을 대체해나갈 것이다. 물리적인 돈은 대체로 피에 물든 돈이다.

전자화폐의 장점은 사용 이력이 고스란히 남는다는 것이다. 그러나 전자화폐는 카드나 전자 수표보다 더 순수한 화폐 형태로 진화해가고 있다. 이제는 현금처럼 익명성을 지니려고 하지만 아직까지는 현재의 형태를 유지해야 한다고 생각한다. 나는 특히 MIT 연구원 카를로 라티가 이름 붙인 인공지능 화폐라는 개념이 마음에 든다.

전통적인 돈이 사라지고 전자화폐를 유일한 통화通貨로 사용하면 사회가 돈을 효율적으로 통제할 가능성이 커진다. 상상을 펼쳐보자. 예를 들어 기술이 발달해 대다수 사람이 자발적으로 전자화폐를 사용하면 탈세 문제도 자연스레 해결된다. 그리고 현재 세상을 실질적으로 지배하는 전 세계 1퍼센트의 부자들의 막대한 자본과 그 영향력을 배제할 수 있다.

스페인에서만 탈세 금액이 매년 700억에서 800억 유로나 될 거라고 추산한다.

전자화폐는 탈세, 마약, 무기 거래 때 오가는 검은 돈과 그들의 자금 세탁을 완전히 끝낼 수 있다. 2011년 7월 26일 스페인에서 전자화폐 법안이 공포되었다. 그러나 아쉽게도 그 법안은 전자화폐를 사용할 때 자금의 출처나 흐름을 명확하게 남기고 그 자금을 투명하게 들여다볼 수 있는 수단을 허용하지는 않았다.

내 제안이 이상적일 수도 있다는 것을 잘 안다. 인류 역사를 보면 실현될 수 없기에 폐기된 것들도 많다. 그러나 나는 걱정하지 않는다. 이제 유럽에서는 그것을 실현할 가이드라인이 마련됐다. 그래서 언젠가는 1퍼센트와 99퍼센트의 대립 양상이 바뀔 것이다.

전 세계 인구 중에서 한 줌도 안 되는 부의 지배자들은 새로운 계급 전쟁에서 자기들이 승리했다고 말을 한다. 워런 버핏Warren Buffet은 말했다. "우리 1퍼센트는 계급 간의 투쟁에서 이기고 있는 중이다." 그러나 언젠가 누군가가 전자화폐를 상용화하여 그들이 선언한 승리를 불가능한 것으로 만들지 않을까?

제 3 장

모아라, 시민의 힘

변화의 진정한 의미

자전거 페달을 밟으며 세상을 바꾸겠다고?

우리는 열심히 자전거 페달을 밟고 있다. 오른쪽에는 아드리아 해가 펼쳐져 있고 하늘은 눈부시게 빛난다. 완벽한 풍광이다. 팔레스트리나 Pallestrina 섬에 끝없이 이어지는 형형색색의 집을 보니 마음이 안온해진다. 집집이 파랑색, 주황색, 짙은 빨강색, 연두색, 노란색으로 정성스레 꾸며놓았다. 집주인의 취향을 나타내듯 창문, 현관, 정원 곳곳에 화분들이 독특하게 놓여 있다. 해마다 8월의 마지막 주가 되면 우리는 자전거를 타고 이곳저곳을 돌아다녔다. 벌써 13년 넘게 지속된 모임이다. 옆에서 달리는 친구들의 모습이 사랑스럽다. 우리는 이렇게 함께 늙어왔다. 다들 염색을 한다고 했으나 드문드문 흰머리가 드러나는 건 어쩔 수 없나보다. 그동안 현업에서 은퇴한 사람도 있고 손자까지 본 사람도 생겼으니 세월이 꽤 많이 흘렀다.

우리는 기나긴 여정을 함께했다. 자전거 여행 모임은 1996년 카스티야Castilla(스페인 중북부, 메세타 고원을 아우르는 지역—옮긴이)에서 시작됐다. 당시 일부 지역은 비포장도로였기에 카스티야의 한여름 불볕더위를 무릅쓰고 국도로 진입해야 했던 경우도 있었다. 그때만 해도 시골에는 숙박 시설이 부족해 어떨 때는 화장실을 공동으로 사용해야 하는 여인숙 같은 곳에서 묵기도 했다.

자전거 페달을 밟으며 우리는 흉금을 터놓고 대화했다. 개인의 내밀한 사연도 오갔지만 공통의 관심사는 따로 있었다. 세상 돌아가는 상황에 대해 의견을 나누면서 지금 눈앞에 닥친 문제를 개선할 방법을 찾는 것이었다. 어떻게 해야 좀 더 나은 세상을 만들 수 있는지 토론을 이어나갔다. 자기가 응원하는 축구팀 감독을 누구로 교체해야 팀 성적이 좋아질는지 고민하는 사람들처럼 말이다. 우리는 세상을 바꾸고 싶었다. 우리는 좀 더 좋은 세상을 만들고 싶었다.

나는 자전거 타는 게 좋다. 페달을 밟는 리듬에 맞춰 스쳐가는 풍경을 감상하고 풋풋한 자연의 냄새를 맡는 게 좋다. 내가 자전거를 좋아해서 그랬겠지만, 양다리 걸치는 연애를 하던 에밀 졸라Émile Zola가 연인 중한 명인 잔 로제로Jeanne Rozerot와 함께 자전거를 즐겨 탔고, 당시 자전거 타기 열풍을 맘껏 누린 초기 인물이라는 걸 알게 되었을 때 정말 기뻤다.

우리는 낡은 제도에 도전했다

우리 모임은 사람들의 직업도 다양하다. 몇몇은 법조계, 학계, 행정부 소속이고 몇 명은 일반 공무원이다. 각자의 직업 세계에서 벌어지는 일들이 우리의 주된 대화 주제였다.

후아나가 일하는(재기 넘치는 루이스가 우스갯소리로 '제발 난 좀 모른 척해줘' 기관이라 부르는) 스페인 국세청El Tribunal de Cuentas에서는 지문 인식 출근 시스템을 구축하려고 했단다. 공무원들은 오랫동안 출근 카드를 사용해 왔다. 일부 공무원들 사이에 동료의 카드를 대신 찍어주는 '대리 출근' 관행이 있었던 건 사실이다. 노조는 당연히 반발했다. 어처구니없게도, 명목상으로는 지문을 이용한 출근부 시스템이 비위생적이라는 주장을 내세웠다. 노조는 발병 가능성이 높은 수많은 전염병 전파를 근거로 제시했다.

우리는 이 문제를 놓고 토론을 벌였다. 안드레스는 그런 주장을 펴는 공무원들이야말로 얼렁뚱땅 '상사의 눈'을 속여 넘길 궁리만 하는 사람일 거라고 목청을 높였다. 그는 근무 태만과 관련된 에피소드가 비일비재하다며 사법부총평의회를 예로 들었다. 안드레스의 말에 따르면, 사법부총평의회에서는 일주일 중 화요일부터 목요일까지만 출근하는 '카리브식 근무시간'은 문젯거리 축에도 못 들며 "상사들도 그러는데, 우리야 뭐……" 하는 식의 자기 합리화가 만연해 있다는 것이다.

루이스 역시 행정 공무원이다. 루이스는 지문 인식 시스템보다 기술이 떨어지는 방법을 써서라도 사법부의 출근부 시스템을 싹 바꾸려고 한 적이 있다. 그러나 어떤 시스템이 됐든 사법부 판사들은 루이스가 설치하려는 시스템을 퇴짜 놓을 방안을 찾아냈다. 그렇게 패배로 끝난 싸움은 언젠가 다시 시도해야 할 과제로 남아있다.

루이스는 새로운 계획을 구상 중이다. 그는 보조금 없이 기술혁신을 이끌어내고 기술을 향상시켜나갈 방법이 있다고 한다. 최근에 그는 보조금 정책의 새로운 대안으로 공공 정책의 효율성을 높이는 방법을 다룬 책을 쓰기도 했다.

우리 모두는 각자 몸담고 있는 조직에 비판적이었다. 모두 자기 조직을 바꾸고 개선하고 싶어 했다. 로사는 국세청과 관련된 몇몇 판결 사례들을 말해줬다. 그야말로 쫀쫀하기 짝이 없는 사례들이었다. 어느 작은 마을의 시장이 은퇴하는 직원에게 줄 상패를 구입하느라 지출한 100유로를 회계장부에 기입했다. 그런데 회계 감사 결과 법원은 위법이라고 판결했고 문책이 뒤따랐다. 회계장부에 기재된 계산이 맞지 않았다는 것이다. 이 판결 때문에 소규모 우체국까지 징계를 받았다고 한다.

반면에 진짜 징계를 받아 마땅하고, 오히려 일벌백계의 처벌이 필요해 보이는 대상은 오히려 요리조리 잘도 빠져나간다. 콕 집어 말하자면 국민당의 회계 부정 스캔들은 조사가 제대로 이루어지지 않은 것 같다. 하루가 멀다 하고 국민당이 연루된 새로운 비리 사실이 속속들이 드러났지만, 대통령은 변명으로 일관했고 그걸 바라보는 국민들의 상실감은 이루 말할 수 없었다.

나는 그해 일 년 동안 매수 관련 사건을 처리한 재판부의 판결 내용을 살펴봤다. 판결문을 보니 유전무죄 무전유죄의 법칙이 적용된다는 것을 알았다. 부정부패로 악명 높았던 어느 시장과 약간의 술기운을 빌어 남편을 풀어달라며 경찰에게 소액의 뇌물을 건네려 했던 가난한 여인에게 선고한 형량이 똑같았다.

개인의 의지가 거대한 변화를 이끈다

몇 년 전 자전거 여행 때였다. 이그나시오와 나는 자전거 행렬에서 조금

앞서 나가며 이런저런 이야기를 주고받았다. 그 내용은 사회 제도를 비롯해 기존의 낡은 틀을 재고하거나 바꿔야 하는 이유, 상식이 통하는 사회를 만드는 방법 등이었다.

"있잖아, 사람들 사이에서 사회를 개혁하려는 의지가 강해질 수 있다고 생각해? 무슨 말이냐 하면, 보다 나은 삶을 만들려고 하는 사회 개혁가들을 양성하는 게 가능하겠냐 이거야. 커다란 변화를 이끌어내려면 우선 사소한 일들을 개선해나갈 변화의 틀을 짜야 한다는 믿음이 굳건한 사람들 말이야."

대화는 거기서 끊겼다. 그 선문답 같은 대화가 함축하는 내용은 분명 우리의 관심 분야였지만, 정답이 뭔지는 알 수 없었다.

우리는 더 나은 세상이 이데올로기와 종교적 신념이 주도하는 거대한 변화로 시작된다는 말에 익숙해 있다. 변화가 어떤 종류의 것이든 거대한 혁명을 거쳐야 이뤄진다는 말도 익히 들어왔다.

역사를 보면, 세상의 변화를 추구하는 위대한 이상은 분명 사람들의 미래를 결정짓는 데 지대한 영향을 끼쳐왔다. 진보적인 세상, 다시 말해 불의와 고통이 줄어든 세상을 만드는 데 기여한 이상이 있는가 하면, 불평등과 착취를 정당화하는 사상 역시 계속 존재해왔다. 그런데 어느 쪽이 됐든 하나의 사상이 세상에 자리 잡으려면 반드시 개개인의 각성과 헌신이 필요하다. 진보 이데올로기에 내포된 실현 가능한 것들이 수포로 돌아간 까닭은 대체로 작은 개인의 힘과 고유한 특성을 인정하지 않았기 때문이다.

현재 직면한 문제가 사소하고 의미 없어 보이더라도, 그것을 개선해나가려 한다면 반드시 개인을 기반으로 해야 한다. 개인의 능력과 의지를 도외시해서는 될 일도 안 된다. 잊지 말자. 개인의 의지는 절대적으로 중요하다. 변화란 언제나 축적된 것의 산물이다. 보잘것없지만 수많은 변화들이 모여 기존의 제도에 꿈틀꿈틀 의문을 제기하는 마그마를 형성하는 것이다. 이런 과정을 거쳐야 실질적인 변화가 일어난다. 기존의 낡은 것을 뒤엎을 만한 거대한 변화 말이다.

관행? 낡은 질서 혹은 무사안일의 다른 표현

말을 하다보면 항상 제도 문제를 언급할 수밖에 없다. 예를 들어, 스페인 사법부총평의회 이야기를 먼저 꺼내보자. 사법부 내의 총회의장에서는 종종 끝날 기미가 안 보이는 기나긴 회의가 이어지곤 한다. 총회의장은 사각형 모양에, 마르케스 데 라 엔세나다Marquez de la Ensenada 도로 쪽으로 발코니 네 개가 딸려 있다. 달걀처럼 생긴 큼지막한 테이블이 중앙에 놓여 있고 거기에 스무 명의 위원들이 순서대로 앉는다. 한쪽 끝에는 위원장석이 있다. 위원들은 나이 순서대로 지정 좌석에 앉는다. 위원장 주변은 연장자들의 몫이고 젊은 위원들은 위원장석에서 멀찍이 떨어진 곳에 배정된다.

사실, 우습기 짝이 없는 좌석 배치다. 대법원 판사들의 좌석 배치와 회의 방식을 그대로 따라 한 것이 분명하다. 나이와 경륜을 존중한다는 것을 이런 식으로라도 보여주려는 관행은 아마 사법부의 뿌리 깊은 보수주의와 관계가 있을 것이다. 도무지 바뀔 기미 따윈 없는 좌석 배치는 여러 면에서 실용성과는 거리가 멀다.

강압적인 통제가 없는 한 인간은 비슷한 점 또는 하고 있는 일의 종류에 따라 무리를 이루게 되어 있다. 유유상종이란 이럴 때 쓰는 말이다. 사법부총평의회처럼 정치적 색채가 짙은 조직에서는 오래된 관행들이 서로 간에 거리감을 조장한다. 허구한 날 똑같은 자리에 앉아 똑같은 얼굴을 마주해야 한다면 권태감이 안 생기는 게 오히려 더 이상하다. 당연히 뭔가 공감대를 이루어 변화를 꾀하는 것 자체가 어렵다.

마르가리타 레투에르토 위원과 나는 출생일이 몇 달밖에 나지 않는 또래였다. 총평의회 실무진의 착오로 그녀는 내 앞자리에 앉았다. 그녀는 무척 당황했다. 그녀는 애교를 많이 부리는 타입이었고, 내 연장자 노릇을 하기에는 마음의 준비가 덜 되었기 때문이다.

넥타이와 양복 차림 대문에 낭비되는 에너지

사소해 보여도 결코 그렇지 않은 일을 생각해보자. 나는 몇 년 전에 이그나시오에게 이런 얘기를 했다. "정장 차림 때문에 한여름 에너지 낭비가 얼마나 심한지 사람들은 알기나 할까?" 7월에도 남자들, 특히 고위층의 남자들은 양복에 와이셔츠, 넥타이, 양말, 구두까지 갖춰 입는다.

나는 사법부총평의회 위원으로 일할 때 에어컨을 말도 안 되게 너무 세게 틀어대 전력 낭비가 심하다고 생각했다.

아침 10시에 총회가 열릴 때마다 나는 각종 서류와 인쇄물, 영장을 품에 안고서 일찌감치 회의실에 도착했다.

요즘 위원들은 종이를 많이 쓰지도 않고 컴퓨터로 업무를 처리한다. 업무 방식은 디지털화되었다고는 해도 비효율적인 관료주의는 아직 사라지지 않았다. 내가 일하던 시기에도 마찬가지였다. 우리가 무시해서는 안 될 현실이 바로 이것이다. 책상 위에 산더미처럼 쌓인 종이 뭉치들이 디지털화된 현대 사회에도 여전히 존재한다.

그러나 위원회에서 매일 검토해야 하는 영장 내용은 예나 지금이나 대부분 쓸데없는 것투성이다. 회의 안건으로 올리기엔 참으로 민망한 것들이다. 예를 들어보자. 어느 사법연수생이 시험장에 넥타이를 매지 않고 갔다. 그렇다면 그 연수생은 징계를 받아야 하는가? 한꺼번에 우르르 몰려 나가 브런치 먹는 것을 금지한 판사에 항의하는 공무원들의 호소를 받아들일 것인가? 우리는 이런 것들을 놓고 토론했다.

다시 복장 이야기로 돌아가자. 내가 시원한 옷에 샌들을 신고 회의실에 도착해서 제일 먼저 했던 일은 에어컨 바람의 세기를 줄이는 것이었다. 잠시 후 회의가 시작되면 평소처럼 정장을 입고 온 위원들은 땀을 삐질삐질 흘리기 시작했다. 그들은 냉방이 약하게 되어 있는 걸 알아채고는 바로 에어컨을 세게 틀었다.

총평의회는 위원장 한 명과 스무 명의 위원으로 구성되는데, 내가 근무하던 당시에는 그중 다섯 명이 여성이었다. 여성 위원 다섯 명은 남자들의 복장을 따라갔다. 위원이 되기 전에는 그들도 7월의 후텁지근한 마드리드 날씨에 맞춰 실용적으로 옷을 입었다. 그러다 언제부터인가 남자들처럼 정장을 입기 시작했다. 집에서 사무실까지, 그리고 냉장고가 되다시피 한 회의실까지 그들은 마땅히 그래야만 한다는 듯이 정장 차림에 적응하려고 애썼다. 왜 그랬을까? 문제의 원인을 제거할 수 있는데도 그렇게 하지 않는 것은 다 이유가 있다. 기존의 틀에 순응하며 지내는 게 덜 바보처럼 보이고 훨씬 더 수월하다고 생각했기 때문이다. 공공장소에서 직간접적으로 낭비되는 비용은 엄청나다. 이렇게 낭비되는 에너지를 잘 이용하면 좀 더 유용한 일에 쓰일 텐데…….

2005년 당시 일본 총리 고이즈미 준이치로小泉純一郎는 하절기에 적절치 않은 복장 때문에 발생하는 에너지 낭비를 줄이겠다며 넥타이와 양복을 벗자고 제안했다.

2011년 당시 스페인 에너지 장관이었던 미겔 세바스티안Miguel Sebastián은 국회에서 넥타이를 매지 말자고 제안했으나 아무 성과도 없이 유야무야되었다. 국회의장 호세 보노José Bono가 넥타이는 존중의 표시라며 정장을 고집했기 때문이다. 참으로 어처구니없는 반응이었다.

미겔 세바스티안은 국회의 에어컨을 약하게 틀면 에너지자원부의 재정을 충당할 만큼 많은 양의 에너지를 절약할 수 있다는 합리적인 주장을 했다.

비효율적인 복장과 권력의 관계

사소한 일로 지지고 볶는 논쟁을 피하려고 사소한 일에 문제 제기를 하지 않는 경우가 많다. 하지만 사소한 일도 자세히 들여다보면 우리에게 생각할 거리를 많이 던져준다. 관행적인 복장의 이면을 자세히 들여다보면, 우리는 에너지 효율성 문제뿐만 아니라 옷을 입는 방식과 권력 사이의 상관관계를 엿볼 수 있다.

복장과 권력의 관계는 사법부처럼 본질적으로 보수적인 분야에서 분명하게 드러난다. 사법부는 여전히 판사의 법복을 고수하고 명령권과 우월성을 상징하는 판사봉을 사용하고 있다. 스페인에서만 볼 수 있는 일도 아니다. 전 세계 곳곳에서 유지되는 관행이다.

몇 년 전 나는 라틴아메리카의 작은 나라 니카라과에서 진행한 협력 프로그램에 참여했다. 니카라과 사법부를 개혁하기 위한 틀을 만드는 일이었다.

스페인의 식민지 지배는 라틴아메리카 전역에 옛 카스티야 왕국의 전통적인 사법부의 구조를 심어놓았다. 그런 사법 시스템을 혁신하려면 옛 모습에서 탈피하는 현대화 과정이 필요했다. 현대의 법정 모습을 보자. 방청석에 일반인이 앉고 정면에 판사가 있다. 예전에는 그런 방식이 아니었다. 재판 과정은 문서로만 오랜 시간에 걸쳐 진행되었고 그 판결 또한 문서로 피고에게 전달되었다. 실제로 판사는 피고의 얼굴을 보지도 못했다.

이제 니카라과를 포함해 모든 라틴아메리카 국가에서 구술 재판을 실시하고 있다. 니카라과의 대법원은 구술 재판 때 판사와 변호사가 권력의 상징인 법복을 입는 것이 필수적이라고 결정했다. 다만, 니카라과의 열대성 기온을 감안해 얇은 검은색 천으로 법복을 만들었다.

형식 요건을 좀 더 유연하게 고려했다면, 법복을 없애거나 최소한 의무 사항은 아니라고 결정하는 게 적절했을지도 모른다. 그러나 그 나라 기온을 고려하여 얇은 천을 선택한 것은 현실적인 결정이었다.

대법원 판사 집무실에서 매일 일어나는 일들은 창의적으로 문제를 해결하는 것과는 전혀 상관없는 일이다. 그들은 대부분 넥타이와 양복만을 입고, 몇 안 되는 여성들 역시 정장을 갖추고 에어컨을 빵빵하게 틀어대며 냉장고 같은 곳에서 일한다. 나는 판사들이 복장은 둘째 치고라도 업무 환경을 유지하는 데 불필요한 권력을 남용한다는 생각을 떨칠 수가 없다.

인종 학살을 막은 평범한 개인

예전에 킨샤사Kinshasa(콩고민주공화국의 수도—옮긴이)에서 한 달 반을 지낸 후, 애덤 호크쉴드Adam Hochschild가 쓴 『레오폴드 왕의 유령King Leopold's Ghost』이라는 재미있는 책을 읽었다. 평범해 보이는 한 위탁 판매 회사 직원이 부정을 고발함으로써 대량 인종 학살을 끝나게 한다는 이야기인데, 그 주인공은 바로 에드문드 딘 모렐Edmund Dene Morel이다.

모렐은 선박회사에서 일상적인 행정 업무를 담당하는 평범한 사람이었다. 그런데 그는 맡은 일을 하다가 그 당시 벨기에령 콩고와 벨기에 사이에 오가는 상품 거래가 일종의 사기라는 사실을 알게 되었다. 콩고는 유럽으로 상아와 고무를 보냈고 벨기에는 콩고에 무기를 보냈다. 벨기에 군대는 그 무기를 가지고 콩고 원주민을 탄압했다. 모렐이 거래 자료들을 보니, 상품이 상호 교환되는 게 아니라 힘 있는 나라가 권력을 휘둘러 한 나라의 부를 잔인하게 착취하는 형국이었다. 원주민들은 최악의 노예 상태를 강요당하는 것이나 마찬가지였다.

더 슬픈 건, 그런 비극적인 거래에 많은 사람들이 참여했다는 것이다. 그 사람들은 실상을 분명하게 알고 있는데도 묵인했다. 그런데 여기서 가장 중요한 것은 모렐이 일을 하면서 목격한 것들에 대해 입을 다물거나 외면하지 않았다는 점이다. 그는 부정한 현실을 고발했다. 만약 이 이야기가 허구를 다룬 소설이었다면, 작가가 비판 정신을 가졌을 뿐만 아니라 주인공을 용감한 인물로 그려냈다고 생각할 것이다. 그러나 모렐은 상상의 인물이 아니라 실존 인물이었다. 모렐의 노력 덕분에 결국 역사는 바뀌었다.

모렐의 담당 업무는 회사의 사업용 서류들을 검토하는 것으로 제한되어 있었다. 그러나 뭔가가 그를 움직이게 했다. 그는 자신이 관리하던 서류를 통해 짐작할 수 있는 야만성 앞에서 가만히 눈을 감고 있지만은 않았다.

모렐은 야만적인 착취를 두 눈으로 직접 확인한 후 그 일에 적극적으로 관여하기 시작했다. 콩고에서 벌어지는 착취 상황을 고발하여 종식시키는 데 평생을 바쳤다.

세상을 바꾸는 힘은 사소한 태도에서 나온다

어떤 사람들은 사회 기관의 부조리한 모습과 폐단을 예민하게 감지한다. 그런 사람들에겐 엑스레이 같은 투시 능력이 있기라도 한 걸까? 아쉽게도 모든 사람에게 그런 능력이 있는 것은 아니다.

사회를 변화시키려면 사람이 필요하다. 불법과 불평등을 줄여 사회를 지금보다 더 나은 곳으로 바꾸겠다는 의지가 확고한 사람들이 필요하다. 그런 사람들은 분명히 존재한다. 그렇다면 사회 변화를 이끌어낼 만한 사람들을 많이 모으는 게 과연 가능한 일일까?

세상을 바꿔나가는 힘은 한 사람 한 사람의 적극적인 태도에서 나온다. 더 좋은 세상을 만들기 위해서는 변화를 열망하는 마음이 필요하다. 우리는 하루에도 많은 사건과 사고를 직간접적으로 접하지만, 그런 상황을 야기하는 것이 뭔지 의문을 제기하기는커녕 일상적인 것으로 무심히 받아들인다. 누가 누구에게 피해를 주고 누가 혜택을 받는지 생각하지 않는다. 우리 대부분은 그저 일상생활에 익숙해져 있다. 어쩌면 의식적으로든 무의식적으로든 상황을 있는 그대로 받아들이도록 길들여졌을지도 모른다. 반면 상황을 변화시키는 방법 같은 건 거의 배우지 못했을 것이다. 한 마디로 말해, 우리는 기술과 지식, 이론을 배워나갈 때 그 지식을 비판적으로 평가하는 방법은 배우지 않았다. 어느 누구도 그런 식의 접근법을 제대로 가르쳐주지 않은 탓이다. 공평, 불공평, 불평등의 관점으로 현실을 평가하도록 가르쳐주지 않았다. 우리는 주입식으로 배우고 받아들이는 경향이 있다. 그게 우리 교육의 일반적인 모습이다.

세상을 바꾸는 힘은 능동적으로 생각하는 태도에서 비롯되고 그런 태도를 갖추려면 어느 정도는 체계적인 교육과 훈련이 필요하다.

달라진 세상을 상상하는 즐거움

살아가는 현실에 문제를 적극적으로 제기하는 사람이 있는가 하면, 그렇지 않은 사람도 있다. 그 이유가 뭘까? 사회 변화에 관심이 많은 사람들을 움직이게 하는 힘은 무엇일까? 그 사람들은 사회 운동을 뒷받침하는 이론을 전파하고 실질적인 도움을 주기 위해 열성적이다. 언제나 사회 문제의 해결책을 찾으려 애를 쓰고, 해결이 여의치 않더라도 그 이유를 분석하고 도달 가능한 변화를 모색하는 데 열성적으로 참여한다.

나는 우리 한 사람 한 사람이 사회 변화의 원동력이 되었으면 좋겠다. 개인 차원에서도 사회 발전을 적극적으로 모색하고 그런 노력에 뒤따르는 즐거움을 만끽하면 좋겠다.

예술가는 자기 작품이 빚어내는 아름다움을 즐긴다. 예술가는 작품을 만들기 전부터 즐겁게 상상의 나래를 편다. 세상을 변화시키는 일도 마찬가지다. 대다수 사람들의 생활이 더 편리해지도록 세상을 발전을 주도하고 개개인 삶의 어떤 측면을 증진시키는 일에는 즐거움이 따르게 마련이다.

예전에는 불가능해 보였던 세상의 변화들이 결국 이루어졌다. 현실을 다른 모습으로 바꿀 수 있다고 상상을 펼친 사람들 덕분에 가능했던 일이다. 변화를 꾀하려면 변화를 상상하고 꿈꾸는 능력을 갖춰야 한다.

노예 폐지론자들이 노예제도에 문제를 제기하기 시작했을 때, 그들은 이미 노예가 없는 사회를 상상했다. 같은 차원에서 빈곤 없는 사회를 상상해볼 수 있지 않을까? 몇 년 후에 빈곤이 완전히 종식되어 '빈곤 박물관'이 나타날 거라고 상상 못 할 이유가 있을까? 빈곤 박물관은 한 때 소수가 움켜쥔 대부분의 부 때문에 대다수가 절대 빈곤에 빠진 사람이 있었다는 사실을 후손들에게 설명해줄 것이다.

삶의 부조리함 때문에 비참해지는 것을 걱정하는 사람들이 있는 반면에, 어떤 사람은 어째서 이 모든 일에 무관심할까? 사회 문제를 예민하게 생각하고 걱정하는 것은 당연한 일이다. 대중 앞에서 변화를 제안하는 것을 주저하지 말고 과감히 부딪쳐라. 망설였다가는 변화를 제안하는 게 매번 더 어려워지고, 그러면 변화 자체가 힘들어진다.

다른 사람들과 공감하는 능력은 매우 중요하다. 추상적인 헛치레에 그치지 않으려면 살아가면서 직접 부대끼는 사람들과 먼저 교감해야 한다. 예컨대 버스에서 마주치는 아주머니, 지하철의 젊은이, 그 밖에도 많은 사람들과 대화하고 다른 사람에게 관심을 가져야 한다. 이 얼마나 열정으로 충만한 삶인가!

세상을 바꾸려 한다면 공감, 호기심, 상상력 그리고 끈기가 필요하다. 이러한 조건들에 대해 계속 이야기해보자.

공감은 변화를 이끄는 핵심적인 원동력이다

다른 이에게 공감하는 능력은 사회를 변화시키는 필수 조건이다. 어떤 사안에 공감하지 못하는데 어떻게 행동하겠다는 생각이 들겠는가? 다른 사람과 공감하는 능력이야말로 행동으로 이어지는 결정적인 원동력이다. 유대감도 좋은 원동력 중 하나다. 유대감은 공감을 아우르고 정당성을 부여해준다. 즉, 실제로 뭔가를 하게끔 하는 마음의 작용이다. 공감은 현재 가까이에 있는 다른 사람들과 함께 행동하도록 만들어준다.

물론 공감 말고도 다른 조건이 필요하다. 행동을 촉발시키는 또 다른 원동력으로는 정의감이 있다. 호기심 역시 필요한 조건 중에 하나다.

타인과의 공감이 세상을 바꾼다

공감은 인간 고유의 재능이다

세상을 발전시키며 느끼는 즐거움은 때로는 만족감과도 같다. 만족감은 우리 현실에 만연한 부정을 줄이는 데 조금이라도 줄일 때 생긴다. 이미 언급했듯이 모든 변화는 공감에서 시작된다. 모든 사람이 같은 수준의 공감 능력을 지닌 것은 아니지만, 적어도 공감이 인간 고유의 능력인 것만은 분명하다. 공감은 다른 사람의 고통과 즐거움을 공유하는 것이다.

아이에게 언제부터 공감 능력이 생기는지 나는 잘 모른다. 어느 순간이 되면 아이는 다른 사람의 고통에 관심을 가지고 그를 도와주기 위해 위험을 무릅쓰기도 한다. 이렇듯 아이는 다른 사람의 고통에 여러 가지 감정을 느낀다. 특히 아이는 감수성이 예민하다.

이윽고 아이는 또래뿐만 아니라 어른에게까지 감정을 이입하게 된다. 다른 사람의 모습에 반응하고 그들의 처지를 느끼면서 자신의 세계를 구축해나간다.

안정적인 환경에서 성장하지 못하는 아이는 고통을 몸소 체험하므로 아주 어릴 때부터 다른 사람의 고통에 크게 공감한다.

우리 주변의 아이들, 특히 선진국의 대다수 아이들은 역사를 배우거나 책과 그림, 텔레비전, 영화 등을 보면서 다른 사람의 고통을 알게 된다. 다양한 매체는 아이들이 다른 사람의 고통을 간접적으로 마주하는 계기가 된다.

미국의 교수 린 헌트Lynn Hunt는 『인권의 발명Inventing Human Rights』이라는 아주 멋진 책을 썼다. 이 책은 우선 인권이라는 개념이 어떻게 시작되었는지 분석하고, 그다음에 사회가 발전과 진화를 거듭하면서 인권이 구체화되는 과정을 담고 있다. 결론적으로 인권 의식은 인간의 공감 능력이 발달함에 따라 생겨났다고 주장한다.

린 헌트는 감정을 다룬 최초의 소설이 사람들의 감수성에 얼마나 큰 영향을 끼쳐왔는지 설명해준다.

사람들은 소설이 늘 존재했던 것처럼 생각하지만 사실 그렇지 않다. 문학의 역사를 보면 서사 문학이 어떻게 형성되고 발전해왔는지 알 수 있다. 글을 쓴다는 것은 무슨 의미일까? 초기 문학은 외부 세계에서 겪는 모험을 객관적으로 서술했다. 옛 서사는 전형적으로 영웅과 악당들이 등장하여 대결을 펼치는 내용을 그려나갔다.

소설은 인간의 감정에 집중하는 최초의 글쓰기였다. 초기에는 편지글 형식이 많았다. 소설은 18세기 최고의 베스트셀러였다. 당시 독자들은 이른바 교양 있는 계층이었고, 그런 읽을거리에 열광적으로 반응했다. 새로운 것이 대두되면 늘 그래왔듯이 가톨릭교회는 소설을 금지했다. 그러나 소설은 걷잡을 수 없이 계속 확산되어 사람들의 감정 발달에 크게 기여했다.

손자 아이에게 공감하는 법을 가르칠 수 있을까

내 아이가 어렸을 때만 해도, 나는 공감의 중요성을 깊이 생각하지 않았다. 당시에 자녀를 둔 부모들은 교육학자 셀레스탱 프레네Célestine Freinet의 글을 많이 읽었는데, 그는 교육에서 제일 우선해야 할 필수 가치로 자유를 꼽았다. 그래서 나는 자유의 실체가 뭔지 정확히 모르면서도 그것을 중요하게 여겼다. 아마도 독재 사회에 맞서 다른 체제를 갈망했던 사회 전반의 분위기 때문이었을 것이다.

하지만 이제는 사정이 달라졌다. 나는 사람들이 어떻게 공감하는 법을 배우는지, 특히 아이들에게 마음속에서 어떻게 공감 능력이 형성되는지 이해하려고 노력한다.

니카라과에서 돌아왔을 때, 손자 로물로는 네 살이었다. 나는 로물로에게 알록달록한 니카라과제 나무 트럭을 선물로 줬다. 그런데 손자는 선물을 보더니 실망한 기색이 역력했다. 사실, 예상한 반응이긴 했다. 선진화된 사회에는 진짜 자동차와 트럭 같은 멋진 장난감들이 넘쳐나기 때문이다. 좋은 장난감을 곁에 두는 아이들은 조악하게 만든 장난감을 좋아하지 않는다. 그러면서 아이들의 상상력은 점점 사라져간다. 나는 손자에게 그것이 니카라과에 있는 장난감이고, 그곳 아이들은 그런 장난감을 가지고 논다고, 심지어 코코야자 열매를 가지고 축구를 한다고 설명해줬다. 니콰라과에는 가난한 사람이 않고, 아이들이 가난 때문에 고통을 겪고 있다는 사실도 덧붙였다. 나는 손자의 공감 능력이 커지기를 바라면서 로물로의 장난감을 니카라과 아이들에게 선물하지 않겠냐고 물어봤다. 로물로에게는 썩 내키지 않는 제안이었을 게다.

어린애라면 보통 내키지 않아할 것을 알고는 있었다. 그걸 알면서도 손자에게 그렇게 제안했다. 나는 로물로의 마음을 움직이고 싶었다. 니카라과 아이들이 너무 가난해서 가지고 놀 만한 장난감도 없는 걸 보고 안타까웠다고 털어놓았다.

로물로는 진지해졌다. 아마도 내 말에 영향을 받았으리라. 그런데 아주 영리하게도 전혀 예상치 못한 해결책을 제시했다. 청록색 바다 빛을 머금은 눈을 크게 뜨며, "할머니, 가난한 아이들을 보는 게 그렇게 슬프면, 다시는 니카라과에 가지 말아요. 그 아이들을 안 보면 슬프지도 않을 거예요." 이렇게 말하는 게 아닌가!

공감 능력과 정의감이 싹튼 순간

나는 요즘 유년기에 대해 부쩍 관심이 많아졌다. 그래서인지 나는 유년기 생활을 묘사한 문학 작품을 좋아한다. 아이가 성숙한 어른으로 변해가는 과정은 언제나 깊은 감동을 준다.

얼마 전, 마드리드 주립대학에서 한 친구가 마련한 세미나에 참석했다. 각 참석자들마다 아주 유명하지는 않아도 중요하다고 여기는 여성을 소개하는 시간이 있었다. 나는 엘레나 포르툰Elena Fortún을 골랐다. 마드리드에 그녀의 이름을 딴 거리와 동상이 있지만 누구나 다 알 만큼 유명 인사는 아니다. 엘레나 포르툰 거리 또는 그녀의 동상이 사람들에게 별다른 느낌을 주지 않을 정도였으니 말이다. 하지만 엘레나 포르툰은 나에게 대단한 감동을 주는 인물이다.

슬프게도 요즘 젊은이들은 엘레나 포르툰이 누구인지 거의 모른다. 그녀는 스페인 최고의 아동 문학가인데도 말이다. 그녀는 『셀리아*Celia*』라는 책을 썼는데, 주인공 셀리아는 내 어릴 적 우상이었다.

그녀의 전기 작가 마리솔 도라도*Marisol Dorado*에 따르면, 엘레나 포르툰은 중산층 가정의 외동딸이었고 마드리드의 우에르타스 거리에 살았다. 현재 그 거리의 보행자 전용 도로에는 아름다운 시와 문학 작품의 문구들이 새겨져 있는데, 놀랍게도 그녀의 작품은 거기에 없다. 그곳에 살았던 엘레나 포르툰의 작품이 하나도 없다니, 이 얼마나 어처구니없는 일인가!

책 주인공 셀리아처럼 엘레나 포르툰도 건물 관리인의 딸과 아주 친하게 지냈다고 한다. 둘 사이에 쌓은 우정 덕분에 그녀는 불평등과 부조리를 그냥 묵과하지 않았고 진보주의자이자 공화주의자로 성장해가는 밑거름으로 삼았다.

그녀의 다른 작품 『셀리아가 말하기를*Celia lo que dice*』을 보면, 1928년 마드리드의 동방박사의 날에 일곱 살 셀리아가 발타사르 왕과 대화를 나누는 장면이 나온다. 셀리아는 지난해에 관리인의 딸 솔리타에게 장난감을 주지 않았다고 발타사르 왕(아기 예수에게 선물을 바친 세 명의 동방박사를 신성한 왕이라 불렀는데, 그중 아프리카에서 온 동방박사의 이름이 발타사르다.—옮긴이)을 비난한다.

나는 아주 어릴 때부터 셀리아가 나오는 책들을 읽기 시작했다. 언니 마리의 책이었다. 그 당시 나는 셀리아가 공화주의자라는 사실을 몰랐다. 1987년 독재 시대가 끝나고 민주주의 체제가 되어서야, 사람들은 엘레나 포르툰의 미발표작『혁명 속의 셀리아*Celía en la revolución*』를 알게 되었다.

엘레나 포르툰과 그녀가 창조해낸 셀리아의 모습은 내 감정 발달에 큰 영향을 끼쳤다. 나아가, 다른 사람을 배려하는 공감 능력과 정의감을 싹트게 만들었다.

나는 대학생이었던 1964년에 법대생 세 명과 함께 파리로 여행을 떠난 적이 있다. 우리 네 명은 공산당 산하 대학 단체 소속이었고, 당 집행부와 면접이 예정되어 있었다. 여행 중에 가명을 써야 했는데, 나는 책에서 이름을 따와 셀리아라는 가명을 사용했다. 나는 셀리아 산체스였다!

나는 셀리아에 무척 매혹됐다. 셀리아는 반항적이면서도 놀라우리만치 포용력이 큰 소녀였다. 나는 책의 초판에 나오는 삽화가 몰리나 갈렌트Molina Gallent가 그린 멋진 그림들을 따라 그리며 셀리아의 모습을 상상해 보곤 했다. 셀리아에 너무 푹 빠진 나머지 화가 몰리나 갈렌트에 대해서는 전혀 알아보려 하지 않았다. 그도 엘레나 포르툰처럼 망명자였는지는 잘 모르겠다.

마음이 형성되는 과정을 파헤친 의사

나는 요즘 아주 흥미로운 책을 읽고 있다. 오래전에 출간된, 어느 노인의 유년 시절을 다룬 자서전이다. 페데리코 루비오 이 갈리Federico Rubio y Gali의『나의 선생님들과 나의 교육*Mis maestros y mi educación*』이라는 책이다.

어린 시절 페데리코 루비오 거리 근처에 살았다. 그런데 그 거리 이름이 어떻게 지어졌는지는 아무도 관심을 기울이지 않은 것 같다. 그 거리는 널찍했지만 오르막과 내리막이 심했고, 마드리드의 여러 수로 중 하나가 길을 따라 나란히 흘러갔다.

그때 헌책방에서 우연히 페데리코 루비오에 대한 책을 발견했다. 그는 19세기 스페인에서 가장 중요한 의사 중 하나였다. 그는 꽤 오랜 시간을 런던에서 살았는데, 자유주의 성향의 개방적인 기질이 그때 형성됐다. 그는 런던에서 외과를 전공하고 스페인에서 처음으로 자궁 절개 수술에 성공한 의사였다.

흥미롭게도, 그는 교육 문제에도 관심이 많은 의사였다. 특히, 인간의 감수성이 형성되는 과정을 규명하려고 자신의 과거를 연구하기도 했다. 페데리코 루비오는 어린아이의 지능과 마음을 형성하는 핵심 열쇠가 무엇인지 알고 싶어 했다.

페데리코 루비오는 그가 살인 사건을 목격했을 때 느꼈던 감정을 연구 대상으로 삼았다고 한다. 즉, 자기 자신의 마음을 연구한 것이다. 어쩌면 그런 과정을 거치면서 의사가 되기로 결심했는지도 모른다.

그가 살았던 1830년 무렵에는 살인을 목격하는 게 가능했을 것이다. 그 시절은 거리에서 싸우다 죽는 게 흔한 일이었다. 오늘날 우리 아이들은 실제로 살인이 벌어지는 장면을 보지 않아도 된다. 텔레비전 또는 영화에서나 볼 수 있을까. 말 그대로 경쟁하듯이 더 빨리, 더 많이 죽이는 게임의 폐해는 여기서 이야기하지 말자. 노르웨이에서는 2년 전에 비디오 게임의 영향을 보여주는 비극적인 사건이 일어났다. 원인을 특정하기에는 아직도 자료가 부족하지만 말이다.

불평등과 충돌이 잦았던 어린 시절

자기 마음을 연구한 페데리코 루비오처럼, 나 역시 가끔은 나의 감수성이나 공감 능력이 과연 어떻게 형성된 것인지 궁금할 때가 있다.

큰언니는 종교가 없는 학교(스페인에는 가톨릭교회에서 운영하는 학교가 많고, 주로 수녀가 교사다.—옮긴이)를 다녔다. 아버지는 1940년대의 지배적인 흐름을 거스르는 것이 좋지 않다는 걸 알 만한 분이었다. 그 당시만 해도 종교가 없는 교육을 좋지 않은 것으로 여겼다. 그런 사회 분위기 때문이었는지 비록 독실한 신자는 아니었지만 부모님은 나보다 세 살 위인 둘째 언니 아나와 셋째인 나를 프랑스계 수녀들이 운영하는 학교로 보냈다.

1950년대의 스페인 학교가 어떤 분위기였는지 보여주는 에피소드 몇 가지를 나는 아지도 분명하게 기억하고 있다.

여덟 살 무렵, 내가 다니던 오렌지 반의 담임 수녀가 동방박사 이야기와 가난한 사람들이 처한 어려운 현실을 이야기해줬다.

선생님 이름은 마담 세인트 에스페란세였다. 프랑스계 학교였기에 수녀 선생님들을 '마담'이라고 불렀다. 단순히 수녀라고만 부르면 청소를 하거나 음식을 만드는 낮은 직급의 수녀들을 가리키는 말이 되었다.

마담 세인트 에스페란세는 학부모들에게 동방박사의 날(1월 6일 동방박사 세 명이 아기 예수를 찾아 경배하고 선물을 준 것을 기념하는 날. 스페인에서는 이날을 아주 중요하게 여긴다.—옮긴이)에 마드리드 빈민가 아이들에게 줄 선물을 기증해달라고 부탁했다. 그녀의 말인즉, 동방박사들이 그날 가난한 아이들에게 선물을 가져갈 수 없다는 것이다. 그녀는 진흙과 오물로 가득 찬 빈민가에 동방박사들이 우단과 담비 가죽으로 만든 귀한 옷을 입고 들어가는 게 얼토당토않은 일이라고 설명해줬다. 나는 그 말을 녹음이라도 한 것처럼 아직도 생생하게 기억한다. 화려한 옷이 엉망진창 되는 모습을 상상해보기도 했다.

마담 세인트 에스페란세는 가난한 아이들이 동방박사의 날에 장난 감을 받지 못하는 이유가 그 때문이라고 설명했다. 우리는 어린애였다. 다른 아이들에게도 그 말이 충격적이었는지는 잘 모르겠다. 하지만 적어도 나에게는 그 말이 내 머릿속 하드디스크에 평생 새겨졌다. 내가 성인으로 성장하는 과정에서 상당한 영향을 끼친 말이었다.

먼 훗날 셀리아가 발타사르 왕을 비난하는 장면을 읽으면서, 나는 책 속에 생생하게 몰입앴다. 놀라움과 분노의 감정이 치솟아 오른 것도 그런 이유 때문이었을 것이다.

수녀들은 내 사회의식을 형성하는 데 꾸준히 영향을 미쳤다. 중학교 4학년 아니면 고등학교 1학년(스페인의 학제는 초등학교 6년, 중학교 4년, 고등학교 2년으로, 총 12년제다.—옮긴이) 무렵이었다. 나는 일요일마다 친구들과 함께 빈민가에 가서 아이들에게 교리문답을 가르치는 봉사 활동을 했다.

그 시절 우리는 빈민가의 존재가 사회적으로 어떤 의미인지 잘 알지는 못했다. 하지만, 적어도 빈민가가 우리에게 깊은 인상을 남긴 것은 분명했다. 나는 사진기로 찢어진 옷을 입고 신발도 신지 않은 가난한 아이들을 찍었다. 어떤 형태로든 기록을 남기려는 행동이었을 것이다. 어린 마음에도 사회의 어두운 그늘을 일요일 아침마다 보고 있다고 생각했는지도 모른다. 나는 그 사진을 지금까지 간직해왔고, 몇 명의 이름은 아직도 기억하고 있다. 줄무늬 스웨터를 만들어준 마티아스, 언제나 헤벌쭉 미소 지었던 도밍가는 여전히 기억에 생생하다.

나는 빈민가 아이들을 도와주기 위한 방법을 더 찾으려고 했다. 그러기 위해서는 더 많은 활동을 해야 한다고 생각했다. 나는 친한 친구들에게 일요일 아침 교리문답 봉사활동 말고도 토요일 오후에 아이들에게 읽기를 가르치러 가자고 제안했다. 아이들에게 교리문답을 가르치면서 글자를 읽는 법을 가르치지 않는 건 말이 안 된다고 생각했기 때문이다.

어머니에게 말했더니, 반대는커녕 오히려 우리가 하는 일을 도와줬다. 그 당시 마드리드에 사는 대부분의 중산층 가정주부들은 열네 살짜리 어린 딸내미 서너 명이 유럽 최악의 빈민가에 발을 들여놓는 것 자체를 반대했다. 그러나 어머니는 우리가 도넛을 만들고, 잼을 바른 빵을 준비하는 것을 도와줬다.

빈민가 아이들은 우리 자원봉사자들에게서 많은 것을 배우지는 못했다. 우선 수업 시간이 부족했고, 글을 가르치는 게 어린 자원봉사 소녀들이 특별한 지식도 없이 해낼 만큼 녹록한 일이 아니었다. 우리가 진행한 수업은 굉장히 즉흥적이고 초보적인 수준이었다.

훨씬 나중에는 이런 일도 있었다. 어느 날 집에서 저녁 식사를 하다가 말다툼이 벌어진 적이 있다. 언니와 동생은 그 자리에 없었다. 언니와 동생이 왜 없었는지, 혹시 있었다 해도 무슨 말을 했는지 전혀 기억나지 않는다. 내가 기억하는 것은 아주 지적인 데다가, 가족 행사가 있으면 항상 발 벗고 나서는 이모가 했던 말이다. 이모의 말인즉, 세상에는 항상 가난한 사람이 있었다는 것이다. "늘 가난한 사람이 있었고, 앞으로도 있을 것이다." 이모는 그렇게 단정적으로 말했다. 나는 이모에게 이의를 제기했고, 말다툼까지 벌였다. 왜 세상이 변할 수 없다는 거죠? 변화의 원동력이 되는 커다란 질문이 그때부터 내 안에서 꿈틀거리기 시작했다. 왜, 도대체 왜 안 된다는 거지?

타인의 고통에 무신경한 사람들

전문가들은 이렇게 말한다. 정신병자들은 공감 능력이 전혀 없다고. 그렇다면 결국 부족한 공감 능력은 인간을 사악함으로 이끄는 열쇠인가?

나는 판사로 일하면서 직업의 특성상 사악한 행동들을 가까이서 접할 수 있었다.

나는 입에 담기도 힘든 사악한 행위들을 셀 수 없이 많이 봐왔다. 그러나 그런 사악한 행위를 하는 사람들이 반드시 나쁜 사람이거나 공감 능력이 아예 없는 사람은 아니라고 생각한다.

나는 살인 사건을 여러 번 보았다. 그러나 사람이 진짜 악랄한 행동을 저지른다고 해서 그 사람이 꼭 나쁜 사람이라는 보장은 없다. 살인은 대개 싸우는 과정에서 벌어진다. 여러 살인 사건을 살펴보면, 범인이 범죄가 일어날 만한 조건에서 우발적으로 그 일을 저지른 것일 뿐 사전에 계획하지 않은 경우가 많다. 그런 생각을 미리 품거나 예측하는 것도 아니다. 어느 특정한 순간에 범인의 분노가 폭발하고, 그 결과 살인이라는 폭력적 범죄를 저지른다.

나는 정말 나쁜 사람들도 여럿 만나봤다. 소수이기는 하지만 정말 악질들이었다. 그들은 동정심이라곤 손톱만큼도 없었다. 다른 사람들의 고통 따위는 그들에게 아무런 영향도 주지 않았다.

끔찍한 충격을 줬던 두 사건은 아직도 기억에 또렷하다. 묘하게도 그 사건의 피고는 여성들이었다. 언론에서도 두 사건을 크게 다루고 있었다.

첫 번째 사건은 어느 집시 여인이 범인이었다. 그녀는 중년의 나이였고, 겉으로 보기에는 아주 상냥했다. 키가 훤칠하고, 흑발에다 강렬한 눈빛을 가진 여자였다. 그녀는 할머니들을 대상으로 강도짓을 일삼다가 여러 명을 죽였다. 명백한 의도를 가지고 그렇게 한 것인지 알 수 없지만, 강탈하는 과정에서 여러 명을 죽였다. 그녀에게는 남편과 자녀가 있었고 경제적으로도 남부럽지 않은 상태였다. 그래서 재판에서도 아주 비싼 변호사를 고용했다.

그녀는 아침마다 택시를 타고 마드리드 시내의 여기저기를 돌아다니면서 할머니들이 사는 곳을 노렸다. 혹시 경비원이 있으면 교묘한 방법으로 경비원의 눈길을 피해서 건물에 들어갔다. 각 층을 돌아다니면서 좋은 가격에 보석을 판다며 벨을 눌렀다. 문이 열리면 할머니를 안으로 밀치고 들어가 재갈을 물리고 귀금속이나 돈을 훔쳤다. 그 와중에 할머니 두 명이 죽었다. 한 명은 당뇨병이 있었는데 열두 시간 이상 묶여 있는 동안 약을 먹지 못해서 쇼크로 죽었고, 다른 한 명은 재갈 때문에 틀니가 밀려들어가면서 목구멍이 막혀 질식사했다.

재판이 진행되었지만 피고의 범죄 동기는 규명되지 못했다. 강도짓을 해야 할 경제적인 이유도 전혀 없었다. 강탈한 귀금속도 모두 그녀의 침실에 고스란히 보관되어 있었다.

법정에 선 그녀는 나무처럼 감정 없는 모습이었다. 강도를 당했지만 다행히 목숨을 건진 할머니들이 증인으로 참석했다. 살해당한 두 할머니의 유족들도 있었다. 할머니들이 범행 당시의 잔인한 수법을 증언하는 동안, 유족들의 영혼은 갈가리 찢겼다.

피고의 가족들도 재판에 참석했고, 피고에게 애정과 존중의 모습을 내비쳤다. 법의학자들은 그녀가 그렇게 비정상적이고 잔인한 행동을 할 만한 병에 걸린 것은 아니라고 설명했다.

판사는 재판을 주도하는 위치에서 피고를 심판해야 한다. 그러면 은연중에 피고를 이해하려는 마음이 생긴다. 하지만 안타깝게도 많은 판사들은 피고를 충분히 이해하지 못하고, 범죄 동기를 알아내지도 못한다. 사법부의 관료주의적 절차 때문이다. 시대착오적인 주문呪文으로 이뤄진 재판 절차는 형식적이고 딱딱할 뿐이다. 피고인이 왜 그런 일을 저질렀는지에 대해서는 정작 아무도 관심을 보이지 않는다. 선고를 내리고 법 기준을 적용할 때의 관심사는 오로지 피고의 범죄 수법 뿐이다.

두 번째 사건은 훨씬 더 충격적이었다. 연인 관계인 여성 두 명이 그 둘 가운데 한 명의 어린 시절 친구를 고문하고 죽인 사건이었다. 그들처럼 동성애자였던 희생자는 아주 친절한 성격이었고, 부모에게 물려받은 재산으로 근사한 아파트에 혼자 살고 있었다. 마침 아파트에 여유 공간이 있었던지라 어린 시절 친구와 그녀의 파트너를 자기 아파트에 살도록 해줬다. 동성애자 커플은 살 곳이 마땅치 않은 처지였다.

그 커플은 집주인을 잔인하게 고문했다. 친구나 가족은 물론 외부와 이어지는 모든 연락을 차단한 채 그녀를 학대했다. 다양한 방식으로 모욕을 주고, 재산을 빼앗고, 몇 달 동안 매일매일 구타해서 결국 죽음에 이르게 만들었다. 이 모든 끔찍한 일이 일 년이나 지속됐다. 그토록 친절하게 대해주던 친구를 괴롭히기 위해 피고들이 갖은 고문 방법을 생각해내고 끊임없이 모욕을 주고 학대했다는 것을 입증할 만한 증거가 한도 끝도 없이 나왔다. 사건 개요는 한 움큼의 동정심이나 인간성도 없는 두 범인이 일 년 동안 희생자를 고문하고 괴롭힐 계획을 짜면서 진행한 끔찍한 일들의 목록이나 마찬가지였다. 그러나 재판 과정에서 둘 다 뉘우치는 기색은 전혀 없었다.

이런 일은 도대체 왜 일어날까? 어떻게 인간이 타인의 고통에 이렇게까지 무신경한 상태에 도달할 수 있을까? 어떻게 타인의 고통을 보면서 즐기는 인간이 존재할 수 있을까? 혹시 사회화 과정이나 교육 과정에 문제가 있었던 것은 아닐까? 인간의 악의는 도저히 제어할 수 없는 것인가? 이런 질문은 답을 찾기 어려운 철학적인 문제일지도 모르겠다.

내가 언급한 사건은 공감 능력이 없으면 인간이 얼마나 잔인해질 수 있는지 보여주는 수많은 사례 중 일부일 뿐이다. 또한 이런 사례들은 인간이 본래 선하고 따뜻한 존재라는 관점에 강한 의문을 제기하게 만들수도 있다. 사람들은 이런 사건을 접하면 저마다 다른 반응을 보인다.

어린 시절 내 친구들 중에서 동방박사들의 옷은 더러워져서는 안된다는 기상천외한 이야기를 명확하게 기억하는 사람이 얼마나 될까? 과연 그 이야기는 몇 명에게 충격을 주었을까? 이것 역시 답을 구하기가 쉽지 않은 문제다.

폭력의 사슬을 끊는 정의감

정의감은 사회 정의의 등고선을 끌어올린다

내가 지금 말하려는 것은 정의의 개념이 아니다. 정의에 대해 느끼는 인간의 감정에 관한 것이다. 정의감이 강한 사람은 타인이 겪는 부당한 고통에 강하게 항의한다. 정의감은 또한 다른 사람이 처한 상황을 호전시키기 위해 변화를 일으키려고 하는 움직임의 원동력이 될 수도 있다.

하버드 대학교 교수 아마르티아 센Amartya K. Sen은 자신의 저서에서 정의의 개념을 언급했다. 사회적 정의감은 우리가 속한 사회의 발전과 진화를 도와주는 감정이며, 정의의 등고선을 최고로 올리도록 허용하면서 압력을 가하는 감정이다. 그는 정의란 불법적인 것을 줄어들게 하는 행위를 포함한다고 말한다.

어느 텔레비전 프로그램에 내가 출연한 것을 본 친한 친구 한 명이 전화를 했다. "근친 살해 범죄를 주제로 한 토론 프로그램에 네가 나오다니 깜짝 놀랐지 뭐야. 근데 사회와 언론 매체가 범죄에 너무 병적인 관심을 보이는 것 같지 않니?"

"아니야. 사회나 언론 매체가 범죄에 엄청난 관심을 보이는 건 그들 잘못이 아니라고 봐. 내 생각엔 그 이상의 뭔가가 있어."

재판을 겨냥한 매스컴의 비난, 그리고 그런 비난을 조장하는 방송 프로그램은 이제 문화적으로 흔한 현상이 되었다. 그런 프로그램을 폄하하고 대중 영합주의라고 거부하는 것은 자신이 꼰대임을 스스로 나타내는 꼴이다. 나는 판사로서 평생 이런 흐름의 중심에 있었고, 대중이 생각하는 내 이미지는 소수의 진보주의자였다.

이른바 지식인이라 불리는 진보주의자의 태도가 일반 대중의 태도와 반드시 조화를 이뤄야 한다고 생각하지는 않는다. 그러나 한편으로는, 대중의 행태를 평가하고 때로 폄하하기도 하는 엘리트 지식인 집단의 중심에 내가 있다는 사실이 편치 않을 때도 있다.

사실 복잡하고 미묘한 문제다. 교육은 인간의 지적인 능력과 감수성을 발전시키는 데 기여한다. 그런 교육을 받은 사람은 그 과정을 거치지 않은 사람이 미처 인지하지 못하는 것에서 아름다움을 찾아내기도 한다.

미적 감수성이 발달하지 않은 사람은 원색만 좋아하는 어린아이처럼 어두운 색의 여러가지 매력을 잘 이해하지 못한다. 나는 손녀 롤라 때문에 웃을 때가 많다. 이제 일곱 살이 되어 자랑스럽게 회색을 좋아한다고 말하지만 손녀딸이 오랫동안 좋아하던 색깔은 분홍색 아니면 강한 톤의 색이었다. 내 딸이 회색 옷을 사주려고 해서 난리가 난 적도 있었다.

교육이 인간의 지적 능력과 미적 감수성을 확장시켜주는 것은 분명하다. 감수성이 발달하면 도덕 지수도 자연스레 올라간다. 그러나 어떤 경우에 감수성이 도덕심과는 별로 상관이 없는 것처럼 보이기도 한다.

시골 아이들은 오랫동안 새, 고양이, 개구리 같은 동물들을 괴롭히는 놀이를 해왔다. 평범한 사람들의 삶을 그린 문학 작품을 보면 그런 묘사가 많이 나온다. 그러나 아이들의 감수성을 길러주면 잔인한 행동을 막을 수 있다. 오늘날의 아이들은 한 세기 전의 아이들보다 훨씬 덜 잔인한 놀이를 한다. 컴퓨터 화면이라는 가상 현실에서 끔찍한 폭력을 그 어느 때보다도 많이 행사하기는 하지만 말이다.

진보적이고 교양 있는 엘리트들은 범죄 사건에 지나치게 관심을 쏟는 일반 대중을 비난한다. 그러나 범죄는 언제나 사람들의 호기심을 자극한다는 것을 알아야 한다. 유사 이래 인간은 평범하지 않고 비정상적인 것에 언제나 관심을 보여왔다. 사람들 입에 자주 오르내리는 이야기에는 마술적인 것, 비현실적인 것, 잔인한 것 등 항상 인간의 호기심을 자극하는 요소가 있다.

옛 음유 시인들이 류트lute를 들고 사랑 노래만 읊조렸던 건 아니다. 그들은 아름다운 이야기 못지않게 끔찍하고 무서운 이야기도 들려줬다. 그런 이야기의 토대에는 늘 흉악한 범죄가 있었다.

나는 끔찍한 범죄에 대한 호기심이나 관심이 반드시 실제 범죄로 이어진다고는 생각하지 않는다. 사람들은 잔인하고 무서운 것에 관심을 보이기 마련이지만 대부분은 호기심에 그친다.

실제 범죄는 가상의 범죄와는 비교할 수 없이 파급력이 크다. 그래서 실화를 토대로 했다는 표현은 사람들의 관심을 끄는 마케팅 수단으로 흔히 사용된다. 그러나 우리는 가상의 이야기에 둘러싸여 있을 뿐이다. 영화나 소설에 나오는 내용과 실제 범죄는 아주 큰 차이가 있다.

끔찍한 범죄가 세상에 알려지면 예외 없이 사회 전체가 동요한다. 사람들이 희생자들의 끔찍한 고통에 깊숙히 공감하기 때문이다. 이때 법의 역할은 사람들의 고통과 분노가 합법적으로 표출되게 하고, 나아가 합리적인 해결책을 찾게 도와주는 것이다. 정의를 촉구하는 정의감은 이렇게 법의 테두리 안에서 발현된다.

감정적인 복수는 피의 순환을 부른다

뉴스를 보게 되면서부터 사람들은 사회에서 근절시켜 마땅한 일 순위 범죄가 살인이라고 여긴다. 당연하게도, 한 사람이 다른 사람을 죽이는 행위보다 더 끔찍한 것은 없다. 다른 사람의 생명을 마음대로 앗아버리는 죄야말로 문명사회가 척결해야 할 대상이다. 그러나 아직도 일부 지역에서 효력을 발휘하는 '눈에는 눈'이라는 식의 복수는 피해야 한다. 복수란 피의 순환이고 희생자를 위한다는 명분으로 자행하는 타락한 행위다. 빼앗긴 생명이 살인자의 죽음으로 대체될 리 없지 않은가. 복수심을 대체하면서도 현대 사회에 걸맞는 합리적인 처벌 방식은 분명히 있다.

살인자는 끔찍하고 돌이킬 수 없는 행동을 저지른 만큼 형벌을 적용할 때도 아주 신중해야 한다. 당연한 일이겠지만 살인 행위가 가볍게 치부되지 않도록 각별히 조심하는 게 좋다. '눈에는 눈'으로 다시 돌아가자는 이야기가 아니다. 어떤 식으로든 누군가를 죽인, 돌이킬 수 없는 범죄를 저지른 자는 평생 도덕적 책임을 져야 한다는 말이다. 살인죄로 구속된 사람은 법원이 부과한 배상금을 평생 지불하며 살아야 한다.
판사로 재직할 때, 나는 가석방이 허용된 죄수들에게 희생자에 대한 보상 차원에서 법원이 허용하는 범위 내에서 배상금 지불 의무를 부과하곤

희생자에 대한 공감

우리는 범죄 사건에 대한 대중의 반응을 두 가지로 정확히 구분해야 한다. 희생자의 고통에 공감하고 분노하는 정의감과 단순한 복수심은 명백하게 다르다.

끔찍한 범죄를 감소시키려면 광범위한 사회적 논의가 필요하다는 것은 지극히 당연한 일이다. 권력의 정점에 있는 사람들은 일반 대중들이 복수하는 심정으로 심판하려는 경향을 마냥 비난할 수는 없다.

우리 사회는 범죄자에게 사적으로 복수하는 행위는 비난하면서도 판사의 선고를 불신하고, 극히 사소한 일로도 사람을 몰아세울 때가 많다. 이미 사회로 복귀한 사람을 교도소에 강제로 돌려보내자는 여론이 형성되기도 한다.

한편으로는, 구속된 자들을 풀어달라는 청원 역시 많다. 즉 그런 사람들을 구속하는 게 부적절하고 불공평하다며 사면해달라고 요구한다.

대부분의 사람들은 끔찍한 범죄를 저지른 범인을 교도소로 보내는 것으로 만족하지 않는다. 더욱더 심한 형벌, 즉 종신형이나 사형까지 요구한다. 그리고 정부도 그런 억압적 법령을 자주 내린다.

그러나 정부가 사회의 분노를 유발하는 범죄에 내리는 가중처벌 효과를 입증하지 않은 채, "우리는 형법에 의거해 더 무거운 처벌을 내리겠다고 약속합니다."라고 발표하는 것은 무책임한 짓이다. 그들은 가중처벌이 주는 효과에 대해서 최소한의 분석도 하지 않는다. 가중처벌이 범죄율을 낮추는 데 효과가 있다는 증거도 없이 더 무거운 처벌 운운하는 것은 터무니없는 일이다.

복수를 거절하는 것

사형 반대론자들의 주장에는 여러 가지 근거가 있다. 사형은 복수심의 악순환을 불러와 인간을 필연적으로 타락시키고, 효율적인 처벌 방식이 아니며, 판결이 잘못되었더라도 돌이킬 수 없다. 다행히도 우리는 사형 제도가 줄어드는 세상에 살고 있다.

복수의 악영향은 이미 입증됐다. 끝없는 복수는 사회 붕괴를 불러온다는 점에 누구나 동의할 것이다. 문명사회는 개인 혹은 제도 차원의 복수를 불허하고 '눈에는 눈'이라는 논리를 버리고 있다. 그러나 마약 밀매나 테러를 저지르는 불법 단체들은 여전히 복수를 그들의 시스템으로 활용하고 있다. 마피아나 테러 단체는 법률의 경계선을 아슬아슬하게 오가고, 살인으로 다른 이에게 복수하면서 유혈 사태를 조장한다.

형벌을 복수의 수단으로 삼으면 사회가 타락한다. 피해자가 범인에게 철저하게 복수하고 살인까지 저지른다면 애초의 살인자와 다를 것이 없다. 복수심만이 근거가 된 형벌은 사람들을 병에 걸리게 하고 중독에 빠뜨린다.

개개인의 생명을 보호해야 하는 문명사회는 이중적 태도를 취해야 한다. 우선 끔찍한 사건을 겪었던 희생자들에게 유대감과 공감을 표하고, 다른 한편으로는 살인자가 받아 마땅한 대가이면서도 사회에 악영향이 없는 합리적인 형벌을 집행해야 한다. 나아가, 살인자가 똑같은 범죄를 다시 저지르지 못하게 하고 유사 범죄를 저지를 가능성이 있는 사람들의 숫자를 줄여나가야 한다.

생명을 귀하게 여기는 사회라면 형벌은 복수가 아니라 범죄에 따른 결과로서 기능해야 한다. 그래도 사회적 양심이 범죄자에게 고통을 요구하는 것은 당연한 일이다. 범죄자가 희생자에게 피해 보상을 하고 용서를 비는 것이 어떤 식으로든 강구돼야 할 것이다.

했다.

어느 영리한 죄수가 했던 말이 기억난다. "판사님, 나는 교도소에서 내가 저지른 죗값을 치렀습니다. 수감 생활의 고통으로 대가를 치렀죠. 판사님이 정한 배상금을 지불할 돈이 없습니다." 나는 이렇게 대답했다. "아니죠. 사회와 격리되는 벌을 받기는 했지만 당신 때문에 피해를 본 사람에게 배상하는 걸 잊으면 안 됩니다. 당신에게 지금 돈이 없다는 건 알고 있지만 조금씩이라도 피해자에게 배상을 해야 합니다."

살인자는 희생자에게 구체적으로 배상하고 지원해야 할 의무가 있다. 그리고 사회에 복귀하기 전에 용서를 구해야 한다.

형벌이란 사회와 개인에게 실질적인 도움을 줄 수 있어야 의미가 있다.

범죄 정책의 중요한 기준이 되는 원칙이 있다. 그 원칙에 분명한 입장을 견지하는 것이 공정 사회를 위해서 매우 중요하다. 스페인은 그 원칙을 늘 유지하지는 않았다. 지금은 그 어느 때보다도 이런 접근이 필요한 시기다. 왜냐하면 테러 단체 ETA(급진적인 바스크 분리주의 단체―옮긴이)가 저지르는 테러 행위를 우리가 원하는 방향으로 종식시키는 데 집중해야 하기 때문이다.

테러는 근절돼야 한다. 테러는 정당성이 없다. 사람의 생명을 대상으로 하는 모든 폭력 행위는 그것이 정부가 선포한 전쟁이라 해도 거부해야 마땅하다. 인간의 권리를 명백하게 침해하는 비극적인 상황에 대처하려는 유엔의 군사 행동도 논란이 많을 수밖에 없다.

스페인은 테러 때문에 사회 전반적으로 엄청난 고통과 희생을 겪었다. 무자비한 폭력으로 희생된 사람들의 고통은 이루 말할 수 없었다. 이 뿐만 아니라, ETA의 활동 탓에 인권 의식은 거의 바닥 수준으로 떨어졌다. 테러에 대응하는 과정에서 절대로 일어나서는 안 되는 심각한 인권 유린 사태가 뒤따랐다.

테러리즘을 척결하기 위해 마련한 범죄 정책은 항상 인권과 보편적인 합법성에 의거해 엄격한 의무를 준수해야 한다. 유엔의 선언도 그런 내용을 담고 있다. 스페인 정부는 유엔 선언에 걸맞은 수준을 유지하지 못했기에 비난을 받아왔다.

테러와의 전쟁에서 국가는 인권을 침해한다거나 합법적이지 않은 방식으로 대응할 때가 많다. 어쩔 수 없는 선택이라고는 하지만, 그런 것들이야말로 결국 국가를 퇴보하게 만드는 행위일 뿐이다. 테러와의 전쟁에서 승리한다 해도, 정당치 못한 방법으로 얻은 성과라면 무의미하다. 장기적으로 볼 때 정당성을 결여한 전쟁은 그 국가가 패배할 수밖에 없다. 이는 그동안의 역사가 증명한다. ETA와 싸우는 스페인의 경우도 예외가 아니다.

테러리즘은 조직의 전사들이 테러를 포기해야 사라진다. 유혈 사태를 벌여봐야 쓸모없다는 것을 인정하고, 자신들의 행위가 적들의 잔학행위와 다를 바 없다고 스스로 결론을 내려야 가능한 일이다. 테러리즘의 포기를 유도하겠다고 정부가 윤리적으로 흠결이 있는 조치를 취하면 안 된다. 테러리즘이 조장하는 불법 활동이나 그에 버금가는 행동의 유혹에 빠지면 절대 안 된다.

일부에서는 아직도 의심의 시선을 거두지 않았지만, 다행스럽게도 현실에서 긍정적인 변화가 일어나고 있다. ETA는 폭력 행위를 포기한다고 선언했고 곧이어 실제로 테러 활동을 끝냈다.

그 이후 구속 수감된 테러리스트들을 중심으로 그들의 구속 사유에 해당하는 행위를 더 이상 안 하겠다는 선언이 이어졌다. 즉 조직의 선언에 뒤이어 죄수들이 사회에 복귀하기 위한 노력을 하겠다고 발표한 것이다.

ETA 소속 죄수들은 법정 형기를 다 마칠 것이고, 법이 허용하는 범위 내에서 사회 복귀가 가능한 수준에 도달하려고 노력할 것이다.

ETA의 테러 활동으로 수감된 죄수들은 우선 형기를 마칠 때까지 기다려야 한다. 죄수에게는 죄수 나름의 권리가 보장되듯 그들 역시 사회 복귀 신청을 하고, 복귀 조건을 충족시키기 위해 노력하고, 공개 가석방 심사를 받게 될 것이다.

이때 법률적 내용을 엄격하게 적용하는 게 무척 중요하다. 헌법이 보장하는 사회 복귀 조건을 모든 사람이 수용하도록 하는 게 형법상 합법적인 권리를 집행하는 것이다. 이런 과정에서 이미 법원이 죄수들에게 부과한 형벌 외에 처벌을 가중하려는 시도가 있어서는 안 된다.

복수를 경계하는 것이 이런 건강한 사회를 만드는 데 도움이 된다는 생각을 나는 믿어 의심치 않는다.

테러범의 사회 복귀 과정에서 무슨 일이 어떻게 일어날 수 있는지 구체적인 사례를 살펴보자. 남아프리카공화국의 넬슨 만델라Nelson Mandela는 지독한 아파르트헤이트Apartheid(남아프리카공화국의 인종 차별주의 정책—옮긴이)에 저항하기 위해 한때 테러 단체 MK(비폭력 저항과 폭력 투쟁을 섞어서 구사하는 무장투쟁 단체. '음콘토 웨이즈웨'는 민족의 창檜이라는 뜻이다.—옮긴이)를 지지했다.

넬슨 만델라는 위대한 인물이었다. 독재 체제에 저항한 영웅이기 때문만은 아니다. 그는 사회에 복귀한 후, 테러 단체의 잘못을 인정했다.

잔인한 독재 정권 때문에 아프리카 저항 정신이 오염되어 결국 유혈 사태를 빚고 말았다고 인정한 인물이었다.

남아프리카공화국 헌법재판소는 MK의 조직원들이 투옥되어 고초를 겪었던 교도소의 위층에 있다.

비교는 중요한 것이다. 만약 ETA 죄수들이 폭력적인 투쟁 방식을 포기한다면, 우리 역시 끔찍한 폭력이 사라진 미래를 건설할 수 있을 것이다. 죄수들이 원만하게 사회로 복귀하기 위해서는 나머지 사회 구성원들의 노력이 필요하다. 우선, 사회는 희생자에 대한 참회와 배상, 그리고 용서를 할 줄 알아야 한다. 물론, 희생자들이 겪은 고통을 생각하면 유가족들과 공감하고 유대감을 맺는 것도 아주 중요하다. 그러나 죄수들의 사회 복귀가 원활히 이루어지려면 희생자 가족들이 복수의 유혹에 빠지지 않도록 도와줘야 한다.

우리는 자기 행동을 반성하고 고칠 준비가 된 사람을 원한다. 스페인은 가해자를 용서하고, 가해자는 스스로를 고쳐나가야 한다. 가해자에게는 그렇게 변하려고 노력하는 태도가 중요하다. 그런 노력 없이는 폭력을 종식시키는 미래를 결코 건설할 수 없기 때문이다. 만약 종신형을 선고받았던 만델라가 출소하지 못했다면, 아마 남아프리카공화국은 복원과 평화의 모델이 되지 못했을 것이다.

덧붙이자면, ETA 죄수들은 다시는 그런 일이 반복되지 않도록 어떻게 그리고 왜 그런 끔찍한 폭력이 일어났는지 철저히 되돌아봐야 할 것이다. 무고한 사람들을 무차별적으로 죽인 증오가 어디에서 비롯됐는지 고찰해야 한다. 같은 인간으로서 그들은 우리에게 그것을 설명할 의무가 있다.

아주 오래전에 나는 펠릭스 노발레스Félix Novales가 쓴『쇠로 만든 잔El Tazón de Hierro』을 읽었다. 그 책에서 저자는 평생 스스로를 자책하게 만든 증오의 원인을 분석했다.

사회를 변화시키는 호기심의 힘

어떤 사안에 대한 활발한 연구와 논의는 다른 영역에 대한 논의로 확장되기도 한다. 사회 변화를 주제로 삼은 연구는 변화에 대한 사람들의 열망을 이끌어낼 수 있다.

호기심 역시 변화를 만드는 데 필요한 요소다. 모든 일이 일어나는 이유를 따져 알아보는 습관은 훗날에 변화를 모색하기 위해서라도 꼭 필요하다. 우리는 호기심의 기본적인 개념을 이해하는 수준에서 나아가 그것이 꼭 필요한 이유와 영향력까지 분석해야 한다.

전통적인 교육관에서 호기심은 그리 좋은 것이 아니었다. 권장하지 않은 정도가 아니라 검열의 대상이었고 호기심 때문에 벌을 받는 경우도 많았다. 호기심은 마치 세포 덩어리와 같아서 축적되고 양이 많아지면 서로를 밀어낸다. 적당한 때가 되면 개별적인 것이 일반적인 것과 연결되고, 특별한 것이 보편적인 것들과 연결된다. 어쩌면 호기심을 멀리하라는 교육이 호기심이 샘솟는 걸 방해했는지도 모른다.

법률 전문가들은 모두 호기심이 많을까? 논리적으로는 그렇게 보일 수도 있겠지만, 실상은 그렇지 않다. 만약 법률 전문가에게 호기심이 없다면 입법 활동이 우리에게 더 불리하고 부정적으로 작용할 가능성이 크다. 왜냐하면 그들이 법률을 제정하는 당사자이며, 그들 자신도 잘 알지 못하는 광범위한 상황을 법률로 만들기 때문이다. 그러나 많은 법률가들은 호기심 자체가 없다. 어떤 법안을 대체하는 새 법안을 만들면서도 그 법안의 영향을 받는 개인들에게 어떤 결과를 가져올지에 대해서는 전혀 궁금해하지 않는다. 호기심이 없어도 얼마나 없는지 알게 되면 깜짝 놀랄 것이다. 아마 우리 민주주의 체제에서 가장 부족한 요소 중 하나가 호기심일는지도 모른다.

판사들은 평생에 걸쳐서 선고를 많이 내린다. 그러나 대부분의 경우 그 선고가 끼칠 영향이 구체적으로 어떨지 알아보려는 관심이 없다.

가끔씩 이런 생각을 할 때가 있다. 학교 교육에 호기심을 북돋고 활용하는 법을 가르쳐주는 프로그램이 있다면 사회 전반에 비판 정신이 깃들 거라고……. 호기심은 비판 정신에 이르는 문을 열어준다. 호기심을 가르친다는 것은 철학을 이해하는 새로운 방편이 될 수도 있다. 그것은 질문하는 법을 익혀 늘 '만약 ……라면 무슨 일이 일어날까?'라는 질문을 던지는 것과 같다. 행여나 그런 이유 때문에 교육과정에서 철학 과목을 없애버린 거라면 그보다 더 큰 실수가 또 있을까!

내 학교생활을 돌이켜보자. 그때는 모든 것을 종교와 결부시켜 설명했고 논리는 설 자리가 없었다. 철학이 무엇인지 알게 된 것은 대학교 6학기 때였다. 철학 공부는 놀라우면서도 즐거운 일이었다. 어릴 때부터 교회의 교리, 죄악, 선함, 성인들의 삶 같은 내용만 줄곧 들어온 나에게 철학 교수 디아나는 새로운 세상을 열어줬다. 조그만 키에 짙은 색 안경을 썼던 디아나 교수는 철학이란 특별한 게 아니라 생각하는 법을 배우는 거라고 설명했다. 생각하는 법을 배우기 때문에 학교 교육과정에서 철학이 제외됐을까? 정말 그렇다면 무서운 일이다.

그 강의는 내가 들은 유일한 철학 강의였다. 디아나 교수의 강의는 철학뿐만 아니라 더 많은 영역에 피상적으로나마 호기심의 촉수를 드리웠다. 우리가 살고 있는 세상을 다양하게 설명하면서 알아보는 수업이었다. 인간이 자신의 존재와 우연성을 어떻게 설명하는지, 사유의 힘을 밀고 나갈 준비가 되어 있는지 따져보는 것도 재미있었다.

자, 그러면 종교는? 종교는 어떻게 되는 거지? 우리의 존재와 삶의 모든 의문에 답변을 제공해온 것은 종교가 아니었던가? 그 당시 디아나 교수에게 던졌던 질문이 떠오른다. "우리가 생각을 시작해 도달한 결론이 종교에 의문을 제기하게 되면 어떡하죠?"

디아나 교수는 종교와 철학은 별개라며 짧게 답했다. 종교는 이성으로 이해하지 못하는 것을 믿는 것이고, 철학은 이성이 작동하는 원리와 기제를 가르치는 것이다 라고 말했다.

수강생이 얼마 되지 않아 다들 금방 친해져서 대화를 많이 나누었다. 그러다가 철학 시간의 토론 내용이 주임 사제의 귀에 들어가고 말았다. 디아나 교수는 가벼운 경고 조치를 받았다.

철학 책은 파란색 표지였고 두께가 얇았다. 그 책은 작은 책이었지만 모든 것을 종교적 관점으로 설명하는 방식에 의구심의 싹을 틔웠다. 그리고 이성으로 모든 것을 판단하도록 우리를 이끌었다.

그러나 그때까지도 나는 사람이 종교 없이는 살 수 없다고 생각했다. 그러다가 우연히 릴리 알바레스Lili Álvarez의 매력적인 생각을 접하게 되었다. 그녀는 지금까지도 대단한 영향력을 가진 위대한 작가 카르멘 라포레트Carmen Laforet가 개종하는 데 영감을 불어넣은 사람이었다.

나는 이성적 사유를 포기할 수 없었고, 철학과 종교의 양립 가능성을 찾아보려고 애를 썼다. 임마누엘 칸트Immanuel Kant가 해결의 단초를 제공했다. 여러 철학자 중에서 나는 칸트의 매력에 푹 빠졌다. 생각의 범주화에 관한 내용은 참신했고 종교와 철학이 양립할 수 있게 해주었다.

우리들이 공부한 정의에 따르면, 신이란 악이 없는 모든 선의 합이다. 정당하지 못한 방식으로 인간에게 많은 고통을 주는 사악한 존재가 신이라는 것은 생각조차 할 수 없는 일이다. 하지만 그런 신이 어째서 인간을 영원한 자연의 지옥 속에 버려둘 수 있는가?

나는 마음 속 의문을 해결하기 위해 치열하게 고민해야 했다. 그러다가 칸트를 접하면서 일반적인 시간의 개념을 달리 생각할 수 있게 되었다. 그것을 단순한 인식의 범위로 축소했다. 나는 친구들에게 이렇게 설명했다. 시간이라는 것은 존재하지 않는다. 시간이란 인간처럼 유한한 생명을 가진 가엾은 존재들이 현실을 인식하는 제한된 방법이다. 그렇게 나는 시간을 현실 인식의 단순한 방식으로 축소한 후에야 비로소 신이 인간에게 악의적으로 부과하는 고통의 문제를 끝낼 수 있었다.

결국 이런 사유 끝에 나의 종교적 믿음과 우리가 매일 습득하는 지식이 논리적으로 양립할 수 없다는 것을 느끼기 시작했다.

종교의 교리는 이성이 이해하지 못하는 것이며 믿음으로 받아들여야 한다는 관점을 나는 논리적으로 납득할 수 없었다. 또한 나는 학창 시절에 '국가 정신의 형성'이라는 과목을 가르치는 교사들이 파시스트당은 정치 정당이 아니라고 하는 주장을 이해할 수 없었다. 더욱 난해한 것도 있었다. 바로 스페인은 운명 공동체라고 주장하는 사람들이었다.

우리는 어릴 때부터 이해도 안 되는 교리문답을 반복해서 배우는 세대였다. 그러나 열대여섯 살 무렵이 되자 사정이 달라졌다. 우리는 파시스트당이 정치 정당이 아니라는 말이 무슨 뜻인지, 스페인이 운명 공동체라는 말이 무슨 의미인지 설명해보라고 교사들에게 대들면서 시끌벅적 소란을 피웠다. 그렇게 하는 게 즐거웠다.

나는 일반화하는 것을 별로 좋아하지 않는다. 계속 의문을 제기하며 호기심을 유지하는 게 정신적으로 힘에 부치더라도 훨씬 나의 밑거름이 된다.

자기 생각에 의문을 제기하는 과정은 인생의 여러 시기 중에서도 특히 사춘기에 꽃을 피운다. 어른들은 대체로 사춘기를 겪는 자녀들 때문에 힘들어한다. 다행히 나는 그렇지 않았다. 나는 내 아이들의 사춘기에 매우 관심이 많았다. 나는 열네 살이 된 아이들이 보내오는 시선을 마다하지 않았다. 아이들은 내 엉덩이가 야자수 열매같이 생겼다는 것을, 내가 춤을 추지 못한다는 사실을 알게 해줬다. 현실에 예리한 의문을 품기 시작하는 시기가 사춘기 때고, 이 무렵 직간접적으로 심신의 변화가 나타난다. 그 시기가 지나면 청년기가 온다. 청년기는 실제 세계를 인식하고 느끼면서, 갈망하던 것을 성취하며 살아가는 게 힘들다는 것을 깨닫고, 기존의 것을 온몸으로 거부하는 시기다.

호기심은 교육을 통해 길러진다

호기심은 인간의 선천적인 마음으로 얼마든지 북돋을 수 있는 대상이다. 따라서 무작정 외우라고 하는 것보다 알려고 하는 의지를 북돋아주는 것이 교육의 목표가 돼야 한다. 인간이라면 누구에게나 깃들어 있는 호기심이지만 우리는 얼마나 제대로 알고 있을까. 교육은 호기심을 개발하는 데 주요 방편으로 삼아야 한다.

교실에 갇힌 지식

지식과 능력을 습득하며 성장해가는 것이 배움의 개념이다. 지금도 그 개념은 동일하지만, 지식과 능력을 얻는 방법은 예전과 완전히 다르다. 과거에 비해 획기적으로 달라진 점은 이제 지식이 인터넷을 통해 모든 사람이 접근 가능한 범위 내에 있다는 것이다.

교사가 교재를 가지고 설명하며 지식을 주입하는 방식은 오랫동안 익숙한 교육 현장의 모습이었다. 이런 방식으로 학생을 가르칠 때는, 칠

판으로 그 내용을 보충하기는 하지만 기본적으로 말을 통해 설명한다. 시간이 흐르면서 학생들의 지식 수준은 공부와 암기를 거치면서 향상된다. 그것이 전형적인 교육 방식이었다. 설명은 교사의 몫이요, 배운 것을 이해하고 기억하는 것은 학생들의 몫이다.

오늘날 지식은 책 속은 물론, 컴퓨터 안에 찾기 쉽게 갈무리되어 있다. 이런 현상은 결국 가르치는 방식에도 변화를 줄 수밖에 없다. 이제는 교실을 벗어나서도 학생이 자신의 흥미나 호기심을 충족시킬 수 있게 되었기 때문이다.

살아있는 경험이 호기심을 자극한다

나는 유엔 활동의 일환으로 매년 바르셀로나에서 인권 강의를 진행했다. 강의 내용으로는 유엔 인권위원회가 '특별 조치'라고 이름 붙인 주제를 다뤘다.

하지만 나는 강의를 시작할 때 강의 주제가 '특별 조치'에 관한 내용이 아니라고 설명했다. '특별 조치'는 인터넷에 수백 페이지 분량으로 명료하고 깔끔하게 정리되어 있고, 유엔의 홈페이지에도 게시되어 있다. 학생들에게 강의한 내용은 다름 아닌 내가 살아온 이야기였다. 유엔의 '특별 조치'를 처리하는 전문가 중의 한 명으로서 내 경험과 생각을 전했다.

나는 라틴아메리카, 아프리카, 유럽 등 전 세계 여러 곳을 다녔다. 거기서 교도소를 방문하고, 불법 감금을 조사하고, 위선적인 관리들과 대화하며 구속된 사람들을 두루 살펴보는 것이 내 업무다. 내 경험을 전달하는 강의를 통해 우리가 처한 현실과 국제 활동의 미비점을 구체적으로 알려주는 한편, 그래도 뭔가 하고 있다는 것을 보여줬다. 이런 강의 방식은 그림을 보여주는 것과 비슷하다. '특별 조치'의 관료적인 측면을 교과서처럼 설명하는 것보다 훨씬 더 학생들의 흥미를 불러일으킨다.

나는 강의 경험을 쌓으면서 교육의 질이 어떤 지식을 전달하느냐에 따라 달라진다는 생각이 들었다. 내가 정말 하고 싶었던 일은 강의를 듣는 학생들의 호기심을 충분히 일깨우는 것이었다. 실제로 학생들에게 좋은 평가를 받았으니, 어느 정도는 효과가 있었던 것 같다.

듣는 사람이 강의에 실제로 집중하는 시간이 그리 길지 않다는 것은 널리 알려진 사실이다. 따라서 교육의 기본은 학생들의 지적 호기심과 흥미를 자극하는 데 둬야 한다.

안타깝게도 학교 수업은 호기심을 충족시키기는커녕 없애버리는 경우가 많다.

가끔씩 나는 손자들에게 학교 수업이 어떠냐고 물어본다. 학교에서 무슨 일이 일어나고 있는지 알고 싶었다. 물어보지 않고서 손자들이 자기 삶에 대한 공부를 얼마나 하고 있는지 전혀 알 길이 없었다. 아이들은 교과서에는 미미한 흥미를 보일 뿐이었다.

그래도 아이들이 학문이나 정치 같은 교과서에서 다루지 않는 광범위한 분야에 호기심을 보여서 위로가 되었다. 아이들이 특히 관심을 보이는 건 인간의 정신이나 발명 같은 분야였다. 텔레비전에서 그런 프로그램을 매우 흥미롭게 보고 이런저런 이야기를 했다. 그 말을 듣고서 나는 아이들은 자기가 관심 있는 것이라면 아주 빨리 배운다는 사실을 확실히 알았다.

호기심은 교육 현장에 활기를 북돋고 사회 개혁가들을 육성해내는 엔진과 같은 것이다.

효기심의 효과가 이런데도, 학생들이 흥미를 가진 것들을 공부하도록 두지 않는 이유는 도대체 뭘까? 다른 나라에서는 교육과정이 훨씬 더 유연하고 개방적이다.

이미 세상에는 다양한 교육 실험이 있었다. 그럼에도 우리가 그것을 잊고 있는 것 같다. 멀리 갈 필요도 없이 내 아이들은 21세기의 현대적인 학교에서 교과서 없이 공부했다. 남편 에두아르도 역시 책 없이 공부했다. 에스투디오 학교colegio Estudio에서는 수업 시간에 노트 필기와 참고도서, 잡지, 신문을 이용해서 공부를 했다.

현재 우리는 교육 분야에서 과거에 비해 오히려 퇴보한 것 같다. 교육자들은 진보적 입장에서 대안적인 교육 방식을 상상하는 능력이 부족하다. 최근에는 우리에게 정말 필요한 교육 방식을 실현에 옮길 가능성 자체가 줄어들고 있는 것 같다.

아이들에게 감정 교육을 하지 않는 학교

호기심 배양에 별 관심을 기울이지 않는 전통 교육에서는 아이들에게 주변에 대한 객관적 지식만을 가르친다. 아이들이 자기 삶과 자아를 잘 이해하도록 교육하는 것에는 아예 관심이 없다.

우리는 아이들에게 문법, 수학, 언어, 지리, 사회 같은 과목들을 열심히 가르친다. 하지만 아이들이 자기 삶을 공부하기 위해 필요한 것들은 가르치는가? 아이들에게 자신이 어떤 사람인지 깨우치도록 이끄는가? 아이들에게 자기 자신을 통제하는 방법을 가르치는가? 아이들에게 자신의 감정을 식별하는 방법을 가르치는가?

오늘날 감정 지능의 중요성에 이의를 제기하는 사람은 없다. 그럼에도 학교에서 인간의 감정에 대해 가르치거나 아이들의 감수성을 길러주려고 하는 것 같지는 않다.

안정적인 정서의 중요성을 알면서도 학교에서는 그것을 다루려는 시도조차 하지 않는다. 우리는 아이들에게 반드시 지켜야 할 행동 양식이나 태도를 가르치지만, 감정을 이해하고 통제하는 방법은 전혀 가르치지 않는다. 나는 2006년부터 모든 교육과정을 샅샅이 검토해봤지만 아이들의 감정 발달을 위한 교육은 단 한 건도 보지 못했다. 2009년부터 시행된 새 교육과정에서도 전혀 찾을 수 없었다. 2006년에는 그나마 시민권 교육을 다룬 교재가 있었고, 그것이 어느 정도는 감정 교육과 관련된 내용이었다. 그러나 신규 교육과정에서는 감정 교육의 커다란 효과와 필요성에도 불구하고 그 흔적조차 찾을 수 없었다. 어처구니없게도, 그 대신 기업 소개 같은 신설 과목을 추가되어 있었다.

교육학자 라파엘 비스케라Rafael Bisquerra는 감정 교육의 목표가 자신과 다른 사람들의 감정에 관한 지식을 얻고, 자기감정을 조절하는 능력을 기르고, 부정적 감정의 해로운 영향을 미리 파악해 긍정적 감정을 만들어내는 능력을 향상시키는 것이라고 말했다.

그의 주장이 매우 흥미로웠지만 내 생각은 다르다. 아이들은 사랑, 우정, 질투, 시기심, 분노, 경쟁, 불안감, 이기주의, 공격성 등의 감정들도 모두 알아야 한다. 아이들은 모든 감정을 지배하고 즐길 수 있어야 한다. 왜 아이들에게 어릴 때부터 일기를 쓰게 하지 않는가? 아이들이 자기 감정에 대해 충분히 생각한 다음 조리 있게 설명할 수 있도록 도와

줘야 한다. 개인 일기뿐만 아니라 학급 일기 작성을 통해서 자신의 감정과 타인의 감정을 공유하고 이해할 수 있도록 해줘야 한다.

분노를 다스리는 법을 가르쳐야 한다

법원은 사회가 어떻게 흘러가는지 살펴보는 감시탑 같은 기능을 한다. 법원이 다루는 수많은 사건과 판례는 끊임없이 솟아나는 샘물과 같다. 그런데 사회 기관들이 법원에서 나오는 막대한 양의 정보에 거의 관심이 없다는 사실을 알고 나는 놀라지 않을 수 없었다. 정확히 말하자면, 법원에서 흘러나오는 엄청난 정보를 어느 누구도 사회학이나 사회심리학의 측면에서 살펴보지 않는다는 뜻이다.

다양한 판례는 하나하나가 모두 중요하다. 설령 통계적으로 유의미하지는 못할지라도 말이다. 그것은 역사적, 사회적으로 아주 귀중한 자료가 될 수 있다.

나는 판사를 은퇴한 후에 절친한 친구 마리아 호세와 함께 조그만 사무실을 얻었다. 마드리드를 관할하는 여러 법원에서 2010년 일 년 동안 살인 사건을 다룬 판결문들을 취합했다. 자료 입수가 쉽지는 않았다. 우리는 해당 사건에서 발생한 범죄 행위를 분석하는 데 관심이 많았다.

법원에서 근무할 때였다. 한 사람이 다른 사람을 죽이기까지 얼마나 극적인 상황을 겪는지, 그리고 인간의 생명이 얼마나 별것 아닌 것으로 치부될 수 있는지 두 눈으로 직접 확인하고는 무척 충격을 받았다. 인간은 정말로 나약한 존재다. 평소 파리 한 마리조차 죽이지 못하는 사람도 무기 없이 아주 쉽게 사람을 죽일 수 있다. 나는 구타로 인한 사망 사례를 몇 번이나 목도했다.

누군가를 죽이는 것은 사람이 저지르는 최악의 불법 행위다. 생명이 끊어진 마당에 이 세상 모든 게 도대체 무슨 의미가 있을까.

그래서 나는 살인 사건을 생생하게 목도하는 것에서 그치지 않고 이론적으로 그 현상을 분석하는 데 관심이 많았다.

내 연구 결과는 〈민주주의를 위한 판사들〉이라는 잡지에 '마드리드에서는 누가 그리고 왜 살인을 저지르는가?'라는 제목으로 게재되었다. 살인 사건은 분노를 통제하지 못한 탓에 벌어진다는 결론이었다.

학교에서는 아무도 분노라는 감정을 잘 이해할 수 있게 도와주지 않을뿐더러, 분노를 통제하지 못한다면 언제 어느 때고 살인이라는 범죄로 이어질 수 있다는 사실도 알려주지 않는다.

아일랜드의 작가 케빈 파워Kevin Power는 실화를 기반으로 해서 『나쁜 하루Bad Day in Blackrock』라는 소설을 썼다. 어느 무더운 여름날 밤 한 나이트클럽 입구에서 더블린 최고 명문 학교의 학생들 사이에 어처구니없는 싸움이 벌어졌다. 그 싸움으로 한 청년이 발에 차여 죽었고, 축제의 밤은 비극으로 끝나게 된다.

2008년 이 소설을 처음 읽으면서 나는 법원에서 겪었던 유사한 사건들을 떠올리지 않을 수가 없었다. 이런 일은 언제나 일어날 수 있다. 분노를 제대로 통제하지 못해 공격성이 폭발하는 심각한 사건이다. 이런 사례를 깊이 있게 연구해서 학교 교육과정에 포함시키는 것이 중요한 과제다.

변화에는 끈기가 필요하다

생각을 바꾸기 위해서는 노력이 필요하다

변화는 늘 어렵다. 어떤 행동을 변하게 하는 건 그게 무엇이든 아무리 사소한 것이라고 해도 어려운 일이다. 우리는 변화를 준비하지 않는다. 우리는 변화를 교육하지도 않는다. 우리 사회와 학문은 20세기를 지나오는 동안 놀라운 수준으로 발전했지만, 우리 사회의 근간을 이루는 교육은 제대로 전통적인 방식에서 변화하지 못하는 위기를 맞이했다. 사회 변화는 두려움을 야기한다. 특히 교육자들은 보수적인 성향이 있어 그 두려움을 더 심하게 느낄지도 모른다.

그럼에도 지금 이 순간에도 격변하는 주변 환경에 대응하는 '변화관리'를 가르치는 사회학이나 심리학과 관련된 신설 과목이 생겨나고 있다. 변화관리라는 주제는 이제 법학, 경제학, 행정학, 경영학 등의 분야와 석사 과정 프로그램으로 가르치고 있다. 이 모든 게 새로운 시대를 맞이하고 관리하는 것과 관련되어 있다.

이런 수업에서 사용한 사례 중에 아주 흥미로운 게 있다. 수업 진행자는 사전 예고 없이 학생들에게 시계를 다른 손으로 옮겨 차라고 지시한다.

학생들의 첫 번째 반응은 불편함이다. 사람들은 왼손 혹은 오른손에 시계를 차는 게 익숙하다. 시계를 차는 손을 바꾸면 불편하다. 평소 쓰던 손이 아닌 다른 쪽 손으로 시계를 보는 게 익숙한 일은 아니다. 인간의 본성이 원래 그렇다.

익숙함이 때로는 걸림돌이 된다

일상적인 관습은 몸에 익은 데다 결과를 예측하기도 쉬우므로 생각하는 수고를 덜어준다. 만약 일상적으로 해오던 것과는 다른 방식으로 행동하려고 한다면, 전에 하지 않았던 많은 것들에 신경 써야 하고, 그다음 행동을 어떻게 할지 이리저리 고민해야 할 것이다.

그러나 일상적인 것은 한편으로는 위험하다. 기계적으로 행동할 때는 하는 일에 대해 깊이 생각할 필요가 없기 때문이다. 그런 행동을 하는 목적이나 이유는 물론 행동의 결과 역시 전혀 생각할 필요가 없다.

익숙함과 관습의 관계

게다가 일상성은 개인의 개성을 배제하면서 사회 관습을 양산한다. 사회 관습은 사람 사이에 유대감을 형성하고 공동체를 유지하는 데 도움이 되는 유용한 것이다. 어떤 사람이 그런 관습을 따르지 않는다면 다른 사람들과 사이가 멀어질 위험성이 있다. 나 역시도 문화적인 관습에서 완전히 자유롭지는 않을 것이다. 사회 집단의 문화가 사회 관습을 만들어내고, 관습이 집단의 삶을 규정한다는 사실은 분명하다.

그러나 어떤 의미로 보면 사회 관습은 사람들의 사회생활을 수월하게 해주는 대신 사람들 각자의 개성을 없애고 일정한 틀에 욱여넣는다.

이것은 장례식 같은 장소에서 분명하게 드러난다. 조문 차례가 되면 가족을 잃은 사람에게 다가가 유대감을 표현한다. 어디나 상갓집 관습이라는 게 있다. 영안실을 들르고, 가족들을 위로하고, 장지로 가서 할 행동 등 정해진 규정이 있는 것이다. 그런 관습은 사람들이 특정 행동을 하도록 이끈다. 사람들은 사회적 기대에 맞춰 행동한다.

병문안 같은 경우에도 사정은 마찬가지다. 누군가 수술을 받으면, 병세가 위중하든 아니든 친구들이나 직장 동료들이 병원에 꽃을 보낸다. 꽃을 보내는 이유 따위는 좋게 생각하지 않는다. 그냥 꽃을 보내면 끝이다. 사실 병원에 꽃이나 화분을 보내는 것은 별 의미가 없다. 아마 이런 관습은 환자의 방을 좀 더 쾌적하게 만들려는 뜻에서 유래했을 터이다. 좋은 생각이다. 하지만 꽃이나 화분의 싱싱한 상태를 유지하려면 계속 보살펴야 한다. 가뜩이나 몸이 편치 않은 환자에게 그런 일은 부담만 될 뿐이다.

나는 병원에서 버리는 꽃이나 화분의 양을 보고 항상 놀라곤 했다. 그것을 모아서 활용하고 싶다는 생각이 들기도 했다. 중고 꽃다발 회사도 좋은 아이디어 아닐까?

때로는 관습의 부재가 혼란을 낳는다

누군가 예기치 못한 불행을 당했는데 그 상황에 적절한 사회 관습이 없는 경우에는 어떡해야 할까?

아주 오래전에 알고 지내던 한 소녀가 당한 강간 사건이 기억난다. 그녀를 사랑하는 사람들은 모두 어찌할 바를 몰랐다. 그런 일에 대응하는 사회 관습이 없었기에 사람들은 갈팡질팡했다. 그러다 보니 애정과 관심을 보인다고 한 행동이 서투르고 경우 없는 짓이 되어버렸을지도 모른다.

2년 전 여름에 40년 이상 만나지 못했던 대학 시절 친구를 만났다. 철학과 종교 문제로 열띤 토론을 했던 친구들 중 한 명이었다. 옛 시절 이야기를 잠시 나누다가, 우리 사회에 계급 차별을 조장하는 관습이 그토록 많은 이유를 주제로 대화가 이어졌다.

친구는 1950년대 당시 집에서 하녀로 일하는 사람들은 왜 식탁에 함께 앉아 식사를 하지 못하는지 어머니에게 물어봤다고 한다. 그녀의 어머니가 뭐라고 대답했는지 정확히 기억나지는 않지만, 어차피 뻔한 내용이었다. 계급 차별의 관습을 정당화하는 하나 마나 한 답변이었다. "하녀들은 혼자 먹어야 편안하게 식사를 한다. 함께 식사를 하면 사생활 침해가 될 수도 있어." 그런데 그런 중산층 가정의 자녀들은 부모보다 하녀들과 더 공감대를 형성하는 경우가 많으니 아이러니하다고 해야 할까!

틀을 깨야 변화가 시작된다

어느 날 법정에서 질문에 답변하던 증인 때문에 깜짝 놀란 적이 있다. "제가 판사님에게 질문을 해도 됩니까?" 나는 곧바로 대답했다. "네, 질문하세요."

대다수의 판사는 그런 상황에서 십중팔구 이렇게 말했을 것이다. "질문은 내가 당신에게 하는 겁니다. 당신은 답변만 하세요." 사회 관습으로 보건대, 고위 공무원과 시민 사이의 대화는 대체로 이런 양상이다.

재판 중에는 생각하고 자시고 할 시간이 별로 없다. 재판은 아주 분주하게 진행된다. 증인은 루마니아 국적의 여성이었고, 마약과 인질 범죄의 희생자였다. 그녀가 내게 질문한 까닭은 검사 측의 질문과 재판부의 질문이 혼란스러웠기 때문이다.

개인의 행동을 바꾸는 것도 어렵고 오랜 시간이 필요한데, 하물며 사회 변화는 오죽하겠는가. 그러나 사회 변화는 개인의 변화에서부터 출발한다. 개인이 일상의 관습에 따르는 것을 거부하면, 역사를 뒤집는 사회 변화의 물꼬가 트이는 것이다. 1960년대 미국에서 백인에게 버스 좌석을 양보하지 않은 로자 파크스Rosa Parks라는 흑인 여성이 촉발시켜 일어난 거대한 변화를 생각해보자. 개인적인 것, 즉 사회적 관습에 얽매이지 않으려는 개인의 의지는 대단히 중요하며, 큰 변화의 문을 여는 계기가 될 수 있다.

저항과 충돌 뒤에 찾아오는 변화

오래전부터 알고 지내던 기업 경영 전문가 에우헤니오 이바르사발이 조직의 변화 과정을 사회학적으로 설명해준 적이 있다. "마누엘라, 사회를 바꾸려고 하는 사람은 변화 곡선을 알아야 해요." 그는 무관심, 거절 그리고 수용이라는 세 가지 단계의 변화 곡선을 종이에 그렸다.

변화를 시도하는 사람은 처음에는 무관심이라는 벽에 부딪친다. 뭔가 새로운 것을 계획해도 아무도 그것에 관심을 보이지 않는다. 그 사람은 아무도 자기 말에 귀 기울이지 않는 묘한 느낌을 받을 것이다. 사람들은 새로운 내용을 접했을 때, 대부분 무슨 말을 해야 할지 모른다. 대체로 처음에는 판단의 기준이 서지 않는다. 뭔지는 모르겠지만 새로운 내용인 것 같고, 컴퓨터로 알아보려고 해도 관련 정보가 없다는 것을 알고는 꿀 먹은 벙어리가 된다. 변화를 추진하려는 사람은 이렇게 무관심의 벽에 둘러싸인다.

에후헤니오의 설명에 따르면, 시간이 지나면서 변화에 반대하는 세력이 등장한다. 이들은 개혁이 기존의 신념이나 이익을 불안정하게 만들기 때문에 변화를 성가시고 귀찮은 것으로 여긴다. 이 단계에서 현 상태를 깨뜨리려는 움직임을 포착한 반대 세력은 본격적으로 나서서 변화에 격렬하게 저항한다. 때로는 놀라우리만큼 적대감을 보이며 새로운 것과 충돌한다. 그런 저항은 산발적인 수준에서 그칠 수도 있고 조직적인 움직임이 될 수도 있다. 아무튼 저항은 엄연히 존재한다.

그러나 결국 자의든 타의든 사장 또는 관리직 간부가 변화를 받아들이고 모든 사람들은 거기에 박수갈채를 보낸다. 그 과정이 진행되면서 수용의 단계가 찾아온다. 놀랍게도 처음에 가장 반대하던 사람이 갑자기 열정적으로 변화를 받아들이고 마치 자기가 그 변화에 앞장선 사람이라도 되는 양 설레발치며 나돌아 다닌다. 이런 변화 과정은 기술, 학문, 사회 등 전 분야에서 비슷한 양상을 띤다.

스페인에 전기가 도입되는 과정은 아주 흥미롭다. 세사르 아르코나다César M. Arconada는 『발전기La turbina』라는 소설에서 그 과정을 환상적으로 풀어낸다. 스페인에 사상 최초의 전구가 설치되자 보수주의자들은 촛불과 가스등만 한 게 없다며 허풍을 떨었다.

사회 변화에서도 똑같은 일이 벌어진다. 동성 간의 결혼을 인정한 선구적인 나라 중 하나가 스페인이었다. 그러나 1978년까지는 단순히 동성애자라는 이유만으로 체포됐고, 어이없게도 바고스 이 말레안테Vagos y Maleante 법안(부랑자 및 불량배 관련 법안—옮긴이)의 적용을 받았다.

이제는 농담으로 들리겠지만, 아주 오래전에는 스페인 사람들이 너무나 정열적이라 절대로 민주주의가 정착될 수 없을 거라는 말이 정말 파다했다. 그런 바보 같은 소리를 여러 사람들이 떠벌렸다. 하지만 그런 망발을 일삼던 사람들이 나중에는 자기가 자유의 투사였다고 자랑하며 돌아다녔으니 이 얼마나 우스꽝스런 일인가!

스페인은 마침내 민주주의를 획득했다. 아직 보완해야 할 게 많지만, 우리는 민주주의 쟁취라는 위대한 승리를 결코 잊을 수가 없다. 1936년, 합법적인 스페인 공화국을 무너뜨리며 독재 체제가 들어섰다. 엄혹한 독재 체제에 반대하면서 민주주의를 사수하기 위해 고통을 겪었던 수많은 사람을 우리는 결코 잊어서는 안 된다.

변화가 사회 전반에서 성공적으로 이루어지고 나면 시민들도 긍정적인 반응을 보인다. 그러나 그 과정에서 소수의 특권층이 다수의 염원을 방해하고 사회 변화를 거스르려고 벌이는 끔찍한 억압 역시 절대 잊으면 안 된다.

변화는 어려운 일이다. 권력자들은 특권을 내려놓지 않으려고 발버둥친다. 그들은 특권을 지키고 확대하기 위해서라면 어떤 잔인한 짓이라도 서슴지 않을 사람들이다. 사회가 발전했어도 세상은 여전히 불공정하고 불평등하다. 그래서 변화를 주도하는 시민들을 양성하는 게 아주 중요하다. 그런 노력도 없이 세상이 좋아지기를 바랄 수 있을까.

지금 이 순간 전 세계 1퍼센트의 인구가 전 세계 부의 43퍼센트를 소유하고 있다. 도저히 납득할 수 없는 일이다. 어째서 다수의 사람들은 소수의 권력자들을 위해 봉사하는 엘리트 정부의 통치를 용인하는가? 21세기에 접어든 지금도 이 질문에 답하는 게 쉬운 일이 아니다.

토머스 프랭크Thomas Frank는 자신의 책 『왜 가난한 사람은 부자에게 투표하는가?What's the matter with Kansas?』에서 이 질문에 답하려고 한다. 이 책은 미국의 선거에서 일어난 변화 양상 중에서 주목할 만한 점을 보여준다. 미국에서 가장 가난한 캔자스 주는 20세기 중반까지 민주당을 지지했으나 지금은 공화당 지지로 돌아섰다. 재벌들의 이익을 옹호하는 공화당을 어째서 경제적 하위 계층이 지지하는지 설명할 수 있겠는가? 민주당의 엘리트 지식인들에게 실망한 대중들의 복수 심리가 작용해 공화당의 손을 들어준 것이다.

이런 현상이 왜 생기는지 그 원인을 정확히 설명하지는 못하겠다. 어쩌면 자신들의 삶을 바꿀 수 없다는 무력감에 젖어들었기 때문인지도 모른다. 권력자를 지나치게 추종할 만큼 사람들이 무기력해졌을 가능성도 있다. 즉, '우리는 권력자가 될 만큼 충분히 일을 하지 않았다. 우리는 원하는 바를 결코 이루지 못할 것이다.'는 패배주의에 휩싸인다. 권력자들은 소수다. 그들이 정치가, 은행가, 이론가든 뭐든 간에 소수다.

많은 사람들은 모든 것이 자신에게 달려 있다는 믿음을 견지하려고 애쓰다가 자신에 대한 믿음을 잃어버렸다. 성공하지 못하면 그것은 자신의 잘못이다.

아직까지 만연한 이런 불평등과 불공정 문제는 사회 변화를 준비하는 새로운 세대가 극복해나갈 것이다. 이것은 인간이 반드시 걸어야 할, 오랜 세월에 걸쳐 이룩해나갈 변화와 발전을 기대하는 염원일지도 모른다.

상투적인 표현을 깨뜨리자

개혁자들은 우리 일상에서 흔한 상투적인 표현에도 의문을 품을 수 있어야 한다. 사람들은 자신의 의견을 표할 때 비슷한 표현을 사용할 때가 많다. 특히 언론 매체에서는 사건 보도를 할 때 상투적인 표현을 많이 사용한다. 언론이 상투적인 표현을 거듭 사용하면 사람들은 그 표현의 의미로만 사건을 판단하게 되고, 정확한 사실관계는 묻혀버리고 만다.

법원에서도 자주 쓰는 상투적 표현들이 많다. 특히, 성범죄와 관련된 사건은 '추잡한 것feos'(feo는 추하다는 의미를 가진 스페인어 형용사—옮긴이)이라고 일컫는다. 판사는 엘리베이터나 복도에서 동료들을 만나면 처리해야 할 다양한 사건 이야기를 나눈다. 오늘날 판사들의 업무량은 엄청나게 많다. 특히 마드리드 법원이나 나의 최종 근무지였던 지방 법원은 업무량이 산더미 같다.

아침에 만나는 동료들끼리 주로 오가는 대화는 이런 내용이다. "안녕하세요. 잘 지내죠?" "그럭저럭요. 어떻게 지내세요?" "난 더 이상 못 해먹겠어요. 제가 어제 몇 시에 퇴근했는지 아세요? 아마 믿지 않을걸요. 마지막 재판이 끝나니까 밤 열 시더라고요. 근데 오늘은 무슨 사건이에요?"

이럴 때 사정을 들어보면 바라하스^{un barajas} 사건 때문인 경우가 많다. 마드리드 지방 법원에서 가장 빈번한 사건을 판사들은 그렇게 부른다. 바라하스 사건이란, 바라하스 공항에 코카인을 가지고 들어오다가 체포된 사람들의 재판을 말한다. 검찰은 이런 범죄에 아주 강경하게 대응하기 때문에 재판은 지방 법원으로 곧장 넘어온다. 이런 범죄의 거의 70퍼센트 정도는 지방 법원으로 온다.

가끔 동료 판사들이 지친 얼굴로 '추잡한' 재판이 있다고 말할 때가 있었다. 성범죄 관련 재판이라는 뜻이다.

성범죄를 다루는 것 자체를 추잡한 일이라고 여기다니! 이 말을 들을 때마다 귀를 의심했다. 범죄 자체는 추하지도 예쁘지도 않다. 범죄란 어떤 사람이 다른 사람에게 피해를 주는 행동이며 그 내용은 주로 극단적일 수밖에 없다. 피고의 잔인한 행동에서 드러나듯이, 범죄는 무자비한 성격을 띤다. 그러나 추잡하다는 형용사는 적절하지 않다. 그 말은 오히려 사회적 위선과 관련이 있다. 판사들은 대체로 성적 행동을 주제로 한 토론을 꺼리고 불편해한다. 물론 낯뜨거운 성적 행동을 면밀하게 조사하다 보면 혼란을 느낄 수도 있다.

나는 성과 관련된 모든 이야기들이 무척 흥미롭다. 인간의 기본적인 욕구이면서도 은밀한 영역이다.

판사들은 성범죄 사건을 재판할 때 그 사건 관련자들의 행동을 거리낌없이 분석해야 한다. 나는 내 신념을 바탕으로 사건을 처리해왔다.

가끔은 재판 팀이 구성될 때도 한다. 재판 팀은 주심 판사 한 명에 배석 판사 세 명으로 구성되는데, 업무량이 너무 많아서 동시에 두 팀을 구성하는 경우도 있고, 관할 구역이 다른 판사들이 참여하는 경우도 있다.

한번은 아주 보수적인 판사와 한 팀을 이룬 사건이 있었다. 우리는 심리를 마친 후 선고를 내리기 전에 사건을 다시 충분히 검토했다. 그러다가 희생자 진술의 신빙성을 가지고 토론이 벌어졌다. 토론 과정에서 여자들이 잠을 잘 때 속옷을 입느냐 안 입느냐 여부를 두고 옥신각신하기도 했다. 나와 동료 여자 판사가 잠잘 때 잠옷만 입고 속옷은 입지 않는다고 하자, 보수적인 판사가 난리를 떨었다. 우리는 속옷을 입고 자는 게 불편하다고 반론했지만 그 판사는 부인이 언제나 속옷을 입은 채 잠을 잔다며 아연실색했다. 이런 이야기를 주고받을 때, 다른 동료가 자기는 옷을 홀랑 다 벗고 잔다고 해서 모두들 웃음을 터뜨렸다.

나는 성범죄와 관련된 재판이 추잡한 것이라는 관용적인 표현에 동의할 수 없다. 사실 이런 사건은 대개 사람들의 아주 은밀한 습관까지 탁자 위에 까발려놓도록 강요한다.

우리 사회에는 무심코 내뱉는 상투적 표현들이 만연하다. 예컨대 '강간범들은 진정한 괴물'이라는 표현은 편견을 고착화하여 해당 사건의 재판을 힘들게 할 뿐만 아니라, 성범죄의 예방과 억제 정책을 시행하는 일도 어렵게 한다.

우리 사회는 끔찍한 범죄를 저지른 사람들을 괴물이라고 부르는 데 익숙해져 있다. 이런 상투적인 표현이 횡행하는 현실은 사람들이 쉽사리 납득하지 못하는 사건을 어떻게든 단순하게 나타내려 하다보니 더욱 가중되는 게 아닐까.

앞서 말했듯이, 나는 타인에 대한 동정심은커녕 공감하는 시늉조차 하지 않는 범죄자들을 수두룩하게 봐왔다. 그들은 무고한 희생자에게 차마 입에 담기도 힘든 고통을 주고 아주 잔인한 범죄를 저질렀다. 그러나 괴물이라고 부르기 어려운 사람들도 분명 많았다. 그들은 끔찍한 일을 저질렀지만 다른 한편으로는 아주 친절한 사람이 될 수도 있었던 사람들이다. 선한 행동과 악한 행동을 동시에 할 수 있다는 것이 이해하기 어려울지도 모르겠다. 이는 인간 본연의 모습 중에서도 파악하기 힘든 지점에 있는 것이다.

몇 년 전에 강간 사건 재판이 있었는데, 상투적인 표현이 피고와 그 가족의 행동에 어떻게 영향을 끼치는지 보여주는 대단히 흥미로운 사례였다. 피고는 강간범으로 법정 구속되었다. 아주 잘생기고 매력적인 청년이었다. 그는 운수회사에서 근무했고 월급도 많이 받았다. 자동차와 예쁜 애인도 있었다. 중산층 가정 출신이며 가족들의 사랑을 받으며 자랐다.

호세라는 이름의 피고는 자신의 범행을 단호하게 부정했다. 그러나 증인들은 그가 범인이라고 확신했다. 특히 피해자는 거의 쉰 살 가까운 나이의 공무원으로 학위도 있는 교양 넘치고 매력적인 여성이었다. 그녀는 청년의 범죄 때문에 극심한 고통에 시달렸고 범행 당시의 상황을 자세히 설명했다. 변호사의 집요한 질문에 그녀는 고통과 당혹감을 보이며 이렇게 말했다. "내가 왜 거짓말을 하겠습니까? 내가 저 청년의 엄마

뺄 되는 나이인데." 호세의 알리바이는 호두 껍질 깨지듯이 무너졌다.

증인들은 범죄가 일어난 건물로 호세가 들어갔고, 그의 트럭이 건물 앞에 주차됐으며, 그가 달아나는 것까지 봤다고 증언했다. 피고는 그날 그 시간에 병원에 있었다고 주장했지만 그 사실은 확인되지 않았다.

재판이 진행되는 동안 나는 호세의 어머니와 애인의 행동을 흥미롭게 지켜봤다. 그들은 호세가 완벽한 청년이라고 거듭 주장했다. 그들은 호세를 정상적이고 반듯한 사람으로 여기고 있었다.

재판이 끝나고 난 후, 같은 팀 동료이자 절친이기도 한 판사 카르멘에게 내가 느낀 점을 말해줬다. 호세는 범죄 혐의를 입증하는 명백한 증거 앞에서도 가족들의 철썩 같은 믿음 때문에 범행을 인정할 수 없었을 거라고, 아마 그의 가족이 혐의 사실을 받아들였으면 호세도 범행을 인정했을 거라고……. 하지만 그것은 상상할 수도 없는 일이었다.

호세의 어머니에게 강간범이란 괴물이나 다름없었다. 그래서 완벽한 아들내미가 여자를 강간했다는 사실은 차마 인정하기 어려운 일이었다. 재판부는 범인을 구속한 후에는 범인의 가족들과 이야기를 나누지 않는다. 만약 대화할 기회가 있었더라면, 변호사는 분명히 재판부가 무고한 아들을 구속하는 실수를 저질렀다고 주장했을 것이다.

법정 공방은 대법원까지 갈 것이고 헌법 법원까지 갈지도 모르겠다. 가족들은 입증할 수 없는 것을 주장하려고 돈을 쏟아부을 것이다. 그러나 증거는 너무나도 명백했다. 피고 측 입장에서는 재판부가 실수했기를 바라야만 했다. 법원의 결정을 최대한 거부하는 것이 호세 가족에게 조금이나마 유리한 선택일 것이다.

인간은 본질적으로 모순된 존재이기 때문에 누구나 실수를 할 가능성이 있다. 그러나 이 사건은 실수로 일어났을 리 없는 명명백백한 사건이다.

타인에게 심각한 피해와 고통을 주는 흉악 범죄를 받아들이기란 누구에게나 어렵다. 그러나 유별나게 사악한 사람이 아니더라도 누구나 범죄를 저지를 수 있다. 재수 없게 어느 날 어느 순간에 일정한 조건이 맞아떨어지면 누구든 잔인한 범죄를 저지를 가능성이 충분하다는 것이다.

이상하게 들리겠지만, 사실이 그렇다. 사람은 한순간의 분노로 다른 사람을 때려죽일 수도 있다. 하지만 사회는 그런 행동을 단죄한다. 범죄자라고 해서 꼭 사악함과 결부되는 것은 아니다.

성범죄 사건들은 형사처분이 끝나고 나서도 지속적인 연구가 이뤄져야 한다. 그러기 위해서라도 관성적인 사고방식을 버리고, 상투적인 표현을 넘어서야 한다.

제 4 장

여성이여, 혁명하라

여성에겐 세상을 바꿀 능력이 있다

나는 변화를 주도하는 데 여성이 훨씬 탁월하다고 늘 생각해왔다. 얼마 전까지만 해도 남성의 독무대였던 직업 세계에 여성이 늘어나는 것만 봐도 변화의 가능성은 점점 커지고 있다. 80년대 초만 해도 전문직 여성이 되려면 삶의 궤도를 바꿔야 했다. 이제는 여성이 전문직에 종사할 기회가 많다. 남성만의 리그였던 직종까지 여성이 진입하기 시작했다.

그러나 내 세대 여성에게는 전문가가 되는 고유의 모델이 없었다. 따라서 당시 여성이 전문가의 길을 가기 위해서는 상당한 개척 정신이 필요했다. 우리는 개혁을 열망하여 변화의 필요성을 항상 갈구했다. 전문가로서의 삶은 우리 욕심껏 쓸 수 있는 하얀 백지와 같은 것이었다.

남성 문화를 모방하는 직장 여성

나는 라 팔마 섬 최초의 여자 판사였다. 내가 테네리페의 산타크루스에서 보직을 맡았을 때, 남자 판사 몇 명이 나의 보조 역할을 했다. 그들은 뭔가를 바라는 듯한 눈치였고, 나 역시 그 기대를 저버리기 힘들었다. 나는 관행에 변화를 줬다. 남자 판사들에게 시가를 주는 대신 봉봉 초콜릿을 선물했다(당시 공직자는 취임 인사로 대개 고급 시가를 선물했다.─옮긴이).

여러 가능성이 열려 있는데도 신임 여성 전문가들은 대부분 변화를 시도하지 않았다. 남성 문화를 모방하였고, 스스로 운신의 폭을 좁혔다. 그게 유별난 일도 아니었다. 변화는 어렵다. 우리 조직 문화는 변화에 대비한 준비가 거의 안 되어 있었고 개혁을 원하는 사람은 고독할 수밖에 없었다. 그래서일까? 처음 남성의 직업 세계에 들어온 여성은 무의식적으로 스스로를 보호해야 한다고 느꼈을 것이다.

남성이 차지하고 있던 직종에 여성이 등장하는 것은 신선한 일이었으며 그 자체가 하나의 큰 변화였다. 그때까지 남성이 해오던 일을 정말 여성이 감당하는지 보려고 사람들은 돋보기를 들이댔다. 그래서 지금껏 남성의 전유물이었던 일에 새로운 모델을 만들겠다는 생각은 엄두도 못 냈다.

우리는 남성이 하던 일을 그대로 답습했다. 신념까지는 아니더라도 열정을 가지고 열심히 그들처럼 되려고 기를 썼다. 여성 특유의 문화를 드러내지 못하고 감추는 데 급급했다. 그런데도 집안일은 여전히 여성의 몫이었다.

남성 세계에서 활동한 최초의 여성 세대가 보여준 반응은 대게 그런 식이었다. 그게 우리 딸들 세대에 이르러도 크게 달라지지 않았다. 아마 장년의 나이로 접어드는 우리와는 성장 환경부터 차이가 있을 것이고, 설령 변화의 필요성을 느낀다 해도 아직은 구체적인 대안을 만들어내거나 변화를 주도할 힘이 없었기 때문일 것이다.

무슨 목적으로 대학을 가는가?

중학교 4학년 때였다. 봄날이었고 교실 창문 밖으로 파란 하늘에 하얀 구름이 두드러져 보였다. 카마초 수학 선생님이 수업 중에 느닷없이 질문을 던졌다. "너희 중에 대학에 갈 사람은 몇 명이나 되지? 대학 갈 사람 중 자격증 따서 전문직으로 일할 사람은?" 여학생들을 대상으로 한 질문이었다. 남학생에게는 필요없는 질문이었다.

선생님의 질문 의도는 분명했다. 나는 깊은 인상을 받았다. 카마초 선생님은 대학에 진학하는 여학생은 전공을 살려서 전문가로 활동하겠다는 생각을 가져야 한다고 말해줬다. 이 나라는 가정주부가 된 후에 다시 전문가가 되기는 힘들다고 했다. 1961년 즈음 마드리드 법과대학에서 여학생 비율은 100명 중에 열에서 열두 명꼴이었다. 남학생들이 대학에서 군사훈련을 받듯이 여학생은 의무적으로 사회봉사 활동을 해야 했다.

사회봉사 활동은 여름방학 동안 캠프 생활을 할 때 진행됐고, 나중에는 공부를 병행하면서도 했다. 봉사 활동의 총 지휘자는 팔랑헤당 falangista(파시즘에 영향을 받은 민족주의 정당으로 호세 안토니오 프리모 데 리베라가 창설한 정당―옮긴이) 노조에 소속된 고학년 학생들이었다. 그 시절에는 모든 대학생이 의무적으로 그 조직에 가입해야 했다. 지도부 대다수도 팔랑헤당의 여성부에 속해 있었다.

나는 산티아고 데 콤포스텔라Santiago de Compostela 시에서 캠프 생활을 했다. 내 머릿속에 새롭게 움튼 생각은 성장을 멈추지 않았다. 프랑코 독재가 한창일 때도 여성운동의 싹은 돋아났다.

팔랑헤당에 소속이었지만 캠프에서 토론할 때만큼은 이데올로기에서 벗어나 자유를 만끽할 수 있었다. 우리는 여성이 전문가가 되어야 할 필요성을 역설했다. 여성도 남성과 똑같은 권리를 누려야 한다고 주장했다. 우리는 친_親프랑코 노조에 민주주의적인 요소가 전혀 없다고 평가했다. 이런 걸 거리낌 없이 이야기했다. 어느 날 오후 '팔랑헤 노조_{SEU}'가 민주주의적 요소가 부족하다며 성토하고 있을 때 오르티 보르다스가 들어왔다. 그녀는 SEU에서 권한을 위임받은 우리들의 대표자로, 학생들이 선출한 게 아니라 상급 기관에서 임명받은 사람이었다. 그녀는 우리들을 보고 말했다. "법대 여학생들은 진짜 개혁가들이네!"

캠프가 끝난 후 SEU 여성부에서 나에게 마드리드 법과대학의 여성부 관리자 자리를 제안했다. 이데올로기를 떠나 전문직 여성이 자기 역할을 책임지고 수행하는 양상이 이미 시작되고 있었던 것이다.

그 일을 계기로 나는 일하는 여성에게 유리한 환경을 만들어주는 메커니즘이 뭔지 생각해보게 되었다.

이듬해 2학년이 된 나에게 새로운 의무가 부과되었다. 대학 생활을 적극적으로 펼쳐나가도록 법과대학의 여학생들에게 동기를 불어넣는 일이었다.

동기를 부여하는 방법을 찾으려고 설문 조사를 실시했다. 질문 내용은 이랬다. '결혼 후에도 변호사 혹은 사법부 관련 직업을 계속 가질 것인가?' 대부분 전문가로서 활동할 생각이 없다고 답변했다. 변호사 같은 전문가로 활동할 생각이 없다면 그들은 너무 복잡하고 값비싼 공부를 하고 있는 셈이다.

그때의 답변 내용을 생각하면 지금도 의아하다. 그것은 한 시대 중산층의 사회심리적인 사고방식을 반영한다. 당시 법대 2학년 강의실은 늘 열 받게 만드는 곳이었다. 법대 여학생들은 법학 전공이 중요한 사회적 위상을 부여한다고 여겼다. 결혼 후에 남편과 전문적인 대화를 나누게 될 거라고도 말했다.

그런 말을 들으니 어릴 적 수녀 학교에서 봤던 한 소녀가 떠올랐다. 학교에서 제일 예쁜 아이였다. 그 아이는 중등 과정을 포기하고 바보 같은 내용을 가르치는 교양 수업만 들었다. 아주 예뻤기 때문에 굳이 공부할 필요가 없다며, 수녀들이 잔뜩 헛바람만 심어놨던 것이다.

나는 그 당시 법대 여학생 중에 몇 명이 전공을 이수했고 나중에 직업을 가졌는지 모른다. 그때 머리에 든 거라곤 결혼 생각뿐이던 학생 몇명이 나중에 직업 전선에 뛰어들려고 다시 수업을 들었다고 한다. 이건 사회적으로 엄청난 낭비다. 현명한 카마초 선생님 말씀처럼 여자라는 운명이라는 저주에 옭매이면 좌절의 수렁에서 헤어나지 못한다.

인간은 어떤 상황에서도 발전해간다. 나는 인류가 이룬 가장 위대한 성취가 인권이라고 믿어 의심치 않는다. 인권 관련 국제적인 조직에서 세계인권선언의 가치를 반영한 다양한 협정이 이행되는 걸 보니 감개가 무량하다. 그렇게 해서라도 인권을 침해당한 사람들이 상처를 딛고 일어서기를 간절히 바란다. 사회가 나서서 희생자의 상처에 공감하고 치유할 방법을 함께 찾아야 한다.

유엔은 2005년 12월 16일, '인권침해 희생자의 권리에 대한 기본 원리와 기준'을 공포했다. 그때부터 고통을 극복하려는 희생자의 움직임이 나타나기 시작했다.

남존여비 같은 퇴행적 사고방식이 얼마나 많은 여성의 삶을 망가뜨렸는지 기억해야 한다. 스페인내전의 결과, 보수적인 가치가 더 완강하게 자리잡았다. 그건 여성의 권리 퇴보를 의미한다. 19세기 유럽 문화는 사회 전반에 걸쳐 여성을 짓누르는 지배적 가치가 성행하였다. 이와 달리 남자들의 권리는 비약적으로 신장됐다. 여성운동이 비로소 그 모습을 갖춰나가기 시작한 배경에는 글을 읽지 못하는 수많은 여성의 탄식이 깃들어 있다. 여성은 글을 배우지 못하도록 강요받았다. 이것이 여성을 비하하고 대상화하려는 의도가 아니라면 달리 뭐라고 설명해야 할까?

무지를 극복하기 위해 투쟁한 두 여성

페데리코 루비오 이 갈리는 자신의 책에서 이렇게 말했다. 그의 어머니는 아주 총명한 사람인데 읽는 것을 배우지 못했다. 그때는 여성이 글을 읽는 것을 부정적으로 보았고 심지어 위험하다고까지 여겼다. 만약 글을 안다면 연인과 남몰래 편지를 주고받을 거라는 염려에서였다. 중세 시대 횡행했던 정조대만큼이나 잔혹한 이야기다. 여성을 극도로 불신하지 않는 다음에야 어찌 그럴 수 있을까!

페데리코 루비오의 어머니는 아주 능숙하게 기도를 하면서 교회에서 가르쳐준 읽기 부호를 가지고 기도문에 나오는 음절을 식별할 수 있었다. 그렇게 해서 그녀는 글을 깨쳤고 웬만큼 능숙하게 글을 쓸 수 있었다.

그러나 스페인 역사상 가장 끔찍한 일이 일어났다. 교회의 지지를 등에 업은 프랑코 독재는 초기 여성운동을 무자비하게 짓밟았고, 공화국에서 인정한 여성의 권리를 모두 앗아갔다. 다시 회복하려면 엄청난 대가를 지불할 수밖에 없는 역사적 퇴보였다!

스페인 여성의 높은 문맹률이 다른 유럽 국가보다 훨씬 더 오래 지속된 것은 다 이유가 있었다.

페데리코 루비오의 어머니 이후 거의 백 년 만에 그와 비슷한 사례를 내가 직접 봤다. 비슷하면서도 한층 더 가치 있는 문자 습득의 사례였고, 희생자가 영웅으로 변한 이야기라고 할 만하다. 그녀의 이름은 푸라였다.

내가 1960년대 말에 대학을 졸업하고 노무 변호사로 일을 시작했을 때였다. 푸라는 바르셀로나 옆에 있는 호스피탈렛 데 요브레가Hospitalet de Llobregat의 빈민가인 라 봄바la Bomba 지역의 지도자였다. 그녀는 교도소에 수감되었을 때 글을 깨쳤다. 대단하다!

그녀는 하엔Jaén 출신이었고 1950년대에 바르셀로나로 왔다. 그녀와 남편은 공산당원이었다. 아들에게 장애가 있어서 그녀는 밖으로 나가 일하기가 힘들었다. 동네에서 이웃들과 함께 일을 했고, 스페인의 대도시 주변에 있는 빈민가에서 일어날 듯한 흔한 문제들을 겪으며 살아왔다. 주민들은 동네 상황을 개선하기 위해 노력했다. 1970년대에 그녀는 주민들과 힘을 합쳐 빈민가 앞에 있는 벨비체Bellvitge 지역에 새 주거지를 마련했다.

그런 푸라가 5월 1일에 체포됐다. 불법 시위 때문이었다. 프랑코 시대에는 그날이 노동절이라는 것조차 인정하지 않았다. 프랑코 정권은 노동절을 자신들이 쿠데타를 일으켰던 7월 18일로 정했다. 단지 노동절 비슷한 걸 만들어 5월 1일을 산 호세 오브레로San José Obrero의 날로 정해 축제를 할 수 있게 해주었다.

노동위원회는 진짜 노동절에 집회를 열고 음식을 나누는 등 행사를 했으므로 해마다 5월 1일이 되면 체포되는 사람이 생겼다.

지금은 아주 절친한 사이인 푸라는 그렇게 잡혀 온 내 고객이었다. 어느 날 교도소에 그녀를 면회하러 갔을 때 그녀는 글을 배우고 싶다고 했다. 그녀는 하엔에 살던 어린 시절부터 학교 근처에도 가본 적이 없었다. 남편, 아들과 함께 살던 바르셀로나에서도 마찬가지였다. 아무도 그녀를 가르치지 않았고 가르치려는 사람도 없었다. 페데리코 루비오의 어머니처럼 그녀도 자기 혼자 글을 깨쳐야 했다. 그녀에겐 종교도 없었다. 손에 잡히는 대로 글을 베꼈다. 네스카페 깡통에 있는 글도 베꼈다. 닥치고 제품의 포장지에 적힌 글을 베껴 썼다. 내용이야 이미 눈치코치로 알고 있는 것들이다.

푸라의 투쟁은 여성을 무지 속에 가둬두는 사악한 악습에서 벗어나려는 힘겨운 노력이었다. 백 년의 시차를 둔 두 여성의 투쟁! 페데리코 루비오의 어머니는 중산층 출신이었고 푸라는 노동자 출신인데, 두 사례 모두 여성의 영웅적인 승리로 끝났다.

여성의 교육에 반대하는 움직임은 여전하다

얼마 전에 나보다 젊은 한 친구와 이야기를 나눴다. 그녀는 카디스^{Cádiz} 출신에 집안은 큰 기업을 운영했다. 그 친구는 집안의 자매들과 함께 마을 최초의 대학생이 되었다. 부친은 계속 그녀를 비난하며 대학생이 되면 결혼하기 힘들 거라고 경고했다. 메르세데스 포르미카의 자서전을 검토하다가 같은 이야기를 읽었던 것이 기억난다. 그녀 역시 카디스 출신이었다. 1926년에 그라나다 법과대학에서 학위를 받았는데 당시 지배 계층의 비난이 엄청났다고 한다.

나도 어릴 때 학교에서 선생님이나 부모의 강요 때문에 공부를 계속하지 못한 친구들을 많이 봤다. 마리아 돌로레스는 나와 함께 법대를 가고 싶어 했다. 그러나 아버지의 반대로 사회복지학을 공부했다. 아버지의 눈에는 사회복지학이 덜 위험해 보였을 것이다. 그런데 민주주의와 함께 불어닥친 새로운 바람과 여권신장운동이 발전하면서 자신의 상황을 극복할 수 있게 되었다. 마리아는 전공인 사회복지학에 전혀 관심이 없었다. 먼 훗날 그녀는 딸과 함께 대학을 다녀서 정교수 자격을 땄다. 아버지의 사과도 뒤따랐다.

그에 비하면 나는 무척 운이 좋았다. 우리 아버지는 내가 공부하는 걸 한 번도 반대한 적이 없었다. 오히려 아버지는 격려를 아끼지 않았고 학구열을 자극했다. 혹시 남자 형제가 없고 딸만 셋이라는 게 영향을 끼쳤을까. 어쩌면 아버지는 우리 세 자매 중에 하나를 가상의 아들로 여겼는지도 모르겠다. 아버지는 상인이었는데 당신이 못 배운 걸 무척 아쉬워하셨다. 아버지는 뭔가 쓸모 있는 것을 공부해야 한다고 입버릇처럼 말씀하셨다. 그래도 나는 처음에 문학과 가장 근접한 언론에 관심이 많았다. 아버지는 앞으로 법학이 유망할 거라며 추천했다.

아무튼 1960년대 말까지 스페인 사람들은 여성이 집 밖에서 일하는 것을 못마땅하게 여기는 시각이 대다수였다.

여성에게는 개혁 능력이 있다

1980년대 스페인 북부 지방에 한 여성 판사가 있었다. 그녀는 용감하게도 경찰 여럿이 저지른 고문 사건의 재판을 맡았다. 예상대로 보수 신문은 그녀를 맹렬하게 공격했다. 당시 판매 부수가 꽤 높았던 여성 잡지가 그녀에게 인터뷰를 요청했다. 그녀는 내게 전화를 해서 조언을 구했다. 나는 인터뷰에 응하라고 했다. 타이밍도 괜찮았고 그녀의 입장을 자세히 설명하기에 매체도 적당하다고 생각했다. 그런데 그녀는 깜짝 놀라며 대답했다. "하지만 여성 잡지라면 좀 문제가 있어요. 여성 잡지는 진지하지가 않거든요."

이는 남자의 관점이 투영된, 지극히 남자 같은 발언이었다. 나는 항상 여성 잡지에 관심을 가졌다. 여성 잡지는 여성 일반을 위한 의사소통 채널일뿐더러 역사적으로 봐도 여성운동의 과정이 구체화되는 산실이기 때문이다.

아쉽게도 그녀는 인터뷰를 하지 않았다. 나는 지금도 인터뷰를 거절한 게 실수라고 생각한다. 그후 우리 둘의 관계는 소원해졌다.

나는 여성 전문가 여러 명과 친분을 맺어왔다. 대부분 그들은 자기가 지닌 변화의 가능성을 잘 이용하는 사람들이었다.

나는 부패한 몇몇 경찰이 무고한 시민을 조사하는 과정에서 범죄를 저질렀던 사건을 기억하고 있다. 어처구니없는 사건이었다. 조사 과정을 이용해 도둑질을 했던 것이다.

1990년대에 마드리드의 쇼핑 중심지 그란 비아Gran Vía에 포르투갈에 거주하는 중국인 네 명이 찾아왔다. 운영하는 식당에서 사용할 물건을 사려고 왔던 것이다. 이때 갑자기 경찰 두 명이 그들에게 다가가 차에서 내리게 했다. 경찰은 자동차와 가방과 서류를 조사했다. 조사가 끝나고 난 뒤에 중국인들은 10만 페세타가 없어진 것을 알고는 깜짝 놀랐다. 그들은 스페인에 사는 친구를 불러 자초지종을 설명했다. 친구는 경찰을 사칭한 강도 사건일 수 있다며 당장 가까운 경찰서에 신고하라고 했다. 중국인들은 신고를 하려고 루나Luna 거리에 있는 경찰서로 갔다. 그런데 놀랍게도 가짜 경찰일 거라고 생각했던 두 명이 거기에 있는 게 아닌가! 그 두 명은 경찰서 사무실에 앉아 진짜 경찰인 것처럼 사건 접수 업무를 하고 있었다.

"저들이 우리 돈을 훔친 사람들입니다." 중국인들은 통역에게 진지하게 설명했다. 그러나 통역자는 그들의 말이 믿기지 않았다. "저 사람들이 우리 돈을 훔쳐갔다구요!" 중국인들은 필사적으로 주장했다.

그 경찰서 지휘관은 여성이었다. 아마 그 정도 지위까지 오른 몇 안 되는 여성 중 한 명이었을 것이다. 그녀는 중국인들의 말을 차분하게 귀담아들었다. 그녀는 사건을 접수한 후에 문제의 경찰 두 명을 체포했다.

다음 날 그 여성 경찰이 증인으로 출석했을 때 나는 공감과 연대의 감정이 물씬 솟아나왔다. 그녀를 다시 보거나 말할 기회를 가지지는 못 했지만 재판부 책상에 앉아 유심히 살펴보니 그녀는 나와 비슷한 세대 였다. 나도 그렇지만 그녀 역시 관행이나 로비 활동하고는 거리가 먼 사람일 것이다. 그녀를 보니 라 팔마 섬에서 가장 번화한 라 레코바 시장이 떠올랐다. 내 기억엔 가장 아름다운 시장이었다. 산타크루스에 사는 이웃들이 법원의 비리 공무원을 내가 나서서 파면시켰다며 인사를 건네고 감사의 뜻을 전하던 곳이다. 그들은 라 팔마의 유명 인사가 드디어 재판부에서 나가게 됐다며 매우 기뻐했다.

여성에게는 대단한 개혁 능력이 있다고 내가 거듭해서 말하는 까닭이 있다. 우리 여성에게는 사회 변화에 적극적으로 참여하는 여성 문화가 있다는 걸 강조하기 위해서다.

물론 세상에는 내 말과 일치하지 않는 사례가 쎄고 쎘다. 하긴, 마거릿 대처Margaret Thather처럼 남성의 세계에서 남성이 하지 못하는 일을 하는 여성도 있으니 말이다.

여성은 덜 폭력적이다

여성에게는 변화할 수 있는 기회가 많다. 내가 생각하기로 여성들은 새로 취직한 후 안정적으로 자리 잡으면 변화를 추구하곤 한다. 변화에는 두 가지 측면이 있다. 하나는 직장을 보다 인간적인 것으로 만들어 사람들을 더 행복하게 해주고, 다른 하나는 남성의 전유물로 여겨온 직장을 다시 설계해 사회 전반에 새로운 바람을 불러일으킨다.

내 생각이 이상적이라고 여기지는 않는다. 집단의 행복 지수를 측정하는 건 어렵지만, 보통의 여자들은 유아 사망률이 감소했을 때 행복해한다. 이런 말이 지나친 단순화는 아닐 것이다.

깊게 생각할 것도 없이 여성의 힘이 모여 세상이 조금 나아졌다고 말해도 될 것 같다. 성폭력까지는 모르겠으나 기아나 사망, 무지 같은 건 확실히 줄어들었다고 생각한다. 나아가 우리 여성의 무한한 잠재력을 생각하면 이 정도는 새 발의 피도 안 된다. 하지만 이미 쟁취한 것들도 어느 정도 큰 의미를 가져 보인다.

다른 걸 떠나 이것 하나만큼은 확실하다. 여성은 남성보다 덜 폭력적이다! 여성은 살상 행위를 덜 한다. 파시즘 같은 세상을 치료하기 위해서라면 세상이 조금은 여성화될 필요가 있다.

물론 여성이 정치권력을 잡았을 때 보여준 끔찍한 사례도 많다. 대표적인 사례가 마거릿 대처다. 사실 그녀는 남성주의 문화를 능가하는 폭력적인 모습을 보여줬다. 그녀는 전혀 거리낌 없이 아르헨티나와의 전쟁을 선포했다. 게다가 그 전쟁을 자신의 권력과 정치적 지위를 강화시키기 위해 활용했다.

공적 영역에 여성성을 부여한다는 게 특정 여성의 집권을 뜻하는 것이 아니다. 여성 문화라고 일컬어지는 것의 본연의 가치를 인정하자는 의미다.

콘셉시온 아레날과 함께 많은 것이 시작됐다

나는 콘셉시온 아레날Concepción Arenal 관련 자료를 여러 번 읽었다. 그녀는 사회적 주제를 많이 다뤘던 인물이다. 국제법을 연구하면서 본질적으로 전쟁은 불법이라고 주장했고, 전쟁 그 자체에 의문을 제기하는 반전운동 1세대 격의 인물이다. 그때까지 전쟁은 지배 계층에 의해 숭배되고 영웅적인 것으로 간주돼왔다.

그녀는 여성이 남성과 똑같이 교육을 받아야 하고, 법률만 제외하고 모든 분야에서 여성이 능력을 발휘할 수 있다고 주장했다. 놀라운 지적 능력에도 불구하고 여성이 사법 분야의 일을 수행할 수 없다는 그녀의 견해에 나는 항상 찜찜한 느낌이었다. 그녀를 비사교적이고 남자 복장을 하고 다니는 딱딱한 여자로 보는 시각은 그녀 자체와 아무 상관이 없다. 가족이나 친구들과 교환한 편지를 보면 그녀가 얼마나 지적이고 혁신적인 사람인지 알 수 있다.

그녀는 대단한 감수성과 멋진 유머 감각을 소유한 사람이기도 했다. 남자 같은 여자라는 느낌을 주는, 아마 유일하게 남아 있을 것 같은 그림 속 아레날의 모습은 실제로도 그런 모습이었을지 의심스럽다. 나는 그녀의 조각상을 가지고 있다. 세라믹으로 만든 그 조각상은 어떻게 보면 콧수염이 달린 것처럼 보이기도 한다. 조각상을 만든 예술가에게는 미안하지만 얼굴을 새로 칠했다. 이제는 콧수염이 없고 미소를 짓고 있다.

콘셉시온 아레날이 법률 분야에서 여성이 일하는 것을 반대한 것은 사람들이 법을 형벌과 동일시했기 때문이라고 나는 확신한다. 어쩌면 그녀의 생각은 시대를 앞서가는 것이었는지도 모른다. 그녀의 주장은 1960년대 사회학자와 법학자 사이에 퍼져 있던 생각의 흐름과 비슷했다. 바로 형법을 폐지하자는 흐름이었다. 다소 기복이 있기는 하지만 형법 폐지론의 흐름은 지금도 지속되고, 현재는 '복원된 정의la justicia restaurativa'라는 개념으로 발전했다. 그것은 범죄를 다루는 방법에서 동전의 양면 같은 것이다.

이 문제와 관련해서 나는 여성 문화의 가치를 존중해주고 싶다. 나는 형법 폐지론이나 복원된 정의는 모두 '대안적 정의'라고 생각한다. 이때의 대안이란, 바람직하지 않고 반사회적이고 개인행동을 제거하기 위한 수단으로 사용되는 처벌의 고통을 넘어서려는 사법적 대안을 말하는 것이다. 규범의 이행을 완수하려면 힘과 고통을 가하는 게 불가피하다고 생각하는 사법 당국에 대해 여성 문화는 심각하게 의문을 제기하고 있는 셈이다.

최근에 지브롤터 해협에서 긴장이 고조됐다(2013년 영국령 지브롤터 영해에 스페인 해경 순시선이 침입한 사건. 그 이면에는 영유권과 어업권 등 경제적 이권을 둘러싼 양국의 해묵은 갈등이 있다.—옮긴이). 매스컴은 위기를 부풀려서 보도했고, 스페인의 단호한 대처를 약속하는 장관의 발표도 뒤따랐다.

참 이상하다. 그런 바보 같은 짓을 어떻게 차분하게 받아들일 수 있을까? 정치 분야의 단호함은 긍정적으로 받아들이는가? 갈등 해결에는 공감이나 신념 같은 가치가 더 낫지 않을까? 단호함이라는 게 자기 태도를 일관되게 유지하는 것을 의미한다면 그건 긍정적인 가치가 아니다. 그저 외골수일 뿐이고 중재 능력이 없다는 걸 뜻한다. 극단적으로 해석하면 의도적인 도발일 수도 있다. 협상이나 갈등 해결에 아무 쓸모도 없는 짓이다.

정치인이 자랑하는 바로 그 단호함이란 것이 전쟁의 야만성을 불러들인다. 말비나스Malvinas 전쟁(영국과 아르헨티나 사이에 벌어진 포클랜드 전쟁을 스페인어권 나라에서는 이렇게 부른다.—옮긴이)에서 보듯 수많은 사람이 멍청한 이유로 죽음으로 내몰린다. 권위, 무력, 단호함 같은 수직적 가치가 이제는 설득, 신념, 공감 같은 수평적이고 유연한 가치로 대체될 순간이 오지 않았을까? 바로 이런 것들이 여성 문화의 가치다.

여성이 덜 폭력적이라면 비폭력의 새로운 문화를 열어젖히는 역할은 우리 여성의 몫이 아닐까?

게다가 여성의 비폭력적인 문화는 현실적인 이유에 뿌리를 두고 있다고 사회학 자료에서 주장한다. 여자들이 가정이라는 환경에서 약자를 더 많이 보살피는 존재이기 때문에 그렇다.

여성의 효율성이 가장 잘 발휘될 때는 성장과 발전을 도와주는 관리자 역할을 할 때다. 이것은 또 여성들이 일상적인 것, 실용적인 분야에서 능력을 잘 펼치고, 대중적으로 유용한 새로운 문화의 길잡이 역할을 잘 수행한다는 걸 보여준다.

회사에서도 마찬가지다. 여성 문화가 어떻게 효율성에 기여하는지 연구한 결과를 보면 새로운 관리 기법에는 여성 문화가 더 적절하다는 것을 알 수 있다. 여성은 공적 활동을 개인의 이익 또는 의무와 통합하거나 연결하는 능력이 남성에 비해 월등하다.

권력과 여성 문화

1980년대에 나는 엘 에스코리알에서 일심 법원 판사로 있었다. 법원 공무원들은 내가 사무실 직원과 하는 이야기를 듣고는 아주 기겁을 했다. 우리가 나눈 이야기는 시장의 물건값 같은 평범한 이야기였다.

법원 근처에 시장이 있었다. 나는 법원에 들어가기 전에 가끔씩 시장에 들러 물건을 사곤 했다. 공무원들 생각에는 권위를 가져야 하는 판사가 시장에서 물건을 사고 물건값을 가지고 이러쿵저러쿵 직원과 잡담을 나누는 것은 권위를 손상시키는 일이었다.

언젠가 저녁 때 업무차 집으로 찾아온 경찰이 나를 바라보던 눈길이 기억난다. 나는 앞치마를 두르고 저녁 식사를 준비하거나 아니면 설거지를 하고 있었을 것이다. 1980년대였고 그때만 해도 여성 판사는 별난 존재였다. 지금이야 그렇지 않겠지만 그 경찰은 판사의 이미지와 앞치마를 두른 가정주부의 이미지 사이에서 혼란스러웠을 것이다.

1990년대까지도 전통적으로 남성의 영역이라고 여겼던 법원에서 여성 판사의 이미지는 어떻게 비쳤을까? 언젠가 사법부총평의회의 위원장

하비에르 델가도에게 나를 총회에 데려가지 말라고 요청했을 때였다. 그가 한 이야기를 생각하면 지금도 입가에 미소가 번진다.

총회는 열렸다 하면 언제 끝날지 알 수 없었다. 하루 종일 계속되는 경우도 많았다. 오전 10시에 소집되어 대개 11시에 시작하는데, 시간을 제대로 지킨 적은 거의 없었다. 오후 3시에 회의를 중단하고 식사를 했다. 처음에는 근처 식당에서 모두 함께 식사를 했다. 5시에 회의를 재개하기란 불가능에 가까웠다. 저녁 10시까지 회의가 끝나지 않는 경우가 한두 번이 아니었다.

총평의회의 총회는 장황한 토론과 격렬한 논쟁이 벌어지기도 했다. 물론 쓸데없는 안건도 많았다. 대부분 전에 이야기된 것이고 정치적인 목적을 띤 경우였다. 각자의 관점을 주고받아야 정상적인 토론일 텐데 총회의 토론은 공염불같이 지루하기 짝이 없었다. 시간 낭비라는 생각밖에 안 들었다. 총평의회 총회야말로 사법부 비효율의 상징이나 마찬가지였다.

오늘날 뜨개질이 아주 유행이다. 1990년대에 미국에서 시작돼 유럽으로 확산됐다. 2012년 5월 마지막 주 일요일에 야외에서 '뜨개질의 날' 행사가 열렸다. 마드리드 의복박물관 앞 정원에 많은 사람이 모여 뜨개질을 가르치고 배우고 직접 하는 모습은 장관을 이뤘다. 참가자들 모두 그 행사를 즐기고 있었다.

위원장 하비에르 델가도는 아주 지적이고 인간미가 넘치는 사람이었다.

내가 총회 때 뜨개질을 하겠다고 하자 그가 대답했다. "마누엘라, 언론 매체들이 그걸 알았다간 난리가 날 겁니다. 우리가 진지하지 않다고 엄청나게 비난할걸요." 나도 곧바로 응수했다. "알았어요, 하비에르. 당신 말대로 총회에 뜨개질감을 가져오지는 않을게요. 그런데 내가 하고 싶은 말은 시간 활용 문제예요. 여자들은 생각하고 말하는 것과 뭔가 손으로 만들어내는 걸 병행할 수 있어요. 그렇게 시간을 관리하는 게 여성 문화와 밀접한 관련이 있다 이거예요." 요즘이야 여성들이 두 가지 일을 동시에 할 수 있다는 건 상식 아닌가!

하비에르는 아주 진지해졌다. 아마 여성 문화의 시간 관리가 무엇을 의미하는지 생각하고 있었을 것이다.

뜨개질을 하면서 하는 회의가 얼마나 효과 있을지 확인해보지는 못했다. 만약 총회 때 남자 동료들이 뜨개질을 했다면 어땠을까? 아마 그 충격은 엄청났을 것이다. 언론으로부터 숱한 비난과 조롱을 받았겠지만 아주 흥미로운 실험이 됐을 것이다.

여성 문화를 싹트게 하고 구체화하려면

사회의 변화 양상이 대개 그렇듯이 여성 문화 역시 조금씩 형성해가며 서서히 개선해나가야 한다. 우선, 권위를 새로운 시각으로 해석하고 그 가치를 새롭게 정비해나가야 할 것이다. 사회 행동을 지휘하고 통제하는 능력, 즉 의사소통, 공감, 유연성을 최대한 강화하는 것도 당면 과제다.

둘째, 여성 문화는 대부분 가정 문화에 터전을 두고 있다. 그래서 여성 문화는 남성 위주의 공고한 전통에 의문을 제기하며 공적인 업무 환경을 발전시킬 새로운 전기를 마련하는 데 기여할 수 있다.

업무와 사생활을 적극적으로 양립시키는 게 공적 생활의 기본을 이루는 데 도움이 될 것이다.

공적 생활의 작은 변화가 삶을 바꾼다

직장 생활, 공적 생활, 개인 생활을 적절하게 관리할 때 중요한 변수가
되는 게 모임이다.

사법부총평의회에서 대변인들은 모임 참여에 시간을 가장 많이 할
애한다. 그 모임의 취지가 뭔지 별로 따지지 않는다. 관리의 관점에서 각
각의 모임 약속을 잡고 끝나는 시간은 따로 정하지 않는다.

중요한 모임일수록 끝나는 시간을 정하지 않는 경향이 있다. 중요한
모임인지라 시간 제한을 두지 않는다. 모임의 시작 시간은 있되 마감 시
간은 없다. 이런 게 공적 생활과 개인 생활의 양립을 방해하는 요인이다.

모임에만 국한된 이야기가 아니다. 재판에서도 같은 현상이 일어난
다. 종잡을 수 없는 재판 시간과 엄청난 소요 시간 때문에 그 재판 관련자
들은 기다리는 데 이골이 난다. 판사, 공무원, 중재인 역시 다를 바 없다.

시간 낭비를 줄이려면 재판 진행 계획을 잘 짜야 한다. 그러려면 중
재인과 시간을 미리 조율해보고 평상시 생활 리듬을 파악해두는 등 다
각도로 신경 써야 한다.

여성 문화와 밀접해질수록 공적 생활과 사생활의 양립 가능성은 커
지고 공적 생활의 효율성을 극대화시킬 수 있다.

반드시 사라져야 할 성폭력

성폭력은 남녀 사이의 평등을 파괴한다. 그리고 여성운동의 근본 원인이기도 하다.

지금 이 순간에도 잔인한 페미사이드femicide(여성이라는 이유만으로 살해되거나 폭력의 대상이 되는 현상—옮긴이)가 전 세계 곳곳에서 벌어진다. 그것은 조직적으로 일어나기도 하고, 한편으로는 부부 또는 연인 사이에 지속적으로 여성에게 가하는 은밀한 폭력이기도 하다. 성폭력은 미연에 방지하기도 힘들고 효율적인 해결책을 마련하기도 힘들다.

통계 자료에 따르면, 성폭력은 다양한 환경에서 벌어지지만 아이러니하게도 대체로 비슷한 수준 사이에 일어난다. 한편으로는 양성평등의 수준이 높은 선진국에서 발생 빈도가 증가하고 있으며, 다른 한편으로는 성적 불평등이 심한 개발도상국에서 많이 발생한다.

성폭력은 두말할 필요도 없이 폭력 그 자체다. 폭력을 통해 한 사람의 욕구를 채우고 다른 사람의 고통을 초래하는 공격적 행동이다.

자, 쉽사리 답하기 어려운 질문들을 던져보겠다.

성폭력의 증가는 여성의 사회적 진출이 대폭 늘어난 것과 관련이 있는가? 성폭력은 사회 전반적으로 폭력 행위가 좀처럼 줄어들지 않는 현상과 상관관계가 있는가?

폭력은 남성 문화의 일부분이다. 남성은 여성보다 폭력적이다. 폭력을 더 많이 쓰고 더 많이 당한다. 2000년에 세계보건기구는 전 세계에서 벌어지는 대인 폭력 실태 조사를 했다. 그 조사에 따르면, 남성은 폭력의 가해자이면서 피해 당사자다. 살인 사건의 희생자는 남성이 10만 명 중에 13.3명이고 여성은 4.01명이다.

스페인과 몇몇 나라의 자료를 보면 남성과 여성의 차이가 매우 심하다. 살인죄로 수감 중인 여성은 남성과 비교하면 극소수이다. 2010년 마드리드에서 벌어진 살인 사건은 여성이 11퍼센트, 남성이 89퍼센트를 저질렀다. 의심할 여지없이 남성이 주로 폭력과 살인을 저질렀다.

이 자료만 봐도 남성의 폭력성은 극명하게 드러난다. 여성은 20세기에 사회 활동이 폭발적으로 늘어났지만 여성에 의한 폭력 발생 건수가 증가하지는 않았다. 비폭력 문화를 확산시키겠다며 여성이 책임 있는 지위를 맡은 것도 아니다. 여성은 교육 참여도가 매우 높다. 그렇다면 왜 학교에서 폭력에 반대하는 프로그램을 만들어 수업하라고 요구하지 않는가? 비폭력 문화를 교육에 통합시키지 않는 이유가 뭔가? 왜 아이들에게 항상 싸움을 피해야 한다고 말하지 않는가? 용기가 없어서 그런다고? 천만에! 그렇게 따져 묻고 요구하고 실천하는 것이 공공 정신의 발로이고 평화 문화를 실천하는 첫걸음이다.

여성은 남성 폭력의 희생자다. 폭력은 언제나 발전의 장애물이었고 행복의 걸림돌이었다. 이런 성폭력 현상의 원인을 분석해야 한다.

성폭력은 다양한 형태를 띤다. 멕시코에서 일어나는 여성 폭력은 유럽의 여성 폭력과 다르다. 공통점도 많지만 중요한 차이가 있다. 우리는 그것을 분석하고 예방책을 찾고 해결 방법을 모색해야 한다. 페미사이드는 멕시코와 저개발 국가에서 주로 발생한다. 잔인한 남성 우월주의와 여성에 대한 비하에서 비롯되는 현상이다.

비교적 양성평등 의식이 높은 선진국에서 벌어지는 성폭력은 부부 관계의 맥락에서 살펴봐야 한다. 그것은 부부 간의 역할에서 나오는 것이다. 성폭력이 발생하는 이유는 제도화된 부부 관계가 그 갈등의 핵심 요인인가, 아니면 다른 이유 때문인가? 후자라면 그 이유는 뭐고 대체 왜 그러는 걸까?

사랑으로 맺어진 결혼

사랑으로 맺어진 결혼은 인류가 최근에 달성한 가장 위대한 업적 중 하나다. 어떻게 보면 사랑해서 결혼하는 것은 남녀 관계에서 논리적으로 당연한 모습일지도 모른다. 그러나 아직까지도 많은 나라에서는 결혼 당사자 간의 감정적인 이끌림은 고려하지 않은 채 오직 경제적 이해관계 또는 다른 이유로 정략적인 결혼이 횡행하고 있다.

사랑으로 맺어진 결혼이 여러 가지 긍정적인 면도 많지만 현실과 동떨어진 로맨틱한 결혼에 대한 환상은 결혼 제도와 본질적으로 충돌한다.

대부분의 영화나 드라마는 사랑이라는 숭고한 주제를 가지고, 사랑을 얻기 위해 지지고 볶는 과정에 초점을 맞춘다. 사랑이 이뤄진 후에 뭐가 기다리고 있는지는 관심 밖이다. 그래서 절대적 사랑, 영원하며 변함

없는 결합이라는 신화가 사람들의 감성 충만한 의식에 각인된다. '내 오렌지의 반쪽media naranja(두 조각으로 잘린 오렌지가 다시 맞붙을 때처럼 딱 맞는 운명의 짝을 은유적으로 표현하는 말—옮긴이)'이라는 말은 어떻게 보면 위험하기 짝이 없는 왜곡된 표현일지도 모른다.

'자신의' 반쪽 오렌지를 찾는 것은 어렵기도 하겠지만, 좀 더 유심히 살펴보면 양쪽 다 위험 요소를 내포하고 있다. 나의 반쪽을 찾는다는 말은 우선 내가 온전한 존재가 아니라 뭔가의 '반'에 불과하다는 사실을 인정하는 것이다.

내가 반밖에 안 돼서 온전한 내가 어떤 사람인지도 모르는 상황에서 나머지 반을 찾아야 한다니, 이 얼마나 어려운 일인가. 나머지 반을 찾고 나서 하나로 합쳐지면, 한쪽은 다른 반쪽에 의존하게 되는데, 우연이든 역사적인 이유이든 주도하는 반쪽은 언제나 남성이다.

사람은 모두 혼자 태어나서 혼자 죽는다. 한 사람은 오렌지의 반쪽이 아니라 온전한 하나의 오렌지다. 그리고 두 개의 싱싱하고 즙이 많은 탱탱한 오렌지는 하나가 될 수 없다. 둥글둥글해서 어떻게 끼워 맞출 수가 없다. 만약 억지로 누르면 찌그러져서 즙이 빠져나온다. 옆에 있는 오렌지에도 전혀 도움이 되지 않는다. 나는 반쪽 오렌지라는 비유를 늘 이상하게 생각했다. 두 개의 온전한 오렌지가 하나가 되려면 각각의 오렌지가 자신의 반쪽을 포기해야 한다는 말 아닌가! 그렇지 않고서는 두 개의 오렌지가 하나가 될 방법이 없다. 그렇다면, 하나가 되기 위해 버린 나머지 반쪽짜리 오렌지 두 조각의 운명은 어떻게 되는 건가? 누군가와 하나가 되기 위해 '나의 반쪽 오렌지'를 찾겠다는 취지로 포기한 원래 나의 반쪽은 나중에 부부 갈등의 요인으로 작용한다.

사회생활의 많은 분야가 그렇듯이 사랑의 승화 또한 종교에서 유래됐다. 성에 대해서 잔혹하리만치 적대감을 지닌 가톨릭교회조차 결혼을 두 육체가 '하나의 육체'로 합쳐진다는 표현으로 왜곡을 일삼는다. 물론 성행위에는 다음과 같은 설명을 덧붙인다. "만약 부부가 인간적인 방법으로, 결혼의 본래 목적인 자식을 잉태하기 위해서, 하나의 육체가 되는 부부 관계를 행하였다면 그 성관계는 받아들일 수 있다." 결혼에 관해 설명해놓은 교회법의 말이다.

스페인에서는 1978년 헌법이 제정될 때까지 세례를 받은 사람(거의 예외 없이 모든 스페인 사람은 세례를 받는다.—옮긴이)이 결혼하려면 종교 의식, 즉 가톨릭 방식으로만 가능했다. 민법에서 규정하는 결혼은 '우리를 하나의 육체로 결합시키는 인간적 성행위'와 같은 자잘한 것에는 관여하지 않는다. 그러나 부부 간에 지켜야 할 의무의 본질은 종교적인 색채를 그대로 유지한다. 민법상의 결혼 역시 '사랑의 합체'라는 왜곡을 겉으로 권고하지는 않지만 사실상 견고하게 한다.

둘이 하나가 되는 절대적 사랑의 제도화는 인간 본성을 거스르는 것이고 좌절감의 근원이기도 하다. 완전하다는 것은 내 자신의 증식을 내포한다. 그러나 '무엇'의 반이 된다는 말은 더 이상 내가 아닌 다른 것이 되는 것을 의미한다. 이는 도달하기 어려운 경지이며 좀 더 찬찬히 곱씹어보면 수긍하기도 어렵다.

나는 이 글을 통해 온전히 자기 자신을 유지하면서 배우자와 상호보완적이며 떨어질 수 없는 관계를 유지하는 인간이란 없다고 주장하려는 게 절대 아니다.

그러나 감정, 그것도 사랑처럼 오묘하고 광범위한 감정에 관해서 누군가와 보완적이거나 떨어질 수 없는 관계라고 느끼는 것은 하나의 선택에 지나지 않는 것, 즉 하나의 가능성에 불과하며, 흔히 볼 수 없는 위험한 일이다. 물론 완전한 합체감을 느끼며 사는 커플도 있을 것이다. 그러나 이는 의심할 여지도 없이 위험한 선택일 뿐이다. 나는 사랑의 방식이 무척 다양하다고 믿는 사람이다. 그런 다양성 안에서 사랑을 나누는 사람은 분명히 큰 행복을 느낄 것이다. 내가 절대 인정하지 않는 사랑이 있다. 설령 그 사랑이 보편성을 띠거나 사회적 통념을 따른다 해도, 개인성을 거세하는 사랑이라면 나는 받아들이지 않는다. 어쩌면 기존의 결혼 제도가 유일한 모델처럼 보일 수도 있다. 그러나 결혼이라는 남녀 간의 완전한 합체에도 개인성이 거세돼버리면 그게 바로 남녀 관계에서 발생하는 수많은 좌절과 이별의 원인이 된다.

두 개의 온전한 오렌지로 이뤄진 커플을 위해

오늘날에는 결혼이 성사되기까지 절차와 형식을 규정한 호적법이 있지만 얼마 전까지만 해도 예심 판사들이 결혼식을 집전했다. 나도 친구 또는 친척의 부탁을 받고 가끔가다 결혼식을 진행했다. 대개 호적 담당 판사들은 결혼 당사자가 요청하면 다른 판사가 결혼식을 집전하게 허용했다.

민법에는 결혼식 진행 절차가 설명돼 있다. 판사는 결혼 당사자에게 각자의 의무 사항을 읽어주고 커플로부터 그 내용을 이해하고 동의한다는 말만 받아내면 성혼을 선포할 수 있다. 이런 최소한의 의식만 진행하면 너무 딱딱하고 형식적이라 대개 판사가 주례사를 준비해온다.

몇 년 전 수도사 생활을 하던 한 남자의 결혼식을 집전한 적이 있다.

신랑은 신부를 알고 나서 사랑에 흠뻑 빠졌다. 그 결혼식에서 나는 주옥 같은 시를 읽어줬다. 칼릴 지브란Kahlil Gibran이 결혼에 관해 쓴 시였다.

"서로 사랑하라.

그러나 사랑으로 구속하지는 마라.

함께 노래하고 춤추며 즐거워하되

서로는 혼자 고독하게 하라.

현악기의 줄이 하나의 음악을 울릴지라도

줄은 서로 떨어져 있듯이.

서로 가슴을 줘라.

그러나 서로의 가슴속에 묶어두지는 마라.

오직 큰 생명의 손길만이 너희의

가슴을 간직할 수 있다.

그리고 함께 서 있되, 너무 가까이 서 있지는 마라.

왜냐하면 사원의 기둥도 서로 떨어져 사원을 지탱하고

참나무와 삼나무는 서로의 그늘 속에선 자랄 수 없기 때문이다."

내 경험상 결혼하는 커플은 이 시가 함축하는 내용에 매우 기뻐하고 만족해했다. 하지만 이 시는 사랑의 열기에 도취된 커플이 기대하는 메시지는 아니었다. 결혼식장에 들어선 커플은 사랑의 열정과 환상에 빠져 있기 십상이다. 주례를 섰던 커플을 다시 만난 적은 없다. 내가 칼릴 지브란의 시를 읽어줄 때 그들은 어떤 생각을 했는지, 그리고 세월이 흐른 지금은 뭐가 어떻게 바뀌었는지 알고 싶다.

절대적 사랑은 어떤 경우라도 하나밖에 없는 유일무이하고 '진정한' 사랑의 모델이 아니다. 사랑은 우리 모두가 필요로 하는 그런 감정이다. 사랑이라는 감정은 멋지고 감미롭고 행복한 느낌을 불러일으킨다. 그러나 사랑의 본질적인 의미를 실추시키는 않는 범위 내에서 사랑이 다양하고 복합적이며 사람마다 다르게 표현될 수 있다는 것을 인정해야 한다. 다시 한 번 강조하고 싶다. 세상에는 다양한 사람들이 있듯이, 사랑도 또 사랑을 풀어내는 방식도 천차만별이다. 따라서 보편적이며 결정론적인 절대적 사랑이 단 하나의 '바람직한 사랑'이라고 어느 누가 주장할 수 있을까!

전통적 사랑관이 유일한 사랑의 모델은 아니다

이렇게 사랑의 다양성을 인정하는 것이 이성적인 태도인데도 사람들은 한 가지 사랑의 모델에 갇힌 채 으레 그러려니 하며 살아간다. 이는 인간 천성에 위배되는 삶일 뿐이다. 실천으로 옮기기에 거의 불가능하기 때문에 끊임없는 갈등의 씨앗이 된다.

교회 법규에 나오는 것처럼 사랑은 '하나의 육체'에서 어긋나지 않게 완전한 헌신과 정절을 내포하는 어떤 절대적인 것에 갇혀 있는 것 같다.

이런 절대적인 가치에 순응하며 살아가는 게 서로를 매우 불행하게 만들기도 한다. 또한 많은 경우에 열정적인 사랑이 공존의 사랑으로 조용히 바뀌는 과정을 방해하기도 한다.

이시아르 보야인Iciar Bollaín이 연출한 영화 〈마타하리스*Mataharis*〉는 해야 할 일과 느끼는 일 사이의 모순을 잘 견뎌내는 모습을 보여준다. 여자

주인공은 남편이 혼전 관계로 낳은 아들을 숨겨왔다는 걸 알게 된다. 자신에게 지조를 지키지 못한 남편의 과거를 알게 되자 그녀는 별거해야겠다고 생각한다. 그러나 속내를 들여다보면 그녀는 물론 남편도 별거를 원하지 않는다.

그 이후에도 두 사람은 함께 잘 살아가고 있다. 이 영화는 질문을 던진다. 혼전 관계로 낳은 아들의 존재가 과연 별거까지 해야 할 이유인지, 부부 사이에 어느 선까지 서로에게 털어놔야 하는지, 진실만을 말할 의무가 있는지 의문을 제기한다.

저마다 고유하며 다른 개성을 가진 두 사람 인격체의 합체라는 입장에서 볼 때 지조와 정절이란 어떤 의미인가? 아무도 답을 가르쳐준 적이 없다. 모든 게 두 개의 반쪽짜리 오렌지 신화와 인간의 성행위를 하나의 육체의 합일로 승화시키려는 신학적 개념에서부터 비롯된다.

사람들은 모두 각자의 결혼과 사랑을 어떤 내용으로 채워나갈 건지 고심해야 한다. 따라야 할 모델 따위는 없다. 상투적 표현은 집어치우고 각 개인에게 고유한 개념을 만들어내자.

절대적인 사랑은 행복의 보증수표인가

오늘날 완전한 헌신의 회복을 강조하는 것은 남성보다 여성이 더 많이 요구하는 사항이다.

어찌 보면 당연한 일이다. 남성의 정절에 요구하는 건 커플 관계에서 여성이 획득한 평등과 관계있기 때문이다. 여기서 한 가지 집고 넘어가자. 1977년까지만 해도 간통은 민법상 범죄였다. 그러나 남성보다 여성에게 훨씬 더 불리하게 적용됐다. 남성은 아내 이외의 다른 여성과 관계를 유지했다는 사실이 공개되고 피해를 입혔을 경우에만 간통죄가 성립됐고, 여성은 남편이 아닌 다른 사람과 성관계를 유지했다는 사실 그 자체만으로도 간통죄로 간주됐다.

그 조항은 논란의 불씨가 됐으며 여성이 얼마나 불평등한 상황에 놓여 있는지 단적으로 보여줬다. 그럼에도 최근의 추세를 들여다보면 아이러니한 면이 두드러진다. 절대적인 사랑의 요구와 수용이 행복에 긍정적으로만 작용하는 것도 아니며 커플 사이의 긴장이나 갈등을 피하는 좋은 방법도 아니었다.

미국 영화인데 제목은 기억이 나지 않는다. 어느 날, 남편이 비서와 외도를 한 사실을 아내가 알게 되었다. 아내는 아이들을 데리고 집을 나가 남편에게 이혼을 청구한다. 이혼 소송을 내기 전에 아내는 할머니에게 조언을 구한다. 할머니는 법적 절차를 진행하기 전에 남편에게 복수하라고 권한다. 엄청나게 배를 아프게 하는 약초를 물에 타 남편이 마시게 하라는 것이다. 여자 주인공은 약초 물을 만들어 남편을 거의 사망 직전까지 몰아간다. 결국 남편은 응급처치와 위세척으로 살아나고 아내를 용서한다. 우스꽝스런 코미디 장르였다. 그도 그럴 것이 '바람피운' 사람이 남편이고 벌을 주는 사람은 아내였기에 더 코믹하게 다가왔을 수도 있겠다.

폭력은 폭력으로 고칠 수 없다

이 모든 것이 무슨 의미인지 되짚어보기 위해서라도 이쯤에서 숨을 고르는 게 좋을 것 같다. '받아 마땅한 벌'이라고는 해도 유독성 약초처럼 천연의 재료로 '벌'을 가하는 것 역시 공격적이라는 점에서는 똑같다. 그런데 만약 영화 주인공이 반대의 상황에 처했더라면……. 만약 독살하려던 사람이 아내가 아니라 남편이었다면? 그런 '반대' 상황의 영화는 절대 만들어지지 않을 것이다.

최근에 개봉된 이런 비슷한 장르의 영화가 한편 더 있다. 〈글로리아 *Gloria*〉라는 제목의 칠레 영화다. 오래전에 이혼한 글로리아는 뜨거운 관계를 시작한 지 얼마 안 되는 애인이 몰래 전 부인과 관계를 유지해 왔다는 걸 알게 되자 헤어지기로 결심한다. 헤어지는 것만으로는 분이 안 풀리는지 글로리아는 그의 집 앞에서 기다리고 있다가 장난감 물감 권총으로 남자를 쏜다. 이 행위는 상징적 표현일 뿐 실제로는 아무 일도 일어나지 않는다. 물감 권총으로는 아무도 죽이지 못한다. 거기서 죽는 것은 따로 있다. 싱글이었던 성인이 보다 지속적인 관계를 만들어나가며 형성했던 두 사람 사이의 관계를 죽여버린 것이다.

두 사람의 행복은 여자에 대한 남자의 완전한 헌신이 깨졌기 때문에 중단됐다. 그런데 남자의 바람기는 사실 그렇게 심각한 편은 아니었다. 여자의 입장에서 볼 때 애인이 전 부인에게 한쪽 발을 걸치고 있는 것처럼 보였기에, 즉 자신에게 완전하고 배타적인 헌신이 다하지 않았기 때문이다.

타인에게 그런 요구를 할 때, 그것이 깨지게 되면 일종의 복수심이 생긴다. 어쩌면 이런 현상은 '유서 깊은' 반응일지도 모르겠다. 그러나 복수로는 그런 상황을 뿌리 뽑을 수 없을뿐더러 연인 사이의 폭력을 줄일 수도 없을 것이다.

국제사면기구Amnistía Internacional가 사춘기 아이들을 포함해 젊은이 사이에서 발생하는 데이트 폭력이 현저하게 증가했다는 보고서를 제출했다. 우리는 자유롭게 살아가며 수행하는 올바른 사랑의 모델을 아이들에게 제공하고 있는가? 사춘기 아이들이 툭하면 빠져드는 시리즈물이나 잡지, 인터넷 게시판을 꼭 들여다볼 필요가 있다. 이렇게 청소년이 접하는 각종 매체의 90퍼센트가 '사랑'을 주제로 삼고 있으니 놀라울 따름이다. 줄거리는 대부분 커플 중 한 사람의 부정, 사랑, 실연, 이별 같은 내용이었다.

나는 절대적 사랑의 표현이라는 현재의 결혼 제도가 커플 사이에 발생하는 온갖 갈등의 원인이라고 생각한다. 절대적 사랑을 지키지 못했다는 이유로 발생한 폭력적인 행동은 어떤 경우라도 용납될 수는 없다. 어떻게 하면 폭력을 방지할 수 있을까? 그 방법을 모색해야 하고 동시에 갈등의 원인이 뭔지 알아야 할 것이다.

폭력 행동의 발생 요인을 연구해보면, 대부분 좌절감을 받아들일 수 없는 바로 그 순간에 걷잡을 수 없는 폭력으로 표출된다는 걸 알 수 있다. 좌절감은 뭔가 도달할 수 없거나 달성이 불가능하다고 느끼는 상황에서 생겨난다.

폭력은 대개 자신이 통제할 수 없는 행동에 분노로 반응하는 것이다. 일단 폭력 행동의 저변에 깔린 갈등 요인을 찾아내고 고통, 좌절, 반감이 분노로 이어지지 않도록 튼튼한 울타리를 만들어놓는 것이 필요하다.

개개인은 어느 누구의 '반쪽짜리 오렌지'가 아니라 한 개의 온전한 오렌지다. 커플 관계에서 각자의 개성을 균형 있게 유지해 조화시키는 것은 무척 어렵다. 그래서 커플 관계의 새로운 틀을 제도화하는 것이 중요하다. 동시에 우리는 무엇보다 여성 문화, 비폭력 문화를 형성하고 확산시키는 데 줄기찬 노력을 쏟아야 한다.

제 5 장

도전하라, 노년에도

나는 은퇴를 번복해야 했다

2010년 판사직에서 은퇴한 후, 2011부터 2012년까지 바스코^{Vasco} 지방 정부의 고문으로 일했다. 나는 '은퇴를 번복해야 하는' 처지가 됐다. 전혀 예상하지 못했고 잘 알지도 못하는 경제 위기가 닥쳤다. 희망퇴직을 신청했을 때 앞으로 현직에 있을 때의 절반 정도만 돈이 나오리라는 걸잘 알고 있었다. 처음엔 그럭저럭 꾸려나갈 만했다. 그동안 모아놓은 돈도 있고 지출을 줄이면 될 것 같았다. 그런데 급격한 다이어트라도 한 것처럼 통장 잔고가 줄어들기 시작했다. 우리 가족에게 위기가 찾아왔고 예상치 못한 지출이 늘어났다. 그때 또 다른 일을 할 수 있는 기회가 찾아왔고 나는 다시 일하기로 결심했다.

사실 나는 개인 시간을 더 많이 가지려고 은퇴했다. 판사로 일하면서부터 그 일의 매력에 폭 빠져들었다. 판사는 사람 사이의 갈등과 분쟁을 관찰하는 사람이다. 만약 여러분이 다양한 인간 군상의 갈등에 관심이 있고 그런 것에 호기심, 공감, 동정심을 느낀다면 판사라는 직업은 여러분과 더할 나위 없이 궁합이 맞는 것이다.

그러나 법조계에서 일한다는 것은 어려운 숙명을 짊어져야 한다는 걸 뜻한다. 사법 조직에 몸담으면 정상적인 삶을 영위하는 게 쉽지 않다. 도대체 재판이 아닌 다른 것을 할 시간이 없다. 그래서 희망퇴직을 신청했다. 재판의 중압감에서 벗어나 벌써 몇 년 전부터 품고 있었던 다양한 프로젝트를 시작했다.

그런데 은퇴한 지 고작 넉 달밖에 안 됐는데 다시 새로운 직장을 운운하다니……. 그래도 새로 시작한 프로젝트를 중단하기 싫었다. 일단, 두 가지 모두 해보기로 했다. 다시 내가 할 수 있는 일자리로 돌아갔다. 다시 모든 것을 새롭게 시작하는 것이다. 내 나이 예순일곱에!

비록 몸은 여기저기 삐걱대지만 나이 따위는 대수롭지 않다.

늙는다는 것은 무슨 뜻일까? 언제 '늙은이'가 되는 걸까?

자전거 타는 할머니

나는 2011부터 2012년까지 비토리아^{Vitoria} 시에서 일했다. 법조계에서 한 번 은퇴는 돌이킬 수 없는 영원한 은퇴를 의미한다. 이제 판사 자리는 없다. 나는 인권 문제 고문으로 일했다. 마드리드에서도 가끔 자전거를 타긴 했으나, 생애 처음으로 매일 자전거를 타고 출퇴근했다. 바스코 지방정부 청사까지 매일 자전거로 출퇴근하는 사람이 많지는 않았지만 오다가다 나 같은 사람을 만날 수 있었다. 차이가 있다면 그들은 대부분 젊었고 나는 늙었다는 것뿐이다.

어느 날 어린 소녀를 만났다. 소녀는 놀란 얼굴로 나를 바라보더니 내 귀에 들릴 만큼 큰 소리로 오빠에게 말했다. "여기 봐! 할머니가 자전거를 타고 가!"

그렇다. 노인네가, 게다가 여자가 자전거를 타는 모습이 그다지 흔히 볼 수 있는 건 아니다. 비토리아처럼 자전거 타기에 더할 나위 없이 아름다운 도시에서도 말이다.

더욱이 나처럼 정부 고문직을 수행하는 정치인이 자전거로 출퇴근하는 것은 더더욱 보기 힘든 모습이다. 거기서도 예순일곱이라는 나이에 혁신적인 일을 몸소 실천하고 있는 셈이다.

나는 함께 일하는 동료와 공무원들에게 잦은 시내 외근 시 자가용 대신 자전거를 사용하자고 제안했다. 청사는 도심에서 좀 떨어진 곳에 있고, 비토리아는 자전거를 타고 다니기에는 최적의 장소였다. 차를 몰고 도심으로 들어가면 혼잡하고 돈도 많이 들었다. 도심의 거의 모든 도로는 보행자 전용 도로였다. 주차 공간은 턱없이 부족해 유료 주차장을 이용할 수밖에 없는데 주차비가 엄청 비쌌다. 사람들은 내 제안을 그다지 반기지 않았다. 그저 이상하고 웃긴 발상이라고 여기는 것 같았다.

맞다. 일반 시민의 기준으로 볼 때 정치인의 문화는 일상적인 모습하고 거리가 멀었다. 정치인이 아무렇지도 않게 거리를 거닐거나 자전거를 타는 모습은 흔히 볼 수 있는 게 아니었다. 대중교통 이용도 마찬가지다.

유엔의 위원회 보고자로 노르웨이에 갔을 때였다. 우리 일행은 정부 고위 공무원들과 함께 대중교통으로 이동했다. 검소함이 몸에 밴 그들에게 대중교통 이용은 당연한 일이었다. 관용 차량은 좀 더 급한 일에 사용됐다. 그들은 현명하게도 석유 자원을 공공의 이익에 사용할 줄 알았던 것이다. 아프리카 나라들과 얼마나 대조적인가!

자전거를 타는 내 모습이 사람들에게 충격적으로 다가간 이유는 내가 정치인이라는 것 외에도 나이가 많다는 것, 그것도 모자라 여자였기 때문이다.

노년의 쓸모 있는 역할

사실 노년이라는 것은, 사람에 따라 개인차가 심해서 어떤 하나의 상태, 한 가지 상황으로 규정짓기에는 무리가 있다. 같은 나이인데도 어떤 사람은 자신이 늙었다고 느끼고, 어떤 사람은 아직 쌩쌩하다고 생각한다. 그러나 사회 통념에 따라 일정 나이가 되면 노인이 된다.

사회가 노년 현상에 점점 더 관심을 기울이고 있기는 하지만 노인 문제는 새롭게 대두되고 있는 화두다. 유럽이나 미국 같은 선진국도 마찬가지다. 아직도 노년 자체의 고유문화가 존재하지 않는다.

스페인은 역사상 처음으로 새로운 인생의 시대가 도래했다. 은퇴한 노인들을 보라. 그들은 이제 더 이상 예외적인 소수도 아니고 '쓸모없는' 뒷방 늙은이 신세도 아니다. 노년 인구는 나날이 증가한다. 이제 그들은 그저 인구 노령화에만 일조하는 집단이 아니다. 강제로 조기에 은퇴하거나 희망퇴직을 한 노인의 대부분은 꽤 건강한 상태를 유지하고 있다.

노년층은 시간적·경제적 여유가 있는 사회 집단이다. 그래서인지 요즘은 연금 생활을 하는 노인들의 가치가 점점 올라가고 있다. 물론 노년의 경제 상황은 한창때 얼마나 일을 했느냐에 따라 다르다. 어쨌든 나 같은 노년층은 일을 할 수 있는 조건을 갖추고 있는 셈이다. 나이 들었다고 정부 산하의 노인 사회복지기관 IMERSO Instituto de Mayores y Servcios Sociales

가 주관하는 단체 여행만 즐기기에는 건강 상태가 상당히 양호하다.

서드 에이지the Third Age, 즉 '제3의 인생'이라고 불리는 노년층은 이미 미국에서는 '제4의 인생'으로 분류하고 있다. 아직 준비도 안 된 우리에게도 현실로 다가오고 있다. 몇 년 전까지만 해도 스페인에서는 상상도 못 할 일이다. 개발도상국에서는 아직도 그렇다.

콩고의 킨샤사에 있을 때는 노인이 많지 않았다. 어떻게 보면 예순일곱 살인 나는 다른 사람이 있어야 할 자리를 차지한 듯한 기분이 들었다. 콩고처럼 평균 수명이 마흔 살쯤 되는 곳에서 그리고 날마다 젊은이들이 흔한 질병, 어처구니없는 사고, 뜬금없는 폭력으로 죽어가는 곳에서 잉여 인간이 된 것 같은 이상한 느낌을 받았다.

나는 영국 영화 〈베스트 엑조틱 메리골드 호텔The Best Exotic Marigold Hotel〉을 매우 좋아한다. 데버러 모가치Deborah Moggach의 소설 『어리석은 것들These Foolish Things』을 바탕으로 만든 영화다. 소설은 더 이상 할 일이 없는 은퇴 노인 몇 명이 자신의 경험을 십분 활용하여 인도에서 이동통신 회사의 자문위원까지 된다는 내용이다. 영화의 주인공들은 영국에서 자기 '자리'가 없어진 은퇴자였다. 모아놓은 돈도 별로 없는 그들은 영국에 비해 생활비가 덜 들고 나이 든 인도인이 없는 곳에서 은퇴 생활을 즐기고 싶어 했다.

마침내 그들은 인도에서 자기 자리를 찾았다. 그들은 그곳에서 쓸모 있는 사람이었다.

그들이 예전에 영국에서도 그런 '자리'에 있었는지는 모르겠다. 만약 있었다면 다시 그 자리를 찾은 것이다. 그 반대의 경우, 그러니까 만약 그런 경험이 없었다면 드디어 자신의 자리를 찾은 것이다.

오늘날의 노년층은 누구이며 어떤 상태에 놓여 있는지, '활동적인' 직업은 아니더라도 사회에서 해낼 만한 '유용한' 역할이 있는지 차분히 생각할 필요가 있다. 많은 경우에 은퇴 시기를 늦추거나 제도를 보완하는 방향으로 신경을 써야 할 것이다. 노인은 단순히 즐기기만 하는 걸 넘어 사회에 유용한 많은 '활동'을 할 수 있다. 만약 당사자들이 사회에 기여할 목적으로 일자리를 찾는다면 말이다.

나이 들어 일하는 게 뭐가 어때서?

요즘과 같은 경제 위기 상황에서 은퇴한 노년층은 기본적으로 젊은이들과 큰 차이가 있다. 나이 든 사람은 은퇴할 수 있다. 유럽에서는 대략 예순 살 정도를 정년으로 명시한다. 사실, 그 나이도 너무 많다. 은퇴는 일하지 않고도 돈을 받는 것을 의미한다. 대단한 일이다. 일하지 않고 돈을 받는 것을 사람들이 어떻게 생각하는지 모르겠다. 대부분 나이 들어 일하는 걸 안 좋게 생각한다. 적어도 일하는 게 좋다는 사람은 별로 없다. 그러나 며칠만 쉬고 나면 사람들은 몸이 근질근질해진다.

예전에는 대체로 그렇게 말해왔는데, 지금은 딱히 그렇지도 않은 상황이다. 이제 전반적으로 일자리가 부족해지다보니 나이 들어 일하는 걸 계속 투덜대면 꼭 한마디만 덧붙이련다. "그래도 일이 있는 게 어디야."

직장 생활에서 만나는 세 악마

딱히 구분하기는 어렵지만 소득의 원천인 일과 삶을 풍요롭게 하는 활동으로서의 일은 구분하는 게 좋다. 바로 여기에 문제가 있다. 일은 인간의 본성이다. 일을 하면 타인과 관계를 맺을 수 있고 활력이 생기고 즐거워진다. 그렇기에 인간은 사회적 존재인 동시에 기본적으로 역동적인 존재다. 그런데 일을 하면서 기쁨을 얻으려면 직장 내에서 어느 정도 자율성이 제공되는 자유로운 분위기가 조성돼야 한다. 그리고 직장 환경이 따뜻하고 우호적인 적어도 난폭하지는 않은 사람과 팀을 이뤄야 한다.

직장 생활에서 사람들이 원하는 것은 단순히 많은 월급이 아니다. 일 자체에서 만족감을 느끼고 싶어 한다. 사람들은 모두 전횡을 일삼는 상사를 못 견뎌하며, 심신으로 녹초가 되는 일을 싫어한다. 또 서로 적대적인 직장 분위기에서도 일하기 싫어한다.

어떨 때는 일하는 것이 정말 성경의 저주처럼 느껴질 때가 있지만 그렇다고 늘 그런 것도 아니다.

여러 가지 핑계로, 매일매일, 대부분의 경우에, 사람들은 일하러 가기 싫어한다. 급여가 삭감되거나 직장 환경이 전반적으로 열악해져서 직장에 대한 불만이 많아졌을지도 모른다. 그러나 썩 만족스럽지 않은 일자리라 해도 일자리 자체를 잃을지도 모른다는 두려움 때문에 불만을 삭이며 살아간다.

일자리의 이런 특성 때문에 사람들은 은퇴를 바라지는 않지만 적어도 은퇴를 긍정적으로 바라본다. 자기 일에 만족하느냐는 질문은 어떻게 보면 진부하기 짝이 없다.

세 악마, 즉 독재적인 상사, 사람을 기진맥진하게 만드는 일, 적대적인 직장 분위기가 제거된 일자리를 유지하는 것은 직업 활동의 진정한 목표가 돼야 한다. 그렇게 목표로 삼은 '활동'을 완수한 다음에 은퇴를 할 수 있다면 얼마나 좋을까.

내면이 꽉 차 있으면 심심할 틈이 없다

은퇴자는 일을 안 한다고, 한가하다는 이유로 부러움의 대상이 되기도 한다. 만약 어떤 일을 한다면 가볍게 취미 활동이라도 하는 것처럼 여긴다.

며칠 전에 은퇴한 사람을 만났다. 나보다 나이가 많은 사람이다. 내가 하고 있는 일을 말해줬다. 만약 내 머리에 든 계획까지 알려줬으면 이 양반은 뭐라고 했으려나? 내 말을 귀담아듣기나 했을까! 그는 이렇게 대답했다. "잘했어요. 그래야 심심하지 않죠."

그런데 이 말은 도대체 무슨 뜻일까? 심심하지 않다는 것 그 자체가 풍요롭다는 뜻인가, 아니면 우리는 가지고 있지도 않고 가질 수도 없는 활동을, 우리를 즐겁게 하는 '가짜 활동'으로 대체해야 한단 말인가?

나는 대꾸하지 않았다. 설명할 가치도 없을 것 같았다. 속으로는 화가 치밀었다. 아니다! 어쩌면 나도 즐겁게 할 만한 소일거리가 필요했을지도 모른다. 내가 하는 일(활동)은 내게 열정을 불러일으킨다. 지루함은 문젯거리 축에도 못 낀다. 그러니까 나는 지루한 적이 없었다. 내 아이들이 어렸을 때였다. 아이들은 종종 지루하다고 말하곤 했다. 나는 아이들에게 이렇게 말해줬다. "너희들이 지루해하는 건 너희들이 지루한 사람이기 때문이야." 나는 스스로 즐겁게 노는 방법을 알아야 한다는 걸 가르치고 싶었다. 사람 내부에는 무한대의 자원이 있어서 지루할 틈이 없다는 걸 말해주고 싶었다.

갑자기 생각나는 게 있다. 나는 어렸을 때 학교에서 집까지 가려면 전차를 한참 타야 했다. 나는 혼자 앉아 밑도 끝도 없는 이야기를 지어내며 재미있게 보냈다. 집으로 가는 길은 나만의 이야기를 맘껏 펼치고 꾸밀 수 있는 시간과 공간을 제공해줬다.

노인에게 유용성 있는 일을!

노년층을 집단으로 간주하든, 각자가 가진 풍부한 잠재력을 감안해 개별적으로 고려하든, 노인이 할 수 있는 활동이 그저 즐기는 것밖에 없다고 생각하면 엄청난 낭비가 아닐 수 없다.

하루가 멀다 하고 노년층을 위한 새 아이디어가 생겨난다. 이제는 제4의 인생까지 말한다. 제3의 인생을 대략 예순 살부터 여든네 살까지의 시기로 간주하니 여든네 살 이후부터 제4의 인생일 것이다. 제3의 인생을 사는 노인이 모여 있는 곳에서 여행사가 내놓는 상품을 보면 실소가 나온다. 대부분 노인만을 대상으로 한 관광 상품이다.

이런 관광 상품이 먹히는 걸 보면 아마도 수요가 있긴 있나보다. 하지만 그 수요라는 것도 꼭 필요해서가 아니라 딱히 별다른 대안이 없어서 생기는 수요일 것이다. 노인에게 진짜 일, 그러니까 '유용한' 활동을 제공하는 건 아예 생각조차 안 하는 것 같다. 노인이 할 만한 유용한 활동은 특별한 '노동' 시스템을 통해 새롭게 정의되고 설계돼야 한다. 요즘 같은 시대의 노동 환경을 고려하면 시간제 근무 형식으로 즐거움을 주는 일을 찾아야 할 것이다.

며칠 전 좋아하는 라디오 프로그램에서 어떤 나이 지긋한 사람이 출연해 자신이 하는 일이 만족스럽다고 이야기하는 걸 들었다. 그는 푸드

뱅크에서 자원봉사 일을 하고 있었다. 그는 은퇴하기 전에 식품의 배송과 출납 관리 업무를 했기 때문에 현재 하고 있는 일을 누구보다 잘 알고 있었다. 그의 말투에 만족스러움이 배어 나왔다. 자신이 정말 쓸모 있는 사람이라고 느끼는 것 같았다. 그는 좀 더 활동적인 봉사를 하고 싶어 주말 봉사를 자원했다고 한다. 노년의 활동이 노인들에게 얼마나 실질적인 도움이 되는지는 잘 모르겠다. 그러나 분명한 게 있다. 노년층이 자기 발전에 동기를 부여하는 활동을 스스로 찾는 것, 또 노인들에게 그런 활동을 제공하는 것 자체가 분명한 목적 아닐까?

어느 날 아침, 나는 대출 피해자들을 위한 단체 PAHP^{lataforma de Afectados por la Hipoteca}에 자문을 해주는 젊은 변호사 한 명과 인터뷰를 하고 돌아왔다. 그는 미소 띤 얼굴에 반짝이는 눈을 지닌 소년 같은 모습이었다. 그를 보면서 내가 저 나이 때 독재에 항거하며 노무 변호사라는 새로운 직종을 만들었던 시절을 회상했다. 그건 단순한 향수가 아니라, '지금은 왜 안 돼?'라는 반감 비슷한 감정이었다. 나는 모임에서 그들과 함께 전략과 아이디어를 나누면서 내가 필요한 존재라는 걸 느끼고 싶었다.

전철을 타고 가다가 '거리로 나온 책'이라는 흥미로운 광고 문구를 보았다. 그것은 호세피나 알데코아^{Josefina Aldecoa}가 쓴 『어느 선생님의 이야기^{Historia de una maestra}』에서 따온 문구였다. 그 책의 주인공은 일이 얼마나 큰 즐거움을 제공했는지 언급하고 있다. 스페인 내전 후의 암울한 시절에 그녀는 다음과 같이 썼다. "그때는 내 직업에 헌신하는 것 자체가 심오하고 그 무엇과도 비교할 수 없는 충만감을 느끼게 해줬다. 나는 학교만 있으면 내 인생을 모두 채울 수 있을 것 같았다." 그런데 곰곰이 생각해보면 오늘날에는 거기에 몇 가지 덧붙일 여지가 있다. 그 당시는 모든 것이 모자랐고 너무나 많은 것이 금지됐기 때문에 학교와 교사라는 직업이 더 큰 가치를 지녔던 것이라고……

그렇다. 나 역시 일이 즐거움을 준다는 생각에 동의한다. 바로 그 지점에 지금 우리가 말하는 핵심이 있다. 은퇴한 사람이 즐거워할 만한 활동을 할 수 있는 환경을 제공해달라고 요구해야 한다. 그러려면 유용한 활동이어야 하며, 유용성의 기준은 은퇴한 사람만 누리는 즐거움, 예컨대 노인을 위한 단순한 소일거리나 오락거리가 아니라 타인과 사회에 이바지할 수 있어야 한다. 그게 핵심이다. 특히 요즘처럼 불평등이 끊임없이 드러나는 끔찍한 위기 상황에 노년층이 기여할 수 있는 잠재적인 능력을 낭비하거나 거부해서는 안 될 것이다.

내 말이 연대감, 즉 '도와주는 것'이나 기독교적인 자비의 표현으로 하는 말은 아니다. 모든 사람들을 환영한다. 아무도 배제하지 않고 온전히 일 자체에 접근하고 싶다. 단순한 오락을 넘어 진정성 있게 노동력을 발휘할 수 있는 바로 그런 활동을 말하는 것이다.

사회적기업

일 년쯤 전에 나는 '야요스(할아버지, 할머니라는 뜻의 스페인어) 창업자 주식회사'를 설립하기로 결심했다. 현역에서 은퇴한 내가 일할 수 있는 기회를 다시 잡기란 현실적으로 쉽지 않았기 때문이다.

나는 회사 이름에 '창업자'라는 단어를 꼭 넣고 싶었고, 노년을 연상시키는 회사 이름을 만들고 싶었다. 창업자라는 말이 요즘 유행을 탔고 다소 진부하다는 건 알았다. 어떤 사람은 이 단어가 필요해서 사용하고,

어떤 사람은 현실적으로 와 닿지 않는 허울뿐인 마케팅 표현이라고 치부하며 거부한다. 어쨌든 내가 창업자라는 단어를 고른 이유는 특히 사회적 기업가 정신을 회복하고 싶어서였다.

사회적 기업가 정신이란 새로운 조직을 만들어 출범시키고, 알려져 있거나 혹은 알려지지 않은 활동을 계획하며 지원하는 회사와 관계가 있다. 즉 이익을 얻는 게 목적이 아니라 그런 활동을 지원하는 것이 목적인 회사다.

정통 경제학자들에게는 이런 말이 가당치도 않게 들릴 것이다. 경쟁을 유도해서 사람을 쥐어짜지 않으면 이윤이 증가하지 않으며, 그렇게 되면 할 수 있는 게 아무것도 없다고 생각하는 사람들이기에 그렇다. 내가 말하는 것이 누군가는 탐탁지 않겠지만 이것이 바로 사회적 경제다. 이윤 창출만을 위해 움직이는 것이 아니라 사회적 이득에 기여하는 걸 목적으로 하는 경제다! 이미 가능성이 입증된 경제 모델이다.

나는 할아버지, 할머니들이 도전하고 아이디어를 내고 발명할 수 있는 엄청난 잠재력을 가지고 있다는 것을 전달하고 싶었다. 노동위원회의 똑똑한 청년이 내게 말했다. "회사 이름에 야요스가 포함된 게 정말 마음에 들어요. 그런데 창업자란 말은 별로네요. 저는 기업가 정신에 반대하거든요. 국민당 정부 때부터 우리를 우롱했어요. 정부의 책무 중 하나가 고용 창출이라는 것도 잊고 우리한테 우리만의 일자리를 창출해야 한다고 앵무새처럼 떠들어대잖아요."

나는 그 청년의 말에 동의하지 않았다. "물론 자네 말이 맞아. 어떻게 보면 정부가 한결같이 반복하는 근거 없는 선전 문구지. 그런데 이 문제만큼은 좌파도 비판받을 거리가 수두룩할걸."

주도적 활동은 인간이 지닌 고유한 특성 중 하나다. 그리고 바로 주도권을 많이 가진 사람들 덕분에 세상은 진보해왔다. 생각해보라. 개인이 주도적으로 시작한 활동이 몇 년 후 얼마나 거대한 파장을 일으켰는지 말이다. 예를 들어 무상교육제도Institucion Libre de Enseñanza를 보자. 그것은 개인이 주도해서 시작됐지만 한 세기 넘게 스페인 교육에 발전의 씨앗을 흩뿌렸다. 지금 생각해봐도 아주 매력적이며 혁신적인 발상이다. 그리고 또 다른 예로, 국제적십자사Cruz Roja가 있다. 앙리 뒤낭Henry Dunant이 주도해서 19세기 중반에 설립한 이 인도주의 단체는, 오늘날까지도 이슬람권 적십자 단체인 적신월사Media Luna Roja와 함께 많은 사람의 인정을 받고 있지 않은가? 나는 계속해서 말했다. 대다수의 권리를 획득하고 나날이 더 높은 수준의 평등을 추구하고자 하는 사람에게 사회적기업이야말로 성공의 비결이다. 사회적기업은 대다수의 이익을 위해 회사를 설립하고 조직하고 운영하는 것이다. 전체와 개인의 삶이 조화를 이루며 발전해가는, 그럼으로써 빈곤과 불평등을 퇴치할 이런 조직을 만들어야 한다.

사회는 어떤 식으로든 노인이 가만히 입 다물고 있기를 바란다. 노년층의 입장을 대변할 목소리도 없다. 요청도 안 하겠지만, 만약 요청한다고 해도 노인들은 소리 높여 말할 엄두를 못 낸다. 어떻게 보면 노인들은 사회의 따돌림을 묵묵히 받아들이고 있다. 사회는 젊은이들을 중심으로 돌아가고 있다. 노인들은 스스로 세상과 거리를 두려 한다. 가만히 놔두기를 원하는 척하며 조용히 지내는 것이다.

내가 보기엔 이 모든 것은 아주 끔찍한 착각이다. 노인이라는 단어 자체에 주관적이면서도 객관적인 잠재력, 혁신 그리고 기업가 정신 역량이 담겨 있다.

고대 사회에서 노년층은 권력의 가장 높은 곳을 차지했다. 그런데 오늘날의 사회는 웬만하면 노인들을 눈에 안 띄게 하려고 하며, 노인들은 그에 부응한다.

노인에게는 특별한 경험이 있다. 각자 자기만의 경험을 가지고 있다. 스페인에서는 우리 세대가 프랑코 독재 시대를 종식시키고 시민의 권리를 인정하는 사회를 건설했다. 역사적인 측면에서는 얼마 전까지만 해도 우리 세대가 인정을 받았다. 이런 경험 덕분에 우리는 창의성을 담보할 자유라는 귀중한 삶의 방식을 겪어왔다.

요즘처럼 대다수의 사회적 권리가 급격히 줄어들고 불법이 폭증하는 시대에 그런 사회적 권리를 획득한 노인 세대의 경험은 매우 중요하다.

도전은 노인에게 자극을 준다

은퇴한 사람은 단순한 즐거움에 빠져 있으면서도 '대중적인' 문제에 관심의 끈을 놓지 않으므로, 사회의 활력이 제대로 흘러가게 할 만한 위치에 있다. 노인들이야말로 상상력, 지각력, 감성지수 등을 발달시킬 적절한 틀을 제공할 수 있는 사람이다.

은퇴한 사람은 대개 생활 여건이 되기 때문에 그런 일을 쉽게 할 수 있다. 노인에게는 연금이 있다. 요즘 같은 세상에 일정한 수입이 있다는 것은 굉장한 힘이 된다. 실업수당도 없고 어떤 금전적 도움도 못 받는 사람이 부지기수인 걸 감안하면 연금을 받는 은퇴자의 지위는 특별하다고 말할 수 있다.

노인들은 우리가 젊었을 때 하는 것만큼 일을 할 수도, 할 필요도 없다. 늙었다는 것은 스무 살 또는 서른 살처럼 일할 수 없다는 뜻이다. 예순이 넘은 사람이 그 정도 생산성을 발휘하기 힘들다. 그렇게 생산성을 따라가려는 시도는 더 젊은 사람들에게도 괴로운 일이다.

노년이 됐기에 어떤 능력은 퇴화됐다는 것을 인정해야 한다. 비록 상당수 기업이 조기 퇴직을 실시하지만 어떤 대기업은 나이 많은 직원을 보호한다. 그들의 연륜과 경험으로 회사에 기여할 만한 게 있다고 여긴다. 그렇다면 어째서 노년의 경험으로 수익을 창출할 방법을 사회적으로 만들지 않을까?

나이 들면 몸의 기능이 약해진다. 그러나 그렇지 않은 것도 있다. 활용할 수만 있다면 효용 가치 높은 노년층의 경험은 사라지지 않는다. 그동안 노인들에게 투자했던 것을 이제 사회가 회수할 기회를 마련해야 한다. 노인들이 받는 연금은 노인들이 사회에 기여할 수 있는 일을 통해 사회에 환원되면서 더 큰 결실을 맺을 수 있다.

노년층에 없는 단 한 가지는 바로 미래다. 그러나 그건 중요하지 않다. 미래가 없기에 노인들은 실패를 두려워하지 않는다. 미국에서 레임덕에 빠진 대통령이 임기 말에 그 자리까지 오르게 한 자기 신념을 심화시켜 정책을 펴나가는 것도 다 이런 이유 때문이다.

창업가 정신을 지닌 노인은 이제 막 새로운 사회생활을 시작하는 사람이 세파를 헤쳐 나가게끔 도와주는 다리 같은 역할을 할 수 있다.

몇 주 전에 〈엘 파이스〉는 기업가 정신이 회사뿐 아니라 사회 전반적으로, 심지어 학술적 차원에서도 인기를 끌고 있다고 보도했다. 창업 프로그램이 우후죽순처럼 생긴다는 기사도 있었다. 그러나 그 어디에도 노인의 경험을 자산으로 만드는 방법을 다룬 글은 없었고, 사회적 창업 역시 일언반구도 언급하지 않았다.

혁신은 언제나 어려운 것이다. 더구나 나이 들면 투자하고, 혁신하고, 사회적 창업을 수행하기가 쉽지 않다. 그러나 한 가지는 확실하다. 그런 활동이 우리 같은 노인들에게 자극을 주고 흥분시키는 일이라는 점이다.

이 도서의 국립중앙도서관 출판시도서목록(CIP)은 e-CIP홈페이지(http://www.nl.go.kr/ecip)와
국가자료공동목록시스템(http://www.nl.go.kr/kolisnet)에서 이용하실 수 있습니다.(CIP제어번호 : CIP2016027611)

옮긴 유아가다 · 유영석

유아가다는 한국외국어대학교 통번역대학원에서 스페인어를 전공했다. 스페인과 중남미의 좋은 그림책들을 우리나라에
소개하고 우리말로 옮기는 일을 한다. 스페인어로 번역한 우리나라의 그림책들을 멕시코와 스페인에서 출판하기도 한다.
옮긴 책으로는 『전쟁광과 어느 목수 이야기』, 『눈을 감고 느끼는 색깔여행』, 『얼음왕국 이야기』, 『두려움과 용기의 학습』,
『마르케스: 가보의 마법 같은 삶과 백년 동안의 고독』 등이 있다.
유영석은 서울대학교 인류학과를 졸업했다.
유아가다와 유영석은 민주화를 위해 정치개혁을 단행한 아르헨티나의 라울 알폰신 대통령의 임기 말에 아르헨티나에서
살았다. 당시 초인플레이션 현상과, 군부 쿠데타 시도로 헌정질서가 흔들리는 위기를 직접 보며 경험한 것을 떠올리며
이 책을 번역했다.

바꾸어라, 정치
: 시민의 힘으로 만든 카르메나의 정치혁명

초판 1쇄 발행 2016년 12월 1일

지은이 마누엘라 카르메나
옮긴이 유아가다 · 유영석
펴낸이 윤미정

책임편집 차언조
홍보 마케팅 이민영

펴낸곳 푸른지식 출판등록 제2011-000056호 2010년 3월 10일
주소 서울특별시 마포구 월드컵북로 16길 41 2층
전화 02)312-2656 팩스 02)312-2654
이메일 dreams@greenknowledge.co.kr
블로그 greenknow.blog.me

ISBN 978-89-98282-87-5 03300